帝尧生于长子考 [修订版]

策划、编辑：长子历史文化研究院

李蹊　王贵明　著

山西出版传媒集团
山西人民出版社

图书在版编目（CIP）数据

帝尧生于长子考 / 李蹊，王贵明著. -- 太原：山西人民出版社，2025.5. -- ISBN 978-7-203-13836-5

Ⅰ．K827=1；K292.54

中国国家版本馆CIP数据核字第2025Z7M099号

帝尧生于长子考 [修订版]

著　者：	李　蹊　王贵明
责任编辑：	贾　娟
复　审：	崔人杰
终　审：	梁晋华
装帧设计：	长子历史文化研究院

出 版 者：	山西出版传媒集团·山西人民出版社
地　　址：	太原市建设南路21号
邮　　编：	030012
发行营销：	0351-4922220　4955996　4956039　4922127（传真）
天猫官网：	https://sxrmcbs.tmall.com　电话：0351-4922159
E-mail：	sxskcb@163.com　发行部
	sxskcb@126.com　总编室
网　　址：	www.sxskcb.com

经 销 者：	山西出版传媒集团·山西人民出版社
承 印 厂：	长治市恒信盛印业有限公司

开　　本：	787mm×1092mm　1/16
印　　张：	16
字　　数：	280千字
版　　次：	2025年5月　第1版
印　　次：	2025年5月　第1次印刷
书　　号：	ISBN 978-7-203-13836-5
定　　价：	68.00元

如有印装质量问题请与本社联系调换

目 录

历史传说与历史真实（代序） 1

一、长子城命名的来历——丹朱初封长子考 11
1. 古籍所载丹朱封地诸说辨析 16
2. 关于丹朱封唐说 31
3. 何处是丹渊 41
4. 长子城、熨斗台为丹朱所筑考 52

二、关于尧母庆都生帝尧传说及其文化阐释 63
1. "观"的文化内涵。 82
2. "伊长孺"以及"伊长孺"与庆都的关系 98
3. "龙"的文化内涵 103
4. 关于"常羊"和"三河" 105
5. 后羿"射日"之地 115
6. 白云山庙会——交里村庙会 128

三、尧的出生地、发祥地和兴旺之地考 134
1. 帝尧生于长子丹陵 134
2. 帝尧兴旺之地考 139

四、尧发祥于长子陶乡考 175

五、帝尧生命的归宿——潜山 192

六、长子有关水名地名考 207
1. "天下孤陶唐"——陶唐村考略 207

  2. 漳水河名的文化考略 ·· 213
  3. 关于长子县雍水河名的文化内涵 ································ 220
  4. 长子县庆云山山名来源考略 ······································ 226

附　考 ·· 231
  晋城市高平地区关于尧母庆都的遗迹 ································ 231

简短的申论 ·· 234

主要参考文献 ·· 245

后　记 ·· 249

再版说明 ·· 251

历史传说与历史真实（代序）
——从长子县的一个"社约"谈起

山西省长子县有一个其他地区没有、该县独有的不成文的规约，也可以称作"社约"，虽然不见诸文字，却是家家户户都要遵守的一个普遍约定："长子不出门。"所谓"不出门"，第一，不是说一户人家的长子（大儿子）不能出门干活做事，而是说长子不能出远门做事，比如到外地经商、办企业之类，必须在老家守住家产过活。第二，当一家兄弟几个要分家的时候，其他兄弟们可以分出去，独立门户，但长子不能分出去，他必须坚持住在祖产老屋、保有祖上世代相传的那块田产和房产。第三，如果家庭特别穷困，几个儿子中需要有一个或几个儿子作为"赘婿"，即做倒插门女婿，"嫁"到女方家去，那也不能是长子，再穷长子也不能入赘外姓家里去，长子一定要坚守那份穷困的家业。长子（大儿子）是古代所谓大宗，其他几个兄弟不在这一支传承统系之内，按照长门长孙的血缘系统往下传。至于其他分出去单独另立门户的兄弟及其后代，则不在此直系血缘系统之内。

当然，这只是一个俗间的约定，实际上并没有法律效应，事实上也并不会把所有人家的长子约束在家里。比如祁县渠家大院的主人原籍就是长子县人，他们也许不愿意接受这个"社约"的束缚，为了到外地经商，又不想背着破坏祖训的骂名，于是索性彻底离开长子县，举家搬到了祁县。还有，安徽的尧姓家族，尽管离开了长子，还是世代坚守一条祖训：坚定不移地说自己是帝尧的后代，拒绝外地任何一个自以为是帝尧家乡的地方的"拉拢"——真有铁骨铮铮之概，坚称自己是长子人。他们在巨大的社会动荡中，为了躲避灭族的巨大灾难，逃出长子，以求生存，那是逼不得已。当然，

帝尧生于长子考

在而今的社会条件下，长子也有许多人不再坚守这个社会约定了。

我们要问，这个"社约"起源于何时？是谁首先规定的？为什么长子县人那么自觉地遵守、并世代念念不忘？我相信，如今的长子县人没有一个能够回答上来。假如我们一直追问到长子县的起源，那就有些眉目了，把民间传闻与传世文献结合起来，可以得出一个大致符合历史真实的说法：帝尧把他的大儿子（长子）送回长子县这个地方，因为这是他的出生地和最初的"封地"。守住了这个地方，也就守住了他的退路——他自己以及他的族人最后退居的底线。于是，这个做法也就成为长子县人世代相传的"规约"或"社约"，大约一直传到20世纪中叶，而"长子不出门"这个"说法"却一直流传到而今。

那么，就历史真实而言，帝尧生于长子，后来又把长子（大儿子）送回长子县这个地方，让他守住这块自己的出生地，并且把"长子不出门"的规定世代传下去——这个说法是真实的吗？

本书的书名已经明白地昭示，其内容就是想通过传世文献与民间有关传说，对备受儒家尊崇的帝尧之出生地及其初期活动的所在地——山西省长子县，做一番考论。这可能是一个受到质疑的说法，在当今文化产业发展的时代（假如在三十年前或者更远一点，就只能是一个被漠视的题目）。因为全国各地有数不清的地方，特别是黄河流域，都有可能是帝尧的出生地、"封地"或发祥地，唯有帝尧建都平阳，无异议。各地也都有说不尽的关于帝尧的传说。其实，对于学术讨论而言，有争论本来是好事，不必为之咄咄，更不必为之动气。没有众多学者的关注，没有众多人的参与和"发掘"，也就显示不出来"尧文化"的厚重及其巨大的影响力。关键是拿出"证据"来——无论是古籍所载，还是民间久远的口头流传（请注意：不是现在通过设想编造出来的"新传说"，而是"久远的""故老"所传）。那么，假如把全国各地的"发掘"集中起来，就可以看出"唯天为大，唯尧则之"[1]的这位古代"帝王"对于华夏文明的"巨大贡献"是多么厚重。希望这一

1.《论语·泰伯》："子曰：'大哉！尧之为君也。巍巍乎，唯天为大，唯尧则之。'"

天及早到来。这是我们继续做这一工作的基本原因。

我以为,"帝尧"或"尧王"一词,是一个从古至今的习惯称呼,在尧舜禹那个时代是否有"帝""王"之说?即便有,"帝",按郭沫若的说法,也是女性崇拜的象征,绝不是后世所谓"帝王"之义。他们分别主持或领导的是一个"国家",一个"王朝",一个部族,抑或一个涵盖广大地区甚至是全国的大部落联盟?都还需要进行缜密的论证。为了写作的方便,我们这里姑且延续这一说法,把"帝尧""尧王"作为对这位远古领袖人物的尊称。

在全国数不清的各种关于"尧王故里"之说中,在全国数不清的帝尧出生地、活动地的"发现"中,究竟何处是这位忽然备受今人重视的古代帝王的生地和初期活动之地呢?本书的写作目的就在于为之探寻一个更为合理亦即更接近历史真实的说法。至于是否"更为合理"或"更接近历史真实",只能由读者自己去判断。

这里想要说明的问题是:有关史前人类文明的古籍记载、民间传说与历史事实之关系,我们又当如何对待这些记载和传说。

凡有关史前无文字时期的历史人物或事迹,无论传世古籍所载,还是民间传说,都是人类有所选择的记忆。判断其真伪,只能靠古籍记载与山名、水名、村镇地名之来历及相关的民间久远的传说,互相印证。人类记忆选择什么,是与民族文化中的血缘根系、亲疏远近、情感尤其是价值观直接联系的。

比如关于尧舜两代"帝位"或"王位"的接替,传世古籍所载就有两种绝然不同的说法:一个是儒家经典所主张的"禅让说",始于《尚书·尧典》《舜典》[2]:

帝曰:"咨!四岳,朕在位七十载,汝能庸命,巽朕位?"岳曰:"否德忝帝位。"曰:"明明扬侧陋。"师锡帝曰:"有鳏在下,曰虞

---

2. 此处所引《尧典》《舜典》,是按传统说法,至于今传《尧典》《舜典》之关系,不再顾及。

舜。"帝曰:"俞!予闻,如何?"岳曰:"瞽子,父顽,母嚚,象傲,克谐以孝,烝烝乂,不格奸。"帝曰:"我其试哉!女于时,观厥刑于二女。"厘降二女于妫汭,嫔于虞。帝曰:"钦哉!"(《尧典》)

【译文:尧帝说:"啊!四方诸侯之长,我在位七十年,你们谁能顺应天命,取代我的帝位?"四方诸侯之长说:"我们的德行鄙陋,不配取代帝位。"

尧帝说:"可以明察贵戚中的贤良,也可以推举地位卑微的贤良嘛。"众人提议说:"在下面有一个穷困的平民百姓,名叫虞舜。"

帝尧说:"是啊,我也曾经听说过,这个人怎么样呢?"

四方诸侯之长回答说:"他是乐官瞽瞍的儿子。他的父亲心术不正,母亲说话不诚实,弟弟象傲慢不友好,而舜能同他们和谐相处。他是以孝行美德感化他们,又加强自身修养,不流于邪恶。"

尧帝说:"让我试试吧!我要把两个女儿嫁给舜,从我两个女儿那里观察舜的德行。"于是命令两个女儿下到妫水的转弯处,嫁给虞舜。

尧帝说:"严肃谨慎地处理政务吧!"】[3]

帝曰:"格!汝舜,询事考言,乃言底可绩,三载。汝陟帝位。"舜让于德,弗嗣。正月上日,受终于文祖。(《舜典》)

【译文:尧帝说:"来吧!舜啊,我同你谋划政事,又考察你的言论。你提的建议一定可以成功。已经三年了,现在就登上帝位吧!"舜要谦让给有德的人,不肯继承帝位。

正月的一个吉日,舜在尧的太庙接受了禅让的帝位。】[4]

文字虽然古奥难懂(韩愈所谓"佶屈聱牙"),然而其时尚无文字,可以肯定的是,绝非当时所记,只能是后人追记的历史传说,并且因为是儒

---

3. 此处译文见《今古文尚书全译》,贵州人民出版社,1990年2月第一版,21页。
4. 同上,23页。

家经典而代代承传[5]。既然是历史传闻的追记,那就肯定有后人(传说者)的"添枝加叶",但是这个传说之树的"主干"不至于有假,这个传说一直传说了两千多年,其文化价值取向也一直影响了中国人的思想,也就肯定一直影响着中国社会发展的历史进程——这个事实,也是铁铸一般的真实不误。

另外一个传说,是在战国时期就有记录的"舜放尧于平阳"说、"舜囚尧于平阳"说、"舜囚尧于城阳"说[6]。就是说,帝尧在年老的时候,舜逼尧让位,把他放逐到平阳或城阳,大约等于软禁,因为平阳本来就是帝尧的"都城",舜于是"迁都"至蒲坂。另一个传说是舜把帝尧囚禁在城阳,并且把帝尧的儿子丹朱也拘禁起来,使他们父子不得相见。

对于尧舜禹"禅让"和舜禹"政变夺权"这两种传闻,我们如何确认其真实度呢?或者说,这两种传说哪一个更接近历史的真实呢?无论以何种根据作为推测的论据,恐怕都会遭到一定程度的质疑或辩难——没有确切的"实时历史记载",没有可以确证的地下考古实物。当然,我们的民族史选择了前者,认为那就是真实的。"禅让制"在远古有极大的可能性和合理性——原始的民主选举制存在的现实可信性。就连法家的韩非也认为这是真实的,看他对帝尧生活以及对大禹治水的描述:"尧之王天下也,茅茨不

---

5. 从其语言风格看,可以肯定是较早的追记,起码在春秋以前。《国语·楚语上》载申叔时论教育太子的教学内容,提到"教之春秋""教之世""教之诗""教之礼""教之乐""教之令""教之语""教之故志""教之训典",唯独没有提到"教之书",说明至少在楚庄王时期(前613年—前590年在位),《尚书》还没有经过正式编辑成书,大约散见于申叔时所说的"世""令""语""故志""训典"之中,后来经过孔子编辑整理才正式定名为《尚书》。按孔安国所说,也许还包括《左传》所谓"三坟五典八索九丘"之类的内容。

6. 最早见于记载者为《韩非子·说疑第四十四》:"舜逼尧,禹逼舜,汤放桀,武王伐纣,此四王者人臣弑其君者也,而天下誉之。"韩非虽然以为造作之语,但其说法在战国以前当是流传已久,其说又见于《汲冢琐语》或《竹书纪年》:"昔尧德衰,为舜所囚也。""舜囚尧于平阳,取之帝位。""舜放尧于平阳。"又云:"舜囚尧,复偃塞丹朱,使不与父相见也。"(《二十五别史·竹书纪年》,济南,齐鲁书社,2000年5月第一版,第一页。)唐刘知几《史通》因此而怀疑"禅让说"的真实性,李白《古别离》诗亦有咏叹。

觮，采椽不斫，粝粢之食，藜藿之羹。冬日麑裘，夏日葛衣。虽监门之服养，不亏于此矣。禹之王天下也，身执耒臿以为民先，股无完胈，胫不生毛，虽臣虏之劳，不苦于此矣。以是言之，夫古之让天子者，是去监门之养而离臣虏之劳也。故传天下而不足多也。"(《韩非子·五蠹篇》)[7]其中所谓"传天下"，亦即帝尧把天子的地位传给舜，舜传之禹，而不是分别传给自己的儿子。《庄子》中也屡屡记载有关尧舜"让天下"的故事（传说）[8]，并且直接讲了"尧授舜，舜授禹"的话（《庄子·天地篇》)，说明他对尧、舜、禹三代的"禅让制"是认可的。墨家主张《尚贤》，不但认可这一传说，而且比儒家更是推崇备至[9]，可见多数人认为这一传说是真实的历史。

就算你不承认"禅让"这个说法的真实性，认为"放尧"或"囚尧"的"篡夺"行为更有极大的可能性，即欧美人历史上曾经长期认可的"弱肉强食""优胜劣汰"（实则是"倚强凌弱"和"以众暴寡"）的"丛林法则"，才是人类历史发展的依据，但中国从先秦以来的主流话语，已经深入人心，而且人们希望着那个美好时代的再次到来或再现，确实又是始终不变的期待。孔子之后的历史，已经证明这种期待或追求的历史真实性——历代农民起义的首领，多半是众人推举的或认可的，不认可者可以随时离开，自

7.《庄子·在宥篇》同样说："尧舜于是乎股无胈，胫无毛，以养天下之形，愁其五藏以为仁义，矜其血气以规法度，然犹有不胜也。"

8.《庄子·逍遥游篇》载"尧致天下于许由"，《天地篇》："尧治天下，伯成子高立为诸侯。尧授舜，舜授禹，伯成子高辞为诸侯而耕。"又《秋水篇》载"昔者尧舜让而帝，之哙让而绝"。

9.《墨子》卷二《尚贤上》："官无常贵而民无终贱，有能则举之，无能则下之。举公义，辟私怨，此若言之谓也。故古者尧举舜于服泽之阳，授之政，天下平。"

又《尚贤中》："古者圣王甚尊尚贤而任，使能不党父兄，不偏贵富，不嬖颜色。贤者举而上之，富而贵之以为官长，不肖者抑而废之，贫而贱之以为徒役。是以民皆劝其赏，畏其罚，相率而为贤者，以贤者众而不肖者寡，此谓进贤，然后圣人聴其言，迹其行，察其所能而慎予官。……古者舜耕历山，陶河滨，渔雷泽。尧得之服泽之阳，举以为天子，与接天下之政。"

又《尚贤下》："昔者舜耕于历山，陶于河滨，渔于雷泽，灰于常阳，尧得之服泽之阳，立为天子，使接天下之政而治天下之民。"

树旗号,至于结局的成败,那是另外一回事。他们的主张就是恢复尧舜禹的人人自由平等的社会公平,中国历史上最辉煌的两个朝代,汉唐的开国之君甚至号称自己就是唐尧的后代。

或者说这是一种精神和思想的真实存在。由于它的存在,又制约着整个民族的行为。虽然这种希冀或期盼在稳定的封建社会中从来都没有变为现实,然而你不能否认它确确实实地是一种历史真实的存在——你不能说精神和思想的存在是不真实的,不能说精神和思想的存在史就不是真实的历史。

民间传说有似于此,与历史记载有着同样的性质,那也是或者说更是一种真实的存在,因为那是一代又一代人口耳相传的传承史。如果说统治者可能利用那些说法来愚弄百姓,以稳定他们的现实统治地位,而百姓则是老老实实地在传说着并且实实在在地践行着那些传闻中所蕴含的思想,可能比统治者的粉饰之辞更真实——它确实在影响着整个民族的历史进程,或者说在整个民族的历史进程中,它始终起着不可忽略的作用。

为了永久地记住那些他们愿意选择的理想或价值观念,他们有一个极其聪明的做法,那就是把他们居住的地方,用他们崇拜的古圣先贤的名字或行为,撮其要,取为地名。于是,那地名的内涵就因为子子孙孙居住在那里而成为永久的记忆和向往,子孙后代说起来也会引以为荣。

如此说来,一个让百姓拥戴的统治者的善举,可能带来更大的影响效应(其后果有正副双重意义,一种是对领袖、权利的崇拜或迷狂,毁灭了底层大众的自我意识;一种是对善的不懈的坚持或企求),这就是为什么全国各地对古圣先王、先师、先贤的传闻掌故、纪念性地名重复得那么多,对他们崇拜祭祀之庙宇散布得那么广远之主要原因。帝尧的统治区域,按照《墨子》的记载,比现在的中国领土疆域还要大,《墨子·节用中》说:"古者尧治天下,南抚交趾,北降幽都,东西至日所出入,莫不宾服。"《节葬下》又说:"昔者尧北教乎八狄,道死,葬蛩山之阴。"这绝然是两种互相矛盾的说法,既然"南抚交趾,北降幽都,东西至日所出入,莫不宾服"了,为什

么还要"北教乎八狄"呢？显然，前者是夸张之说，后者也未必可信，不过是强调帝尧的影响力之大之广而已，后者则夸张了他的仁爱之心。但是其中蕴含的帝尧的仁爱精神和他为广大地区民众所尊仰所信服，则是毫无疑义的事实，那么，与帝尧相关的那么多的地名，也就并不一定是帝尧就在那里诞生或者就在那里居住过，只不过是帝尧活动过、路过的地方，寄托着人们的一种向往而已。还有一种真实的存在，那就是古人崇拜祖先神，祈求祖先神灵的庇护，这无论从世界范围还是从中国早期文字记载（甲骨文、金文、《诗经》）内，都可以找到无可置疑的根据，也是学术界普遍公认的事实[10]。那么，帝尧统治下的某个部族或他的后代子孙迁移到了某个地方，为了祭祀祖先，就要建立宗庙，其部族或后人为生存所必须，自称帝尧的子孙，于是所命地名一定与帝尧有关。甚至为了取信于当地土著，迁移的一支部族，当其初来乍到，就直接树立起帝尧的旗号，他们居住之地的命名自然要与"帝尧"有关，那才响亮，更具有生存的依靠亦即生命力。另一方面，关于祖先的业绩的传说，也就被带到了那里。更有一种可能，那就是后代对祖先的传说越传越夸张，久而久之，以至于其初迁者所祭祀的祖庙的庙主（帝尧）所在地，也就可能讹传为帝尧的诞生地。我们今天考察那些史前传说，如果不仔细辨别传说的来源、流传的过程，也就很难确认其真伪。比如长子县城南有所谓"南高庙"（其高与"北高庙"等，高台今已毁，遗址犹存），其上原有庙宇，是祭祀唐太宗李世民的，俗称其庙为"虫王庙"。民间传说唐太宗在一次闹蝗灾时，为解救蝗灾，他捉到一只蝗虫，说："你不要吃庄稼祸害百姓了，你就吃我吧！"蝗虫即刻消失得无影无踪。为了不再遭受蝗灾，百姓建庙祭祀太宗，说太宗是"虫王"，大约也是寓龙为"百虫之王"之义，可以控制蝗灾。这事可信吗？查《旧唐书》载："贞观二年六月，京畿旱，蝗食稼。太宗在苑中，掇蝗咒之曰：'人以谷（穀）为命，而汝害之，是害吾民也。百姓有过，在予一人。汝若通灵，但当食我，

10.即便是《尚书》这部追记上古传闻的儒家经典，在甲骨文中的一些刻辞中，也有部分可以得到印证，这已是不刊的事实。

无害吾民！'将吞之，侍臣恐上致疾，遽谏止之。上曰：'所冀移灾朕躬，何疾之避！遂吞之。是岁，蝗不为患。'"

（《旧唐书》卷三十七《五行志》，亦见于《新唐书》卷三十六）尽管是"正史"，然而你也可以说，所记亦未必全部真实，但至少有部分的真实，而百姓大众那里可是信以为"全真"的。起码唐太宗的这种爱民思想和为百姓而自我牺牲的精神，得到了百姓的认可、爱戴甚至崇拜。希望代代天子都如此爱民，也希望唐太宗真的那么"神圣有灵"，可以制止蝗灾，护佑万民于千秋万代。这座庙宇的建立的缘起与历史记载、民间传说完全可以相互印证。但你不能因为"虫王庙"在别处没有，只有长子县有，就说唐太宗到过长子县，或者说长子简直就是唐太宗的故乡。不过唐德宗兴元元年（公元784年，兴元年号只此一年，第二年即改元贞元）长子确实闹了一场严重的蝗灾（见新修《长子县志·灾异》），也可能庙宇就建在那一年或其后几年内，可惜庙碑已丢失。总之，我们可以用古籍记载与民间传说互相印证，但是一定要小心谨慎地求证，万不可武断用事。所谓"小心求证"，就是说，我们在考察无文字记载的历史传说时，可以把某地的庙宇等建筑物作为根据，或者以某地的地名的来历为据，但要把那些附加在地名或寺庙等建筑物之上的传说，与传世古籍所载互相印证，同时运用人类学、文化学等各种手段，小心谨慎地做出合理的论证，去除那些神异怪诞之说，保留其真实的部分，才不至于陷入"左支右绌"之境。

最后，我要引一段塞缪尔·亨廷顿的话，强调文化史、文明史研究的重要性："文明是人的最高文化归属，是人必不可少的文化认同的最大层面，是人区别于其它物种的根本。"[11]华夏文明向称源远流长，我们探索历史的目的在于知晓我们从何处来，了解我们民族文化的特质，以提供我们还将往何处去的指向参照——任何文化都有其固有的优长，也有其与生俱来的缺憾。各种文化间的互相冲突以及在冲突中的互相融合及各自的消长，都

11.塞缪尔·亨廷顿《文明的冲突与世界秩序的重建》，作者为美国哈佛大学国际和地区问题研究所所长、美国政治学会会长、《外交政策》杂志主编。

是必不可免的。但首先得知道自己，盲目的自卑或自大都不可取。作为我们民族文化发源的一个重要节点，传说中的上古"三代"，无疑是非常重要的，那是我们民族的源头，弄清楚其来龙去脉，需要一代又一代的学人的努力，尤其需要研究成果的逐渐积累，还要结合地下考古发掘的成果，不可能一蹴而就。但是，由于无文字记载，地下考古发掘的成果也只能提供一个大致的参照，不可能提供确切的直接证据。惟其艰难，就更需要坚持不懈的努力。因此，梳理古籍、调查、考察和整理民间传说，也还是一项艰苦的工作。我希望青年一代学者和一切有志于文化事业发掘的人，不要急功近利，前面的路还很遥远，所谓任重道远，让我们一起努力。

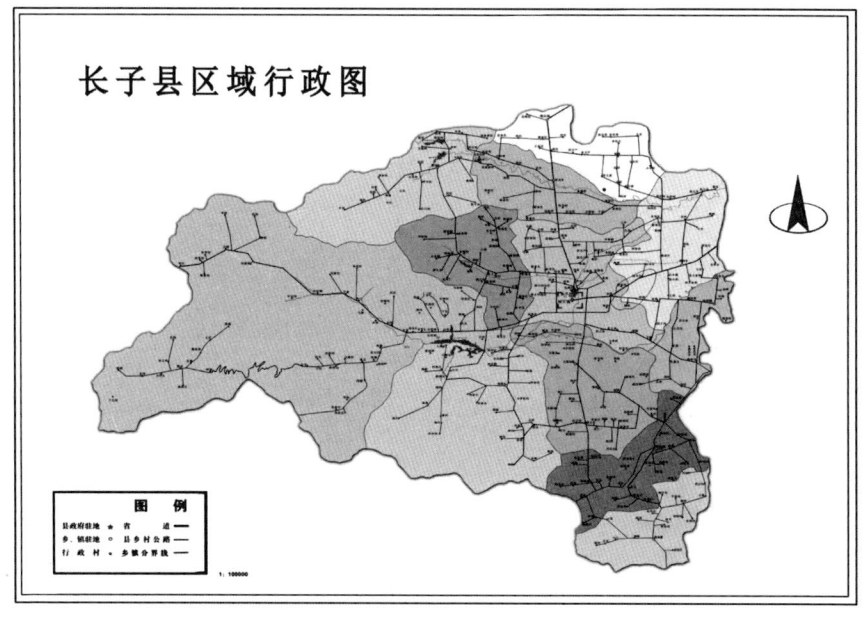

长子县行政区划地图

一、长子城命名的来历——丹朱初封长子考

帝尧的大儿子丹朱始封于山西长子[12]，这是一个传说，也是一段真实的历史。

现代史学对民间传说与历史的区分是严格的。但是中国古代史学家却特别看重民间传说，从《左传》《史记》开始，古代史学家已经采用了民间传说，并作为信史的材料写入正史。从后来的田野考察和考古发掘的实证看，许多民间传说恰是真实历史的口头记录，是民族史的活化石。这就说明司马迁等史学家在采用民间传说的时候，并不是随意的。当然，从科学历史观的角度看，民间传说中有一些细节，是出于想象和夸张，甚至加入了许多主观情感的成分，但仍然不能抹杀人物和事件的历史本质的真实。对于史前的人物传说，也还不能靠地下发掘证实其真实性。所以，从人类文化学的角度看，采集和发掘民间传说的历史真实性，与地下考古发掘具有同等重要的性质。而且地下发掘的东西是凝固的，民间传说却具有更丰富的文化内涵，因而考察研究民间传说比地下考古发掘有其不可替代的

---

12. 史传帝尧九子或十子。《孟子注疏》卷九上《万章章句上》："帝使其子九男二女，百官牛羊仓廪备，以事舜于畎亩之中。"汉·赵岐注曰："帝，尧也。尧使九子事舜以为师，以二女妻舜，百官致牛羊仓廪，致粟米之饩备具，馈礼以奉事舜于畎亩之中。由是遂赐舜以仓廪牛羊，使得自有之。《尧典》曰：'厘降二女。'不见九男。孟子时《尚书》凡百二十篇，逸书有《舜典》之《叙》，亡失其文。孟子诸所言舜事，皆《尧典》及逸书所载，独丹朱以胤嗣之子，臣下以距尧求禅，其余八庶无事，故不见于《尧典》。"又《隋书》卷六十九《王劭传》《北史》卷三十五、《通志》卷一百六十二皆曰："尧十子，舜九子，皆不肖。"

价值。

换一种角度看,许多官方正式任命的史官为前朝所修的"正史",时间相去极近,且有大量的前朝档案记录做根据,其中也有被后来史学家发现是错误的史实。以至于"纠谬""商榷"和"札记"之类的史学著作层出不穷。说明即使国家认可的正式的史学著作,那些见于文字记载的"史实",也未必就那么真实可靠。

在没有文字以前,整个民族的历史也只能靠传说保存下来,那种种传说不能说它不真实,只能说它比文字记载有更多的后代阐释的积累。因此,对于现在仍然广泛地活在民间的关于民族远古的记忆,我们的任务是以科学的态度,仔细分析其中的各种因素,区分其中何者是事实,何者是流传中后人加入的阐释。就是说,不能认为所有的传说都具有历史的真实性,也不能轻易否定一种传说的历史真实性。

关于丹朱封于山西长子县的传说,比封于其它地区的传说更具体、也更集中一些。从文献记载上看,这个说法大约起于唐代一部已经失传的地理著作《十道图》[13],说长子城最初是尧的儿子丹朱建筑的。清·高士奇《春

13.清·高士奇《春秋地名考略》卷五(四库全书本):"唐《十道图》:长子城,丹朱所筑。丹朱,尧之长子,因名,亦名丹朱城。"雍正版《山西通志》卷八《城池》(四库全书本,以下注文中所引古籍,凡属四库本,不再一一注出):"旧城周二十里,唐《十道图》云'丹朱所筑。'"按:《旧唐书》卷四十六《经籍志》载《长安四年十道图》十三卷,《开元三年十道图》十卷,又《十道图》十卷(未提为何年所制定),《新唐书》卷五十八《艺文志》同,《旧五代史》卷四十三有《十道图》概述,《旧五代史》卷一百五十载,时分天下为十道:河南道、关西道、河东道、河北道、剑南道、江南道、淮南道、山南道、陇右道、岭南道,各道所领府、州多少不一(有的道无府,有州)。注云:"以上所载郡县,当是以《开元十道图》为本,惟五代之改制及仍唐旧制者则阙焉。疑原本有所节删,今仍录于卷首,以存其旧。"这大概能看出唐代所谓"十道"的情形。宋·乐史《太平寰宇记》卷一百三十四云"真元十道图",则唐代《十道图》的版本可能不止于以上所提到的四个,大约每朝改变州县的设置,则要改变一些《十道图》的内容。所以宋·郑樵《通志》卷四十《地理略·序》中还提到《开元十道图》,卷六十六又提到《长安四年十道图》十三卷,《开元三年十道图》十卷,《元和十道图》十卷。《通志·总序》说:"臣今准《禹贡》之书,而理川源;本《开元十道图》以续今古,故作《地理略》。"则《通志·地理略》仍可见《开元十道图》之梗概也。

秋地名考略》卷五（四库全书本，以下注文中所引古籍，凡属四库本，不再一一注出）："唐《十道图》：长子城，丹朱所筑。丹朱，尧之长子，因名，亦名丹朱城。"雍正版《山西通志》卷八《城池》云："旧城周二十里，唐《十道图》云'丹朱所筑。'"。长子县人传说，就因为尧王的长子即大儿子丹朱封在这里，所以这里自古以来就称为"长子"。但是，颜师古注《汉书·地理志》时，特别强调"长子"之"长"读"长短"之"长"："长读曰长短之长，今俗为长幼之长，非也。"这就说明远在颜师古之前，世俗一直跟着长子县人读"长幼"之"长"，不知为什么颜师古非要纠正这个"错误"不可。但是比颜师古资格更老、更权威的陆德明就两读之，指出也读"丁丈反"，即读"长幼"之"长"。[14]而《山西通志·辩证二》中一句话就把颜师古驳回去了："《周礼·职方氏》：'其川漳。'注：'漳出长子。长，丁丈反。'《左传》

14.颜师古注见《汉书》卷二十八《地理志》。《山西通志》卷一百七十七《辨证二》："《周礼·职方氏》：'其川漳。'注：'漳出长子。长，丁丈反。'《左传》'晋人执石买于长子'，注：'长，丁丈反。'长从上声旧矣，颜师古谓为长狄所居而得名，夫赤狄见于春秋，而武王封辛甲已称长子，则颜说误也。"按《通志》所引并为陆德明所注音义。《周礼注疏》卷三十三《职方氏》陆德明原注文为："长子，丁丈反。长子，县名，属上党。"这里陆德明的读音很肯定。《左传》文见襄公十八年，陆德明注曰："长，丁丈反，或如字。"这里他又两读，所谓"或如字"即又读"长短"之长。凡"长幼"之长，陆德明一律读"丁丈反"，如《周礼注疏》卷三十一"凡群有司皆以齿，此之谓长幼有序"，陆德明音义曰："长，丁丈反。"《春秋左传注疏》卷二"且夫贱妨贵，少陵长"，陆德明《音义》曰："长，丁丈反。"为什么是"丁丈反"而不是"知丈反"呢？宋·毛居正《六经正误》卷五辩证曰："官长，丁丈反，此吴音也。案《尚书·囧命》'太仆长'，音诛丈反；《毛诗·卫风·雄雉篇》'长幼'，音张丈反；《礼记·曾子问篇》'宾长'，音知丈反。当从此三音。盖正音诛与朱同，张与章同；知与支同。长幼之长音与掌同。后皆然。"

又《水经注》卷十："尚子即长子之异名也。"

明·朱载堉《乐律全书》卷二十二附录《羊头山新记》云："《竹书纪年》云'梁惠成王十二年，郑取屯留尚子。'屯留即纯留，尚子即长子，古音相近互用，无关于丹朱也。"这是反对长子与丹朱有关的古代学者之一，而且他对高平、长子羊头山与丹朱岭一带作过实地考察，似乎很权威，但他完全无视于民间传说的意见，显然受传统儒家思想的影响，对一切民间传说不是绝对地历史化，就是贬为"不雅驯"的俗恶之谈，是不足取的。况且"长幼"之长属知母养部韵，尚属禅母漾部韵，一在上声，一在去声，相去甚远，何以说是"古音相近互用"呢？就算是"古音相近互用"，怎么就可以由此得出"无关于丹朱也"的结论呢？

'晋人执石买于长子',注:'长,丁丈反。'长从上声旧矣,颜师古谓为长狄所居而得名,夫赤狄见于春秋,而武王封辛甲已称长子,则颜说误也。"但是,说来奇怪,《精卫鸟》上竟然还有人重复颜师古的"长狄"之说,为什么不认真读一下本书初版中的这条注解呢?我之所以在正文中重复说这件事,就是想提醒粗心的读者,请仔细阅读本书注解第14条,然后再考虑怎么写"新见"(创新)的论文,尤其是考据类论文。如果参考《今本竹书纪年》卷下:"(显王)十年……郑取屯留、尚子。"[15]更能证明应该读"长幼"之"长"。其中的"尚子",清代高士奇《春秋地名考略》(卷五)云:"尚子,即长子。"古人在赞叹一件事或一种见解的最高地位时常说"至矣""尚矣",尚子,即在他前面没有再比他大的儿子了,即他是最大的儿子。如读"长短"之"长",绝不会误为"尚子"。这是春秋以前即读"长幼"之"长"的铁证。颜氏毫无根据地说应读"长短"之"长",实为武断。更为重要的是,自古以来的土生土长的长子人都读"长幼"之"长"。专有名词尤其是人名和地名只能听从本人、本地人自己的读音(陈寅恪之恪,一般读"客"音,而陈先生本人明确地宣告说,读音"确"。还有洪洞县的"洞"字,我们不能读"洞穴"的洞,只能随本地人读"相同"的同音),读音不同,当然就规定着专名的内涵。

  还有一点值得注意,中国人的文化心理是崇祖的,一般情况下是以自己故乡有一位对民族作出贡献的古人为荣的,而丹朱在古代典籍和传说中是个典型的坏人,为什么长子人历来要把一个坏人当作自己祖辈生活居住之地的创始人呢?如果没有确定的历史真实为理由,这简直是匪夷所思。当然也有一种可能,即后来丹朱正式封于长子县,他的性格有所改变,他的德行有所提升,已经不是大禹所说的那种坏人了。他为守住自己父亲的创业的基地,有所作为,长子人对他的贡献还是怀念的,或者,长子人为了保存自己与帝尧的关系,而特别保存了这个有内涵的地名,或者简直就是作为一种历史的真实记录。《尚书》所记(详下文)已经有对丹朱两种不

15.王国维《今本竹书纪年疏证》,济南,齐鲁书社2000年五月《二十五别史》版,134页。

同的意见,他的"聪明"和"明于政事",也是帝尧时"四岳"肯定的。

还有一个值得注意的说法,就是《管子·宙合篇》中有一段关于丹朱的另一种记载:"仁良既明,通于可不利害之理[16],循发蒙也[17]。故曰若觉卧,若晦明,若敖之在尧也。"[18]

管子这个主张以丹朱为例,意在说明人是能够改变的。一个人再糊涂、品质再不好,只要善于请教仁人或贤人,就会明晓事理,改变品质。一个人尤其是国君,如果对治理国家糊涂,可以请教"仁良",就会把治国理民的事情办好,而且会改变和提高自己的品德和智慧。

这里还透露一个信息:如果确认管子是春秋时期齐桓公的宰相管仲,那么,这里所说的丹朱由坏变好的事情,在春秋时期就有传说,丹朱后来变为好人了。这样,长子县人认可丹朱,也就不奇怪了。而且这样的认可,还包含着一个重要的信念:任何人都可以改变,即使是坏人,一旦变好,就可以成为被肯定的对象,也应该成为被肯定的对象。理想的社会,就是尊重每一个正常的人,给予每一个正常的人以正常的待遇,给予每一个正常的人以生活自由的空间——在社会公认的道德、礼法范围之内,亦即给予其不损害公共利益和他人利益前提下的充分自由。

---

16. 不,读否(同否)。这段话采自明·刘绩所注《管子》、戴望校正本(见《诸子集成》世界书局排印本)。

17. 问于仁良,其事既明,见利害之理则通晓,循而用之,其蒙自发明也,李蹊按:刘绩注谓:人君有想不通的事情,要问于仁人或贤良之人。搞明白之后,就可以看清可否、利害的道理。然后沿着这个道理运用到实际治理国家的具体事物中,那种懵然的状态就会自然转变,就像揭去蒙在眼前的一块布,一切都通晓明白了。

18. 敖,尧子丹朱,慢而不恭,故曰敖。敖在尧时虽凡下材,但以圣人在上,贤人在下位,动而履规矩,常自礼法,竟以改邪为明,故宾虞朝,让德群后。《书》曰:无若丹朱敖。李蹊按:管子说,所以说,就像睡醒了觉,就像黑夜变为光明的白昼一样,就像丹朱在帝尧时那样。刘绩注言,敖指丹朱。他是一个凡庸下品之人,但是因为圣人帝尧在上,众多贤人在下,凡事都按规矩办,经常自觉地遵守礼法,最后还是改邪归正,成为一个明白事理的人,所以到了帝舜时期,丹朱被当作宾客对待,丹朱也能够在诸侯面前表现出谦让的态度。《尚书·益稷篇》说:不要像丹朱那样傲慢。这是大禹对帝舜的劝谏之辞。可见,帝舜晚期与大禹是有矛盾的。

无论如何,长子城是丹朱第一个修建的,是长子县历史的开创者。据《十道图》所载,长子城又名"丹朱城"。《十道图》所载肯定是传说,说明这个传说远在唐以前就存在,并非某个人的臆造。进一步查阅古籍,"长子"作为地名远在殷商之前。西汉刘向在《别录》中记录了一条先秦的史料:"辛甲,故殷之臣,事纣,盖七十五谏而不听,去,至周。召公与语,贤之。告文王,文王亲迎之,以为公卿,封长子。"[19]文见《史记·周本纪集解》引,今其文收严可均辑《全汉文》卷三十八。刘向为西汉一代闻见最博、最严肃的文献学者,他所见的先秦古籍无人可比。足见长子之地名由来已久,说明"长子"为远在殷商以前已有之古地名。丹朱在长子县的遗迹,除唐代尚有遗存的"周二十里"的长子城墙遗址外,至今还有县城北的熨斗台,今称北高庙[20](下文还要详细考察)。

下面我们就来仔细考察一番这些说法的真实性。

1. 古籍所载丹朱封地诸说辨析

丹朱为帝尧之子,首见于《尚书·尧典》和《益稷》两篇,所涉及的材料甚少,向来的说法是,因为帝尧已经到了老年,精力显然衰退,他要求"四岳"推荐接替他帝位的人,所以"四岳"推荐了丹朱,这其实是一个误解。我们仔细阅读《尚书·尧典》那段文字,帝尧第一次让四岳推荐可用之人,

---

19. 严可均辑《全上古三代秦汉三国六朝文》卷三十八,采自刘向《别录》,北京,中华书局影印本,338页。此条材料始见于《史记·周本纪·集解》,亦载罗泌《路史》卷二十七:"长子,纣太史辛申(甲)国,今潞之长子县,《纪年》之尚子也。"

20.《明一统志》卷二十一载:"熨斗台,在长子县治北。相传丹朱所筑,以形似名。上有神农庙。"《山西通志》卷一百六十五:"神农庙在(长子县治)北二百步熨斗台上,今名北高庙。金大定四年建,明天顺三年、国朝顺治十八年,胥重修。世传帝至羊头山得秬黍。岁三月十八日,有司致祭。"其台经地质专家考察,确为人工夯筑,非自然形成。北高庙之称盖始于金大定四年于台上建神农庙时。原称熨斗台,盖俗间以其形似熨斗。然丹朱建此台的目的及名称之内涵,尚须考证。

四岳就推荐了丹朱，那时只说"胤子朱"[21]，那次推荐的人选是为了主持治水，并不是为了接替帝位。因为这段文字后面紧接着就是帝尧让大家推荐接替帝位的人，所以历来把这次推荐连在一起理解，但实际上是两回事。四岳推荐的理由是丹朱"开明"，而帝尧虽然不同意丹朱主持治理洪水，但说到他的问题时，没有直接驳回四岳的"开明"说，只说丹朱"嚚讼"，何谓"嚚讼"？《孔传》："言不忠信为嚚，又好争讼。"司马迁在《史记》中，将"嚚讼"翻译为"顽凶"，张守节《正义》引《左传》云："口不道忠信之言为嚚，心不则德义之经为顽。"张守节则说："凶，讼也。言丹朱心既顽嚚，又好争讼，不可用之。"按这些说法，丹朱简直就是一个坏蛋。那么，大家可以进一步设想一下，在帝尧那个时代，是一个"公天下"的历史时期，人们不必冒险巴结领袖，也绝不会把一个坏人推荐到那么重要的领导岗位上来。帝尧的所谓"嚚"，只是说丹朱能言善辩——此字从四个口字，显然是能言善辩之义，"能言善辩"中就有坚持自己意见的意思，不然，他还为什么辩论？所以司马迁把"嚚"翻译作"顽"，而"顽"，大约只是顽固地坚持自己的想法，不善于听从别人的意见而已，并非什么十恶不赦的大罪[22]。帝尧的评价不涉及道德品质问题。至于他的"讼"，也只是喜欢在公开场合争辩是非，今天看来，也没什么不好，固执一点而已，但在原始社会，这就可能是个大问题，因为那是个盛行民主的时代，凡事都要从民众的根本利益考虑，在听取众多意见之后，综合利害，形成一个最可行、最有利的方案，作为全民的统一意志，统一行动，才可能取得事情的成功（这种原始的民主施政过程，绝非某些人想象的那么简单的"少数服从多数"。只要因为一次重大失败，其首领的地位就可能动摇；而只要其中有一个人当初提出过正确的反对意见，这个人就可能成为新的权威，所以原始民主与权

---

21. 关于"胤子"古代注家颇有分歧，有人说"胤子"的"胤"，不是指帝尧的嗣子，而是指胤国被封为子爵的国君。但是鉴于两千年的传闻以及大多数学者的说法，我们还是采取了"胤子朱"就是说帝尧的亲儿子，而且是帝尧的长子。

22. 后来大禹对帝舜陈说丹朱的种种罪恶，我想那是别有用心，就是在为自己把帝位传给儿子做舆论准备。

威崇拜,只差一步之遥,最后必然发展到众人崇拜的可怕地步,形成领袖的意志与多数人的看起来的高度一致性,实则是领袖借助于那种崇拜而煽动多数,导致"以众暴寡")。那个时代,一个部族的领导者,如果不听从前辈权威和大多数人的意见,那是很危险的。一旦违背了"多数"人的意见,那就什么事也办不成,而其后果对于领导者自己也很危险。总之,在帝尧看来,丹朱的主要问题就是能说会道,实际的办事经验不足。我想这是帝尧不传位于丹朱的主要原因。而后儒所谓"口不道忠信之言为嚚,心不则德义之经为顽"之说,则完全是儒家听信了大禹的说辞,把"嚚讼"的能力表现道德化[23],又把道德看作是能不能成为领导者的最重要的标准。

23.《尚书·尧典》:"帝曰:'畴咨若时?登庸。'放齐曰:'胤子朱,启明。'帝曰:'吁!嚚讼,可乎?'"康熙十七年由康熙帝主持并撰写序言,由库勒纳、叶方蔼主编,朝臣五十八人参与编撰的《日讲书经解义》卷一,对这段话的讲解很清楚:"此一节书是求总治之职也。畴,解作谁。访问曰咨,任用曰庸。放齐,臣名。朱,丹朱,尧之嗣子。启明,开明也。吁,叹其不然也。言不忠信曰嚚,争辩曰讼。帝尧问群臣曰:今日者风气渐开,人文已着,裁成辅相,当尽其道,经纶调燮,务得其人,谁能为我访求顺时为治之人,进而用之,以任斯职也?放齐对曰:帝之嗣子丹朱,心性开通明哲,可以登用。尧叹其不然曰:吁!丹朱为人,口不道忠信之言,又好与人争辩曲直,有开明之才,用之于不善,若人而使之秉掌国钧,方将作聪明以乱旧章,岂可登用乎?"《尚书·益稷》载大禹说丹朱:"无若丹朱傲,惟慢游是好,傲虐是作。罔昼夜頟頟,罔水行舟,朋淫于家,用殄厥世。"《日讲书经解义》卷二云:"此一节书是禹进戒帝舜以德之不可不修,而帝舜答其意也。頟頟,不休息之状;殄,绝也;世者,继世相传之业也……禹曰:人君当勤于修德,不可如帝尧子丹朱之骄傲。盖傲为众恶之本,此心肆然无忌,惟惰慢佚游是好,傲狠暴虐是作,无昼无夜,頟頟然纵欲不休,行事悖理,如无水行舟;又朋比小人而淫乱于家,不治国事,故不得继帝尧之天下,以绝其世。"其中"罔水行舟",《孔传》曰:"丹朱习于无水陆地行舟。"则丹朱又是个力大无比的人。古代其它学者的注解亦大体如此。可见他们相信大禹的说法,把丹朱的人品贬得极其恶劣。按本文所引《尚书》文字皆以阮刻《十三经注疏》为主(北京中华书局1979年影印本),校以《尚书》学专家周秉钧先生所著《尚书易解》(岳麓书社1984年1月版)。周秉钧以为今本《尚书》之《益稷》篇乃为晚出《孔传》,从完整的《皋陶谟》中析出,"则纯朴不完矣"。所以他的《易解》一书将《益稷》篇合于《皋陶谟》。又"无若丹朱傲"一句,《史记》引文前有"帝曰"二字。

自从班固《汉书·律历志》引《帝王世系》言"尧使丹朱出就于丹渊"而后,后世学者多言尧子名朱,丹乃是其封国之地名(详下注)。但《〈尚书〉孔传》则认为《尧典》所言之"朱"非尧子丹朱,而是一个叫"胤"的小国之君、爵位是"子"、名为"朱"的当然，假如丹朱把洪水治理好了，即使不能直接接替帝尧的位置，作为隔代领袖的候选人，也是顺理成章的，大禹不就是因为治理洪水得到民众的拥戴和帝尧、帝舜两代首领的信任吗？所以，历来把那次推荐领导治水人选的讨论，看作是推荐帝位接班人的重要会议，也是有道理的。不过

人（"胤，国；子，爵；朱，名。"）。所以孔颖达疏曰："有胤国子爵之君，其名曰朱。"孔颖达并且作了一番考证，说明夏时有胤侯（详见中华书局影印阮刻本《十三经注疏》第122页）。这个意见古代学者多不从。如宋·林之奇《尚书全解》卷一："孔氏云'胤，国；子，爵。'唐·孔氏遂以胤侯，命掌六师胤之舞衣为证，夫虞书上采尧事，为《舜典》张本，则必推本舜之所以得天下于尧，使朱果胤国之君，则其事不应载之《尧典》，其文全无所系也。《史记》作'嗣子丹朱'，其说是也。盖尧将禅位，访于群臣，放齐以常情揆之，父子相传，古今之通义也，故以胤子为对。正如汉文帝欲举有德，以陪朕之不能，有司请曰：'子启最长，敦厚宽仁，请建以为太子。'正此意也。"当然，林之奇所据之见解（"父子相传"）未必就对，但我们看放齐推荐丹朱的理由（"启明"即《史记》所翻译的"开明"），也是符合原始民主制度原则的。关键是如何理解"胤子"。《孔传》与孔颖达的疏解根据不足，如是胤国之君，必有与其所推荐的能力相应的事迹，但未及只字。而尧的反应很快，且立即说了不同意的理由，显然他们对此人都很熟悉。所以这"胤子"应是帝尧的儿子，而非国名子爵之君。少数学者亦有从《孔传》和《孔疏》者，如明·马明衡撰《尚书疑义》卷一："胤子，注家作'胤，国；子，爵。'似为顺。盖方求人任事，廷臣举各臣以答，如共工与鲧，皆连言之，未必是尧之嗣子。今只以朱字，遂以为丹朱耳。然胤子、共工、鲧三人者，皆当时之杰，其才想皆可用，使在当今之时，可以为天下之伟人矣。惟圣人取其德，不取其才，故毕竟皆无所用。"他的根据也不过是放齐推举时，把丹朱与其它两人"连言"，为什么"连言"就不是尧的儿子丹朱？不能用后世家天下的帝王统治经验去框史前时代的情形。

又《益稷》篇云："夔曰：'戛击鸣球、搏拊、琴、瑟，以咏。'祖考来格，虞宾在位，群后德让。"其中的"虞宾在位"，《孔传》以为"丹朱为王者后，故称宾。"即舜把丹朱当作宾客，而不把他当作臣子对待。这是古代的习惯礼俗，即前代帝王的后代，新王朝往往以宾客待之。孔颖达的注疏是疏解《孔传》，当然是赞成《孔传》的说法了。其后，学者多从其说。如宋·苏辙《书传》卷四、宋·夏僎《尚书详解》卷五、宋·袁燮《絜斋家塾书钞》卷三、宋·陈经《尚书详解》卷五、宋·魏了翁《尚书要义》卷五、元·吴澄《书纂言》卷一、元·陈师凯《书蔡氏传旁通》卷一下、明·胡广等撰《书经大全》卷二，皆同此说，今不俱举。那就是说，丹朱曾经有一段时间很被舜和禹所尊重。但这尊重恐怕有两方面的原因：一是丹朱毕竟是尧的儿子，即使是在原始民主时期，舜代尧做了天子（实际上恐怕是大部落联盟的首领），对老首长的儿子自然是应该尊敬的；二是丹朱毕竟因尧的关系而有一定的号召力，也就对舜、禹产生一定的威胁，他们对丹朱的态度肯定是小心的。所以，后世曾传言舜不但"放丹朱"，且"放尧"，而且"囚尧""囚丹朱"（详下文所引古本《竹书系年》）。

我想,帝尧不同意丹朱领导治水,可能还出于另外的考虑:帝尧本身无父,是母权制下的男儿,到他这一辈有了家室,有了私有的儿子,为自己的儿子着想,他当十分在意这个大儿子(长子)的一生(详见下文)。(这里附带说明一点,如今传世文献中所载的古代传闻是如何一步步经典化的,也包括《诗》《书》是如何成为"诗经"和"书经"的,是一个非常重要的研究课题,其中有一点值得注意,就是先秦各学派,为了把传说中蕴含的思想解释得尽量符合自己学派学说的主张,他们各自把传说中的一些说法,解释为符合或适宜自己学派学说的意思,这在我们研究先秦传说或民间传说的时候,尤其需要认真辨别。)

关于丹朱所封之地,见于古籍所载历代传说者,其说有八:

一为丹朱封唐说(下面详论)。

二为封于长子说。除了前文所引《十道图》之说外,《高平志》引《方舆胜览》云:"丹朱岭在县北四十里长子县界,以尧长子丹朱得名。"[24]

三为封丹渊说。按《汉书·律历志》引《唐帝系》曰:"帝喾四妃,陈丰生帝尧,封于唐……天下号曰陶唐氏。让天下于虞,使子朱处于丹渊为诸侯。"[25]这个说法又见于《太平御览》所引《逸周书》,但阎若璩在《尚

---

24. 明·朱载堉《乐律全书》卷二十二附录作者《羊头山新记》一文,详细地记录了作者对羊头山地形、地貌的考察。他不顾前代文献记载,也不顾长子县的民间传闻,对丹朱岭因丹朱得名持强烈的反对态度。

25. 尧母为帝喾四妃之一,曰陈丰氏。而《诗经·大雅·生民篇》孔颖达疏引《大戴礼·帝系篇》曰:"帝喾卜其四妃之子皆有天下。上妃有邰氏之女曰姜嫄,而生后稷;次妃有娀氏之女曰简狄,而生契;次妃陈锋氏之女曰庆都,生帝尧;下妃娵訾氏之女曰常仪,生挚。"孔氏又说:"《家语》《世本》其文亦然……司马迁为《五帝本纪》皆依用焉。"今查清·沈廷芳《十三经注疏正字》卷四十五作"次妃陈丰氏之女曰庆都",注云:"丰,《大戴记》作锋。"明·陈士元《论语类考》卷七亦作"陈丰氏"。此外,宋·罗泌《路史》卷二十《后纪》、卷二十九《国名纪》、宋·赵汝愚编《宋名臣奏议》卷二十七载范祖禹《上宣仁皇后论纳后宜先知者四事》文、《山西通志》卷六十一、《文献通考》卷二百五十三、五代·马缟《中华古今注》卷下、《艺文类聚》卷十一、《太平御览》卷八十(以上并为四库全书本)等书并作"陈丰",齐鲁书社2000年5月版标点之《二十五别史》本《帝王世系》则据孔颖达疏改为"陈锋"。其标点本亦作"陈锋",而《史记·五帝本纪》则作"陈酆","酆"字从邑,显然司马迁是为了突出"丰"是一个地名。

书古文疏证》中认为是"齐梁间好事者为之也,而又假托晋儒者徐邈注以自重"。他认为,所谓《逸周书》的这条材料是依《汉书·律历志》伪造的[26]。此处要强调的是,即便是"齐梁间好事者假托徐邈以自重",但所抄袭的源头并非伪造,而是班固的《汉书》,阎若璩只是否定《古文尚书》,而不是整个地否定其所载内容。而近年来随着出土的帛书、简书增多,很多资料证明,原来怀疑的古籍,并非汉以后的著述,先秦尤其是战国时期,已有流传。而明·陈士元《名疑》卷一则云:"尧子朱封丹,是为丹朱。《说文》作丹絑,即嗣子朱也。"不说"丹渊",只说"丹"。而"丹"乃是后代对"丹渊"的简称,其实这个"丹"或"丹渊"乃是指以丹水发源地"丹朱岭"为中心的一个较为广阔的地区[27](下文详论)。

四为丹朱被流放于丹水说。这是古代把"封于丹渊"或"封于丹"与另外的一个"放丹朱""囚丹朱"之传说相混的结果。《山海经·海内南经》注引古本《竹书纪年》云:"后稷放帝朱于丹水。"《史记·高祖本纪正义》云:"后稷放帝子丹朱于丹水。"[28]至于这个"丹""丹渊"在什么地方,古人说

26. 阎若璩《尚书古文疏证》卷一:"又按《新唐书·艺文志》有《尚书逸篇》三卷,为晋徐邈注,宋初犹存,李昉等修《太平御览》曾引用之。余约见其四条:其一条重出,其三条云:'尧子不肖,舜使居丹渊,为诸侯,故号曰丹朱。'又:'呜呼!七世之庙,可以观德。'又:'太社惟松,东社惟柏,南社惟梓,西社惟栗,北社惟槐。天子社广五丈,诸侯半之。'余窃谓'尧子不肖,舜使居丹渊'云云,即本《汉书·律历志》'尧让天下于虞,使子朱处于丹渊,为诸侯';'呜呼!七世之庙,可以观德',即用《吕氏春秋》引《商书》曰'五世之庙可以观怪',而易'五'为'七'、'怪'为'德',亦同《孔传》'太社惟松'云云,即用《白虎通德论》引《尚书》曰'太社惟松'五句,而下连'天子社广五丈',乃别出《春秋》文义。以所见如此,则所不见者,谅亦多傅会可知矣。余故曰此齐梁间好事者为之也,而又假托晋儒者徐邈注以自重。呜呼,事莫大于好古,学莫善于正伪。韩昌黎以识古书之正伪为年之进,岂欺我哉!"

27. 元·陈师凯《书蔡氏传旁通》卷一下:"汉志:尧处子朱于丹渊,为诸侯。丹,朱之国名也。见《前汉·律历志》。"元·朱祖义《尚书句解》卷二注云:"《汉书·沟洫志》云:尧禅舜,朱处丹,为诸侯。则朱是名,丹是所封之国。"(其中《汉书·沟洫志》,乃《律历志》之误)历代学者多同意此说,今不俱举。

28. 文见济南齐鲁书社2000年5月版《二十五别史》之《古本竹书纪年》1页。《今本竹书纪年》云:"帝使后稷放帝子朱于丹水。"王国维《疏证》引《山海经·海内南经》注引古本《纪年》及《史记·五帝本纪》《高祖本纪》正义文。(《二十五别史》之《今本竹书纪年疏证》45页)按《古本竹书纪年》"帝朱"应为"帝子朱"之误。

法歧出。下文我们将要专门进行考证。《竹书》与《史记》不同,前者说"放帝朱",丹朱不曾称帝,不当言"帝朱",当是"帝子朱"之误;后者则说"放丹朱"。"封""放"古音同,且传闻有差,姑且不论。而所"放"之地则同在丹水。

　　这里只就"朱虚(墟)丹水"说,略作辨析。按其说出于元·于钦《齐乘》卷一:"《竹书》云:'尧放丹朱于丹水。'朱虚县有丹山,一名丸山,黄帝所禅,又名尧山。下带长阪曰破车岘,东西二丹水出焉……俗名几山,盖丸字讹也。"(蹊按:文中丸字当作凡字,盖手民之讹。)《齐乘》所引《竹书》又称为"尧放丹朱",与《山海经》注引不同,也不必追究。这里还要特别重复地强调一下,俗名是非常重要的,就是说,当地百姓世代相传之名已为"几(凡)山",或者以为"丸山"之讹,如果不能论证"几(凡)山"或"丸山"就是"尧山"之讹,那就是说,这座山本来不叫尧山,尧山是后人为了"自重"其地而改成的,而且把丹朱与帝尧联系起来。那个传说的矛盾是显然的,既然是帝尧把丹朱流放到那里去的,只能与丹朱有关,作者为了把本来不叫"尧山"的几山,改为尧山,也就把"后稷放丹朱",改为"尧放丹朱"了。而无论是帝尧放丹朱还是后稷放丹朱,这个地方都与帝尧没有直接关系,何以就称为"尧山"呢?试想,古人就根据帝尧的一个指令而命名一座山,这可能吗?还有,《今本竹书纪年》作"帝使后稷放丹朱于丹水",其中的"帝"即帝尧,但《古本竹书纪年》则无"帝"字,且《史记》亦无"帝"字,司马迁必有所见,应该以司马迁《史记》为准。就算元代于钦的《齐乘》不错,但《今本竹书纪年》据王国维先生考证,乃是宋代以后人或者就是宋人拉扯所见汉以前古籍的伪造,殊不可信,可以肯定的是,《今本竹书纪年》既然出于宋以后,则那座本来叫"几山"或"丸山"("凡山")的所谓"尧山",必然出于宋代以后。其不古之证昭然若揭。于钦的这种做法,让我们看到了有关古迹伪造的一个显然的例证!

　　我们不禁还要特别强调一下前面说过的观念,要特别重视民俗所称的名字,所谓"又名尧山",肯定是后世文人所为(见《路史》注所引《三齐记》),

所谓"尧巡所登",则是为了坐实尧山与帝尧的关系,又编造了一个古迹。我怀疑《三齐记》即于钦之《齐乘》一类著作)。况且这里的丹山、丹水和朱墟,只有"放丹朱"与"丹朱弄奕之所"(亦见《三齐记》),是丹朱学习围棋的地方,这两个事件与"封地"可谓风马牛不相及。

还有,"放"与"弄弈"两个传说显然又是互相矛盾的。既然是"放"之地,就不该是"弄奕之所",既然是"弄奕",就不该称为"放"。学习围棋也非一二日可成,如果丹朱真的被围棋吸引了,不再做其它为帝尧不能容忍之事,那也需要一两年的功夫。他的住所遗址可能被后人称为"墟(虚)"。但是,我们看《韩非子》《墨子》诸书所言帝尧的生活极其简朴:"茅茨不翦,采椽不斫,粝粢之食,藜藿之羹。冬日麑裘,夏日葛衣。"如果我们相信他们的描述,那么,帝尧既然为了教育儿子,也就不可能给他建造城堡一样的居所(朱虚城)[29],丹朱的住地必然简单,决然不可能在数千年后还有遗址留存。所谓"朱虚"者,怎么可能成为丹朱所居之城的城墙遗址呢?再说了,既然是"放"或者是"弄奕之所",重复地说,也就不可能是所谓"封地"。但是这个传说的价值也不能抹杀,就是它告诉了我们一个珍贵的信息:中国的围棋发明者乃是帝尧,而第一个下围棋的人是丹朱。这在围棋界已经成为公认的"故事"——这是一个古老的历史事实。

所以,我们在考察传说之时,应该注意,单一的传说,最多只能说明丹朱在那里居住过、逗留过。为小心从事,我们还可以留给这类有古人历史传说的地方更为充分的余地,应该考虑到与丹朱发生关系的最大可能,就是丹朱的后人被封在那里。必须注意到古人非常严重的崇祖意识,也许丹朱被封的后人,为了祭祖而建立了丹朱庙,从而保留了关于丹朱的名号,后人附会增益,遂加"封地"之讹——以游戏之形式,成流放的事实;或者

29.《大清一统志》卷一百三十四,青州府:"破车岘,在临朐县东,《水经注》:'朱虚城,西有长坂远峻,名为破车岘。'《元和郡县志》:'破车岘,在临朐县东南三十五里,高七十丈,周回二十里。道径险恶,因名。'《齐乘》:'丹山下带长坂,曰破车岘。'"唐人比较注重对古迹遗存的记载,如果朱虚城有关于帝尧和丹朱的传说,《元和郡县志》绝然不会漏载,看唐人做的《十道图》对"丹朱城"的记载可知。

以"封地"的名义而行流放之实,且有趣味十足的围棋供其游戏,以丹朱的智慧大约不会被蒙蔽,但他明白乃父的一片苦心,也就顺水推舟,在那里安稳地"弄奕"了。

如此说来,"弄棋"之时的(丹)朱,年龄大约不会很大。"使出就丹"的"丹"也可能在山东的朱虚县。不过我们从下面所考察的"丹"或"丹渊"看,那里的丹水,与《山海经》所说的"丹林"或"丹陵"毫不相干。也就无法证实帝尧真的把自己的儿子"放"到离"丹陵"那么遥远的地方去玩围棋。今晋城市陵川县有棋子山,亦有丹朱"弄弈"的传闻。临汾市同样有此传说。说明"丹朱弄弈"之处的传说有多处,我宁可相信最初的"弄弈"之处在陵川这个传说。因为陵川毕竟在晋东南,离长子县的丹陵(丹朱岭)不远。丹朱最初的"弄弈"之所,很可能在陵川而非朱虚——更放大范围地说,丹朱一旦学会围棋,那是可以随时随地"弄"的,他的后人或同时代人也可能随时随地地"弄"一下,而围棋的第一个"弄"者是丹朱,那就很可能把围棋称作"丹朱之艺","弄"围棋者也可能被称作"丹朱者流",则以讹传讹,朱虚城那里第一个"弄"围棋的人就成为"丹朱"了。

值得注意的是,至今在长子县还流传一种简单的三子棋,人们称之谓"格蟆撑鳖"(蛤蟆挤鳖)。两人各执三子,在横三、竖二的格子的交叉点上走格子,只要把对方的两子挤到横道顶端所画的圆圈里,就算赢了。还有一种称作"担夹棋"的游戏,方格,横竖各五条线,两人相对而弈,各执五子,把棋子放到边框的五个与竖线的交叉点上,然后在框里面的各个点上行走,一次走一步。谁的两颗棋子把对方的棋子夹在中间,就可以把对方的棋子吃掉,此谓之"夹";假如把自己的一颗棋子放在对方的两颗棋子之间,也可以把对方的两颗棋子吃掉,此谓之"担"。还可以扩大到画七条线,各执七子,扩大到九条线,各执九子。这两种简单的棋,是不是围棋的雏形呢?此游戏最流行于人民公社时期——每到田间地头休息时,人们无以为乐,就坐下来,在地上画格子,玩"格蟆撑鳖"或者"担夹棋"了。

五为封于白水说。此说见于《路史》注文,为了把此说原委说清楚,我们不妨看《路史》卷二十原文："帝初取富宜氏曰皇，生朱，骜娼克，兄弟为阋，嚚讼，嫚游而朋淫。（原注：朱于兄弟有阋，故《邹阳传》云："骨肉为雠者，朱、象、管、蔡是也。"）帝悲之，为制奕棋，以闲其情。[30]使出就丹[31]。帝崩，虞氏国之于房，为房侯，以奉其祀，服其服，礼乐如之，谓之虞宾，天子弗臣。夏后封之唐，如虞之礼。朱卒，葬筭阳。"原注曰："相之安阳永和镇南，有故尧城。开皇四年尧城县，以为尧居。乃朱居也。"《相图经》引《孟子注》："舜封丹朱于白水，白水乃今清河，盖夏封之，在镇西南三里有丹朱陵，南八里有帝子夜游台，周二百步。"《相台志》云："丹朱嫚游之地。"第、邺同。鸗阳乡在内黄北二十里鸗阳聚。《路史》正文明白无误地说，封于白水是在帝尧"使出就丹"之后，更明白无误地说，是在"帝（尧）崩"之后，并且是在舜"国之防（房）"之后。所引《孟子》注明确说"舜封丹朱"[32]，罗泌又说"盖夏封之"，以正《孟子》注之误。显然，无论是舜封丹朱，还是禹（夏）封丹朱，都与帝尧封其子朱于丹或丹渊、丹水无关了，也是说，"封白水"说即便是真实的，也绝非丹朱初封之地。《路史》原文非常明确，不是作为诸侯封于"丹"，而是到"丹"那里以围棋为戏，目的是为了"闲其情"。还要说明的一点是，到了大禹的时代，丹朱很可能已经不在世了，大禹为了自己儿子稳定的帝位，很可能把老年丹朱或者丹朱的后代再次流放到远离首都（安邑）的地方，那就与丹朱第一次的流放地（初封之地）无关了。

请读者注意：丹朱本名单字"朱"（见《尚书·尧典》"胤子朱"），被

---

30. 原注：《博物志》："尧造围棋以教丹朱。"故《中兴书》陶侃云："围棋，尧以教愚子。"虞愿亦云："朱，明言尧帝以此教丹朱，非人主所宜好。"

31. 原注：《御览·尚书逸篇》云："丹朱不肖，舜使居丹渊，为诸侯，号曰丹朱。"乃尧居之丹，见《汉·历志》。《竹书》云："放帝丹朱于丹水。"今朱虚县有丹山，东丹、西丹二水，水近有长坂，远峻，谓之破车坡。记为丹朱弄奕之所，今青之益都，有尧山。《三齐记》："尧巡所登。"伏琛云："山南有二水，名东西丹。"然邓之内乡亦有丹水，汉丹水县。《荆州记》为丹川，尧子所封，即丹浦。尧拜有唐之处，盖非朱国。

32. 按今传诸本《孟子》注无此文。元·金履祥《论语集注考证》卷九引《路史》与本文所引略同。

封到"丹"以后,才称为"丹朱"的[33]。古籍中凡说到"丹朱"者应该指丹朱被封为丹以后的事情,与初封概无关系。

如果说《相图经》所引《孟子》注文不是"舜"封丹朱而是"尧"封丹朱,那么这个"白水"也并非河南相州永和镇之清水,而是山西泽州(今晋城市)所属高平市的丹水之别称(下文有专门讨论)。当然,还有两种可能,重复地强调:一是尧去世以后,舜认为继续把丹朱留在长子,对他会造成威胁(后世所谓"诸侯",久居一地,会笼络人心,培植自己的势力),于是会不断地迁移其封地(魏文帝曹丕对待曹植的做法就是显例)。二是丹朱也已经去世,舜徙封丹朱的后代于白水。

六为封于房邑说。宋·章定《名贤氏族言行类稿》卷二十三引《元和姓纂》:"帝尧子丹朱封为房邑侯,子陵以父封为氏。"是谁封丹朱为房邑侯?章氏没说。此说显然出于前所引《路史》文,明确说是帝舜:"帝崩,虞氏国之于房,为房侯,以奉其祀。"明·陈士元《论语类考》卷七引《(路史)外纪》亦有类似的说法。清·徐文靖《竹书统笺》卷二,于"帝子丹朱避舜于房陵,舜让不克"下笺曰:"按《地理志》:房陵县,属汉中郡。颜师古曰:'今谓之房州,此丹朱所避也。'附注云:'房陵是。据《世本》舜封丹朱于房'。《一统志》:'房县在陨阳府城西南三百一十里,舜封尧子丹朱于房,即此。'"综合这些说法,可以看出,丹朱在房陵有两说,一是帝尧去世之后,丹朱为了消除帝舜的顾虑,他主动到房陵那里回避舜,舜即位后,也就把丹朱封在房陵。二是舜即位后,把丹朱从"丹"转封到房陵。也就是说,丹朱并非一封而终其身,从尧到禹三代之间至少迁移四次:初从尧都出来在丹(或丹岭、丹水、丹渊),尧死后,舜又封之于房,又封于白水,到夏禹时,又封于唐。那么,丹朱有那么长的寿命吗?我以为,这里正好能够证明一个大问题,即丹朱始封于丹,而后,他的嫡子孙在不同朝代,就有了不同的改封之地,改封到什么地方,就以丹朱的名义在那里立国。这中间可能还有其它临时性的转移,加上还有丹朱的后代分散于全国各地,是以留下

---

33. 见上注26引《御览》引文。

了多处关于丹朱的记载和传说——丹朱所到之地,丹朱的后代都要立尧庙、丹朱庙以祀之;而尧的其它儿子所封之地[34]也同样要修建尧庙[35];再加上尧本身要巡视四方,所到之处自然也留下太多的遗迹和传说。这就是何以用尧、唐、朱命名之地那么多的根本原因[36]。

七为封于浮山说。《山西通志》卷十九:"山西浮山县为丹朱食邑。"卷五十七:"浮山县,故郭城西南十里故县村,三面险绝,惟东面平坦。旧志'神山县故郭城'是也。《北魏志》:'擒昌县有郭城。'当即此,一名丹朱邑。"所谓"丹朱食邑",乃是丹朱"封地"的另一种说法。古代诸侯或大夫的封地或称"食邑",大夫的封地亦称为"采邑"。

八为封于翼城说。见《山西通志》卷五十七:"翼城县唐城,南十五里唐城村,丹朱所封都也。"

这第七、第八两种说法都有可能,因为这两地与尧的发祥地靠近,但文中同样都称"朱"为"丹朱",那么,这些地方即使是丹朱被封过的地方,也就仍然是在尧初封朱于"丹"之后了。更因为这两地不涉及"丹渊""丹

---

34. 元·金履祥《资治通鉴纲目前编》:"《路史》曰:'帝尧之子十,其长号监明,先死,监明之子式,封于刘,其后有刘累,事存《汉纪》。'"清·秦蕙田《五礼通考》卷一百七十八以为尧的其它儿子也必定各有自己的封地。

35. 明·马明衡撰《尚书疑义》卷一:"尧以诸侯升为天子,亦不知当时立庙之制何如,追王之礼,至周始有。唐、虞事尚简略,或尧虽为天子,而立庙则只尽其尊奉之礼。尧崩之后,则使尧之子孙尊奉之耳。若尧之自庙,又自不同。朱子以为尧当立庙于丹朱之国,谓神不歆非类,民不祀非族。愚则以为丹朱为尧之子,岂得不立尧之庙?然舜受之天下,虽非后世之比,亦安得而不祀尧乎?盖古者道统即君统,道之所在而位属焉,位之所在而道存焉。"王夫之《尚书稗疏》卷一曾力辩关于舜是否把尧庙建于丹朱封地的问题,但他所论在于舜是否把丹朱当作"虞宾",并无关丹朱自己是否建尧庙的问题。

《山西通志》卷十九《山川三》:"(长子)丹朱岭在县南二十五里,岭南十五里为高平界,旧志称丹朱陵。《山海经》:'苍梧之山,舜葬于阳,丹朱葬于阴。'《括地志》:'丹朱故城在邓州内乡县。'而内乡亦有丹朱墓。《九域志》:'邓有丹朱冢。'"

36.《大清一统志》卷八十二《池州府》:"尧城(在建德县南,《元和郡县志》:'至德县尧城在县南四里,舜城在县北二十里。旧传两帝南巡至此。'《寰宇记》:'舜井城在建德县南四里。城中有舜井。故名。'按《元和志》尧城在县南,舜城在县北,本为二城。《寰宇记》脱去尧城,而以县南者为舜城,恐误。)"这个例子充分说明了以"尧"命名的地方,绝大多数是帝尧巡视经过之处,而非他的封地,更不是他的出生地。

水"或"丹陵（丹林）"——关于丹朱封地，古代学者有一种较为普遍认可的说法是，丹朱初封于丹渊或丹水。重复地说，帝尧的长子"朱"之所以称为"丹朱"，是因为朱被封在丹，故称"丹朱"。但因为与上述同样的理由，我们认为，这两处很可能是丹朱的移封之地，或者更合理的解释是丹朱的后人所封之地。

综观各种说法，我以为筛选古代学者最普遍、最合理的说法，是把陶、唐、丹（丹陵或丹岭、丹林）、丹渊（或丹水）这三个地方合理地联系在一起的那种说法才是较为可靠的。道理就在于陶与唐是帝尧的发祥和兴旺之地。而《尚书·尧典》所言"胤子朱"，《史记·五帝本纪》翻译为"嗣子朱"，说明古人对《尚书》所言之"胤子"比较一致认可为"朱"乃是帝尧的长子。《尚书·尧典》不说"丹朱"，只说"朱"，封于"丹"之后才称为"丹朱"，所以到禹做了帝王的时候，才称他为"丹朱"（《尚书·益稷篇》）。据《尚书·益稷篇》记载，大禹对丹朱的评价就不但完全与《尧典》四岳的评价相反（四岳说丹朱"启明"即开放、思想开阔而明朗），且与帝尧的评价也大不相同（"嚚讼"，说见前文），而且是完全彻底地把丹朱打入坏人甚至是恶人的行列："无若丹朱傲，惟慢游是好，傲虐是作，罔昼夜頟頟，罔水行舟，朋淫于家，用殄厥世。"《孔传》："朋，群也。丹朱习于无水，陆地行舟。言无度，群淫于家，妻妾乱。用是绝其世，不得嗣。"有那么多罪不可恕的问题！最后说到"用殄厥世"，按《孔传》的解释，是"用（因）是绝其世，不得嗣"，是说因为这个原因（即丹朱的罪恶），他灭绝了自己的世系，没有把封地及官位或爵位传下去。但周秉钧先生在《尚书易解》中以为是指丹朱没有继承帝尧的帝位（江灏、钱宗武《今古文尚书全译》同），这个说法可能有些问题。因为"灭绝世"，那是非常明确的说法。古代凡是一代新朝建立，对前朝的处理是很决绝的，往往要彻底从思想到肉体都要铲除净尽，所谓"萌芽不发"。周先生的解释未免把历代帝王的胸怀看得太宽容了。看大禹决绝的口吻，他对丹朱是厌恶到了极点，我以为《孔传》的解释可能比较可靠。

大禹对丹朱之所以如此深恶痛绝，捏造了他一大堆罪恶，就是要把社会制度彻底改变，即把禅让制改变为世袭制——须知，那是一个从禅让制向世袭制转变的历史大转变时期，那种转变是你死我活的，大禹必须把丹朱置于死地，并用同样的办法把帝舜的儿子也否定了，这才能说明一个问题：帝位本应该传给儿子的，只是因为前两代帝王的儿子都不好，所以没有世袭，他的儿子则不然，是一个英明的人，所以他要把帝位传给儿子。今天，我们只能这样来解释大禹对丹朱的评价何以与前代如此不同，否则我们就无法解释为什么对一个人的评价前后会一百八十度的大转弯。

大约经过舜、禹两代，丹朱的表现越来越对他们不利，到大禹的时代，既然他决意要把帝位传给自己的儿子启，也就不能不灭绝丹朱。当然，灭丹朱之前，帝舜和帝禹已经把丹朱从长子县那个封地转移了不知几次了，最后还是把它彻底消灭了。但这时的"丹朱"，恐怕已经不是丹朱本人了，而是丹朱的后代。因此产生了所谓"囚尧""偃丹朱"之说，"囚尧"倒也未必，可能丹朱晚期或者丹朱的后人打出帝尧的旗号，这对大禹十分不利，尤其是对于他"传帝位于子"的打算很不利，于是灭掉了丹朱，而因人们对帝尧的怀念，遂误传"囚尧"，而实则是灭丹朱。说到这里，本文开头所言长子县人把一个"恶人"作为自己居住地区的名字，也就可以理解了——丹朱实际上未必那么坏，就像《论语》中子贡说商纣王未必那么坏一样，另一方面也是长子县人对帝尧怀念的表现。总之，丹朱的坏名声是大禹制造的，大禹的光辉形象完全是后来儒家塑造的，他原本的目的就是为了家天下（他不拿丹朱开刀，也就无法拿帝舜的儿子商均开刀，也就无法把帝位传给自己的儿子夏帝启），虽然他有治理九州水患的不可磨灭的伟大功劳。当然，从历史的发展逻辑考虑，帝禹这么做，显然是人类历史的一个进步，因此也不能简单地说帝禹的"私天下"或"家天下"是什么"罪恶"。而帝尧之所以把丹朱封于"丹"，"知子莫若父"：倘若丹朱冥顽不灵，也就罢了，关键是他的聪明和才能，有这两个特点的人若做坏事，那可就不得了。帝尧命丹朱"就丹"，这个丹乃是丹陵（丹岭）、丹水（或丹渊）的总称或简称，

是尧的出生地（详下文），而陶则是帝尧创业起家之地，就包含在丹的范围之内。尧之所以把丹朱封在丹，原因有三：其一，尧既然是父系氏族时代的首领，"崇祖"，尤其是崇拜"男祖"的现象必然已经兴起，他退位后应该想到他的祖庙应该由一位可靠的人来延续祭祀，最可靠、最不可剥夺祭祀权的当然是自己的大儿子丹朱；其二让丹朱体验一下他自己从陶起家时"艰难创业"的滋味，希望他能从此脚踏实，不要逞口舌之能（逞口舌之能，即必然有夸张不实之词，后果很危险）；其三他要为继承人帝舜的稳定统治考虑，也就是为全部落联盟的稳定和发展着想，不能让丹朱对舜的权威造成威胁和破坏。把他封在以陶为中心的"丹"，即帝尧最初的创业之地，也是最为安全和最稳妥的地方，那里有帝尧最稳固的拥护者，对丹朱可能有最大的帮助，产生最好的影响。古代学者都认为，帝尧的这种做法，不但是爱天下百姓的表现，同时也是帝尧爱护儿子丹朱的表现——丹朱如果以自己的影响力或能力反对舜，结果只能是因走极端而破坏整个部落联盟，丹朱自己也会因此招来杀身之祸。这个推断，在原始的民主时代，应是合乎情理的[37]。

总之，丹是帝尧之子朱的始封之地，因封"丹"而曰丹朱。其他说法要么是丹朱后来的转移之地或丹朱后代的居住地，要么是后人的讹传。对于较为普遍的封唐说，也应作如是观。我们之所以在本书的代序中首先提出一个值得特别注意的长子县的那个传之久远的习俗"长子不出门"，就在于这个社约与长子县县名的来历有关，与帝尧初封其长子丹朱于此地有关，更与长子是帝尧的出生地有关——帝尧的发祥地乃是帝尧的第一块立脚之地，是他永远的根据地，必须让他的长子回到这里守住真正属于他的"老家"

37.《史记·五帝本纪》曰："尧知子丹朱之不肖，不足授天下，于是乃权授舜，则天下得其利而丹朱病；授丹朱，则天下病而丹朱得其利。尧曰'终不以天下之病而利一人'，而卒授舜以天下。"清·朱鹤龄《尚书埤传》卷三："罗景纶曰：尧不以天下与丹朱而与舜，世皆谓圣人至公之心，知爱天下，而不知爱其子。余谓帝尧此举固以爱天下，尤以爱丹朱也。若使傲虐之资轻居臣民之上，则毒遍四海，不有南巢之放，将来牧野之诛，尚得谓爱之乎？尧、舜之于子，亦贻之以安耳。"

的这块土地。这一行为也就成为长子县人永远守护的习俗："长子不出门。"就一般普遍的情况而言，在中国古代，一个家庭中的几个儿子，大儿子的地位是最重要的，但是长子县的这个习俗又更在全国以上：长子的地位重要到在分家的时候不能脱离祖产，也不能外出谋生。一定要在老家、老屋守着祖业。其它的儿子则可以外出。

把老大固定在老家的目的，显然不只是是为了守护祖产，还有着承担祭祀祖宗、扫祭先人之墓的任务。这个传统的习俗可能在别处也有，但长子县的"不出门"则是长子县所独有的、决不能动摇的习俗，有长子公然外出者，那会遭到舆论的干涉或谴责。那么，要寻找这个传统风俗的根源，就只能是与帝尧把长子安置到他的出生地、发祥地有关。

2. 关于丹朱封唐说

在丹朱封地的八种说法中，封唐说是最为有影响的一个说法。下面我们重点来辨析一下封唐说中种种不同说法的谬误，也确定一下在那么多以"唐"命名的地方，何处是最初的唐地。

封唐说首见于《史记·五帝本纪》裴骃《集解》。司马迁说，舜晚年推荐禹，他去世后，"禹亦乃让舜子，如舜让尧子。诸侯归之，然后禹践天子位。尧子丹朱、舜子商均皆有疆土，以奉先祀。"司马迁没说尧和舜封丹朱事，只说丹朱和商均都有自己的疆土。那么，他们两人的疆土是谁封的呢？请注意，这是大禹即位之初，帝尧和帝舜的旗帜大禹还不能丢，所以，保存丹朱原有的疆土（封地），对他的声誉是有好处的，所以丹朱的疆土最大的可能还是当初帝尧封的长子县这里。同例，帝舜儿子商均也要有相应的疆土，而此前没说商均有封地，那么这时说他有疆土，那就是大禹封的。目的都是为了让他们奉祀先祖宗庙。两位先帝的儿子大禹都照顾得很好，而且是为了祭祀帝尧和帝舜。这对大禹而言简直是一件值得大书特书的事情——他是如此看中帝尧和帝舜，即便丹朱那么坏，为了保存帝尧的祭祀有人，他还是让丹朱保留了封地。我们从常理来推导（以后世例古代），大

禹这么做是理所当然的,为了稳定他刚刚得到的地位,他也一定会这么做。但是其中有个问题就值得思索:一,《五帝本纪》中,司马迁没说丹朱的疆土在何地,而裴骃《集解》引谯周曰:"以唐封尧之子。"这个唐又在何处?张守节《正义》引《括地志》云:"定州唐县,尧后所封。"裴骃和张守节所言都比较谨慎,并没有指定说是丹朱受封于唐,而是泛说"尧之子"和"尧后"。史传尧有九个或十个儿子,"封唐"的儿子可能是丹朱,也可能是帝尧的其它儿子[38]。不能说《集解》和《正义》是直接注释《五帝本纪》"尧子丹朱、舜子商均皆有疆土"原文的,就认定注释中的"尧之子"和"尧后"就指丹朱。但后世学者据此就肯定说丹朱封于唐,显然并没有考虑到帝尧多子这一层意思,所以是谁被封到唐至少是个模糊的说法。二,更为重要的是,司马迁没说是禹封丹朱以疆土,那么,裴、张两人所说的这个唐,显然来自后世的传说,并不是尧使其子"出就于丹"的始封之地。有必要再强调一遍:司马迁也说"丹朱",并没有按《尚书》的正规说法称为"朱",退一步说,即便司马迁认为大禹重新封给了丹朱之地,那就是把丹朱从"丹"

38.《孟子注疏》卷九上:"帝使其子九男二女,百官牛羊仓廪备以事舜于畎亩之中。"汉·赵岐注曰:"帝,尧也。尧使九子事舜以为师,以二女妻舜。"明·陈士元《孟子杂记》卷四:"赵注'尧使九子事舜以为师'。又云:'《尧典》有二女,不见九男。'按史传皆言丹朱庶弟九人。《庄子》《尹子》《吕览》并云尧有十子,而《淮南子》亦云尧传舜,属以九子。韩愈《孟子注》云,九男,卿大夫旅人之子也。"《史记·五帝本纪》《索引》引皇甫谧《帝王世纪》云:"尧娶散宜氏之女,曰女皇,生丹朱。又有庶子九人,皆不肖也。"《隋书》卷六十九:"古圣帝明王皆不能移不肖之子,黄帝有二十五子,同姓者二,余各异德,尧十子,舜九子,皆不肖。"《绎史》卷十:"《尸子》:'舜一徙成邑。再徙成都,三徙成国。尧闻其贤,征之草茅之中。与之语礼乐而不逆;与之语政,至简而行;与之语道,广大而不穷。于是妻之以媓,媵之以娥,九子事之而托天下焉。'"《路史》卷二十一:"初,尧在位七十载矣,见丹朱之不肖,不足以嗣天下,乃求贤以冀于位。至梦长人……妃以盲娅、以䇶,以观其内,九子事之,以观其外。"《路史》卷三十七:"尧知天下之将争且乱,而欲以逊禅,示天下后世之则训,久矣其非一日也,岂唯其子之不肖哉!朱而不肖,九子而俱不肖乎?且舜之未见也,其逊固非一人矣。"其中独韩愈说九男非指尧之子,但未言所据。我们宁可相信先秦著作中的材料,确信尧之子并非丹朱一人。又,上书所引诸资料,即包括司马迁所谓"百家言黄帝,其文不雅驯"的一些材料在内。但主要的不是指这一点,详见本论下文。

转封到其它地方，即便是封到了唐，也是从"丹"转封到唐，而非始封之"丹"。司马迁其实是沿用《尚书·益稷》中所载大禹对丹朱的称呼。在那段著名的禹和舜的对话中，大禹已经不再延续《尧典》的说法"胤子朱"，而称呼"丹朱"了，这就已经说明大禹登基后的"丹朱"已经是"朱"封于"丹"而号称"丹朱"以后的事情了。又即便是帝禹把丹朱封于唐，也是"转封"或"徙封"，而非"初封"。

还有一层需要考虑的问题：前文说过的大禹对丹朱是深恶痛绝的，因此，他一旦大权在握，很可能要除掉在它看来是个"祸国殃民"的坏蛋，要么转移丹朱的封地，要么此时的"丹朱"不大可能是丹朱本人，而是他的后代。这涉及对大禹评价丹朱中"用殄厥世"一句话的理解。

大禹说由于丹朱那些恶劣的行为，"用殄厥世"。前文已经略为言及，这里不妨再细致讨论一下。历来学者多从《孔传》："用是绝其世，不得嗣。"《孔疏》："用是之恶，故绝其世位，不得嗣父也。"就是说，丹朱因为他的"恶"而断绝了继承父亲帝尧位置的权利，也就失去了天下。宋·林之奇说得更明白："丹朱为尧之子，当传尧之天下。惟其慢游傲虐淫乱之故，故尧不以天下授丹朱，而授于舜。此所以用殄厥世，不得嗣尧之天下也。"（《尚书全解》卷六）当然也还有一种说法，即宋·史浩以为丹朱因品行恶劣，当帝尧去世后，"天下之讴歌讼狱所以不之丹朱而之舜，用自绝于世也。"（《尚书讲义》卷四）则是以为丹朱因恶德而自绝于"世人"（得不到世人的拥护）。但明·马明衡的看法似乎更为合理："'用殄厥世'，蔡氏与《孔注》皆以为尧以天下与舜不与朱为'殄世'。予意，殄世，是丹朱在封国之时，复朋淫无度，故至殄世。若以不传天下为殄世，则是尧之殄世矣。"（《尚书疑义》卷一）这个解释之所以合理，是因为他把帝禹所言"厥世"理解为丹朱的"世系"，而不是帝尧的"世系"。如果针对帝尧而言，那就是对帝尧的"大不敬"，即把丹朱的恶劣人品归之于帝尧的过错，起码是帝尧没有尽到教育好自己儿子的责任。从大禹整段话语的逻辑看，此言确实是针对丹朱说的，而不是针对帝尧而言，符合大禹与帝舜对话的"当下"的情景。

而且也符合大禹说话时对丹朱的态度。如此说来,此时丹朱的"诸侯"封国和爵位的后嗣已不复存在。所以,我们可以有理由认为,待到帝禹登基时,丹朱本人已经离世,他的后代也已经是平民了。

如果我们联系后来大禹"传子不传贤"的行为,再仔细思考这段话,其实大禹还有一层意思:大禹真的是在告诫帝舜(这也是历代注家的理解,但与我的理解还是不同),或者在为自己而后的行为做预告——我以为,表面上看可以理解为大禹对帝舜的告诫,但实际上是大禹自己陈说自己的努力,他不像丹朱那样好逸恶劳,而是舍己为公,辛苦劳作(事实上也是如此,他有资格那么说)。但其矛头所指,实乃在于帝舜的儿子商均。因为此时的丹朱已经"是那么一回事"了,且已是尽人皆知,说与不说,都无什么意义。那时大约已经看出商均的"不成器"了,大禹想到将来自己退位的时候,绝不能把帝位传给舜子商均,还是早早说清楚。也许大禹此时也真的为帝舜的儿子着想,委婉地要帝舜注意自己儿子的言行和修养。那当然更加证明大禹的"伟大"。总之,是借助丹朱这个榜样,来警示帝舜:不要弄到丹朱那种"殄厥世"的地步。

正因为"殄厥世"是说丹朱已经失去了封地或者他的家族已经成为平民,那才有可能提到重新封"丹朱"或者封丹朱之后。然而看大禹对待丹朱的态度是那么决绝,"再封"丹朱或丹朱之后,简直是不可能的。司马迁的说法与《尚书》所载大禹的说法如此不同,很值得怀疑。当然,也可以说,大禹做出一个姿态,在封商均(帝舜子)的同时,又把已经"用殄厥世"的丹朱或丹朱之后重新封了领地,以表明自己"宽大为怀"之"恕道",以收天下之心。然史无明文,我们只能猜测而已。总之,唐并非丹朱始封之地,是确凿无疑的。

然而这个模糊的说法却一直在古代学术界传以为真:古代学者持丹朱封唐说者甚众,明确持丹朱封唐说的还有唐·杜佑(《通典》卷一百七十九)、宋·王应麟(《通鉴地理通释》卷四)、宋·罗泌(《路史》卷二十二)、宋·邓名世(《古今姓氏书辨证》卷十五)、元·郝经(《畿辅通志》卷一百七及所引《唐帝庙碑》)、元·梁益(《诗传旁通》卷四)、清·纳兰性德(《陈氏礼记集说补正》卷二十七)、清·朱鹤龄(《尚书埤传》卷二)、清·孙之騄(所辑《尚书大传》卷一)、清·秦蕙田(《五礼通考》卷二百一)、清·蒋廷锡(《尚书地理今释》)等等。然而"真理往往掌握在少数人手里",这些人并没有认真考察司马迁的记载,也没有仔细辨析宋史学家裴骃和张守节的注释,把"尧之子"和"尧后"毫不费力地加到丹朱身上,是过于简单了。显然是以讹传讹。

接下来就要讨论唐在什么地方。唐的确实地点并不是张守节所引《括地志》一种说法,后代学者的意见纷纭。有必要对此作一番辨析。

首先看一下张守节所引《括地志》的意见,即唐为河北定州的唐县。宋·王应麟在《通鉴地理通释》中申其说曰:"《世纪》:'帝尧始封于唐',今中山唐县是也。尧山在焉,唐水在西北,入唐河。后又徙晋阳,今太原县也,于周在并州之域。及为天子,都平阳。于《诗·风》为唐国。"这就把唐县看作是帝尧的始封之地(而不是丹朱的封地),后来才迁移到晋阳的,等到做了天子,才建都于平阳。这个说法也就为丹朱封唐说打下基础。

邓名世于《古今姓氏书辩证》卷十五进一步肯定了这一说法,他认为:"唐出自祁姓。帝尧初封唐侯,其地中山唐县是也。舜封尧子丹朱为唐侯,至夏时,丹朱裔孙刘累迁于鲁县,犹守故封。商更号豕韦氏,周复改为唐。成王灭唐,以其地封弟叔虞为晋侯,更封刘累裔孙在鲁者为唐侯,以奉尧祀,唐州方城是也。初,成王灭唐时,子孙散在诸侯,以国为氏。春秋时郑有唐苟,楚有唐狡,其后魏大夫唐雎,年九十余有名于战国。"邓氏的这个说法虽一代不缺地说下来,但前后模糊,甚至矛盾。既言"帝尧初封于唐,其地中山唐县",又言"舜封尧子丹朱为唐侯",下言到夏代丹朱的裔孙刘累迁移到鲁县,所谓"犹守故封",就是说刘累虽然迁移到了鲁县,还守在河北唐县的那个"故封"之地。这个叙述极其含糊。是刘累已迁移到鲁,但刘累

本人并没有去鲁县呢，还是刘累已经去了鲁县，而河北唐县还属于这个刘累呢？下面接着说，到商代"更号豕韦氏"，只是改了姓氏，领地似乎没变；到周代又恢复了唐的称号，领地仍然没有变。紧接着说"成王灭唐，以其地封弟叔虞为晋侯"，从文章上下的衔接看，仍是成王把他的弟弟叔虞封在河北的唐县了。这是何等的谬误！古代任何一位学者提到成王封弟的时候，都毫无疑问地肯定叔虞被封的唐，乃是今山西的太原晋阳。但他的叙述中说到丹朱裔孙迁移到鲁（宋·王应麟《诗地理考》卷六引《水经注》、清·胡渭《禹贡锥指》卷五注，均认同此说），又言及"成王灭唐时，子孙散在诸侯，以国为氏"，也给我们提供了一条重要的信息，即从中可以领悟到为什么中国以唐为名的地方很多。邓名世之论中还有一点，他认为封丹朱的是舜，而不是禹。也进一步地确认了这样一条认识：即河北中山之唐，绝非丹朱的初封之地。

中山唐县在今河北定州，清属"京畿"地区，故清·李卫主编的《畿辅通志》详载定州故唐县地名及周围山川古迹，该书卷一百零七特收《唐帝庙碑》，详述尧之生于尧山、尧母所葬之庆都陵及望都山等古迹，且明言："今永平之西，水出伊祁口，越蒲阴，为祁水，而州曰祁。永平之南有故城曰尧，有庙有碑，言尧生于此。其东有县曰庆都，而西有县曰唐。有碑，言尧初封唐县，其故国也。有水出于常山之西北，曰唐，东合于祁。以是征之，盖尧生于此，始受封焉。其母殂落，葬之于此。及其为帝，则都平阳。"这也似乎言之凿凿——许多人不断地重复某种观念，会让后来者信以为真。但王应麟、邓名世、郝经（《唐帝庙碑》的作者）、李卫和胡渭都忽略了一个至关重要的问题，那就是帝尧号称"陶唐氏"，最古老，也是最可信的说法是尧生于丹陵（丹林、丹岭）以及与丹相联系的丹水或丹渊[39]，但定州一

39.《汉书·律历志》：《唐帝帝系》曰："帝喾四妃，陈丰生帝尧，封于唐。盖高辛氏衰，天下归之。木生火，故为火德，天下号曰陶唐氏。让天下于虞，使子朱处于丹渊，为诸侯。即位七十载。"阎若璩《四书释地续》："丹朱，《集注》止云尧之子，未详。《汉·律历志》引《帝系》曰：'陶唐氏让天下于虞，使子朱处于丹渊，为诸侯。'丹渊虽有范汪《荆州记》、魏·王泰《括地志》各言所在，恐未足据信，盖世远也。因思尧在位七十载，放齐曰'胤

带不但找不到"陶"这个重要的地名,也找不到任何以"丹"命名或与"丹"相关的地名,这一说法显然不能成立。且帝尧怎么一下子就从河北中部的定州一带迁移到了山西中部的晋阳呢?然后又从晋阳南下,到了平阳?

不过《畿辅通志》的这个说法提醒我们,古人有一个值得注意的生命逻辑轨迹:即某人的生地、初封地、大儿子(长子)的封地、死后的葬地,大体应该是一致的。

出于同样的理由,我们认为罗泌《路史·后纪》的三条材料也不可信:他引《元和志》:"丹朱墓,唐山县东一里。"又引《寰宇记》:"在永定东二里有唐县,有鸿郎城。"又引《九州岛岛记》云:"(鸿郎城)尧时丹朱所居。"这三条材料其实只是因为一个原因,即由地名唐县引发而来,并由此生发出关于帝尧、尧母、庆都山等等虚拟的故事,殊不知单一的故事、单一的地名恰好说明并不是帝尧和丹朱最初活动的地方。但以上诸说首先让我们进一步增强了前文说到的那个推想:帝尧处丹朱之地,一定是帝尧本身兴起的地方——这些古代学者毫无例外地都把尧的出生地和长子朱的封地联系在一起(下文还要论及)。

第二种意见则认为唐在山西太原。唐·杜佑《通典》卷一百七十九:"今之并州(原注:'为太原府。'),古唐国也。昔帝尧为唐侯所封之国,及夏禹所都之地(注文:'按今博陵郡界有尧城,为尧始封之国,当是徙于此也。')"这里又出现博陵,博陵郡属河北深州,地近定州。但《汉书·地理志》之西河郡所属三十六县中亦有博陵县。清·朱鹤龄在《尚书埤传》卷七注"惟彼陶唐"云:"赵汸曰:《左传》注'陶唐,尧所治。'今太原晋阳县也。按《史记》'帝尧为陶唐氏',韦昭云:'陶、唐,皆国名,犹汤称殷商也。'遍检书史,未有帝尧居陶,而以陶冠唐。盖地以二字为名,所称或单或复也。张晏曰:'尧为唐侯,国于中山唐县,'然则唐是中山县名,非晋阳也。尧自唐侯升为天

子朱启明',夫止曰朱,未有国也。及后三载,荐舜于天,朱始出封丹,故有丹朱之号。其避尧之子,则以朱奔父丧,在平阳耳。丹朱狸姓,在周为傅氏,见《国语》。"阎氏仍肯定丹渊说,但对丹渊的具体地点以为范氏、王氏之说不足据信;又以为封丹朱者非尧,而是舜。

子,号为陶唐,其治在晋阳耳。舜封丹朱为王者之后,犹称为唐。终虞之世,以陶唐为号。故范宣子曰'昔匄之祖,自虞以上为陶唐氏'也。愚按尧为天子,都平阳,今晋州临汾县也。蔡忱:'尧都陶,故曰陶唐。'盖本《路史》云:'尧受封于陶,改国于唐。陶,今定陶也。'然未必可据。"他反对赵汸的意见。坚持较为普遍的看法,同时对《路史》关于陶就是山东定陶之说,则以为"未可据"。这里当然又出现一个问题,既然定陶"未必可据",那么,帝尧所"封"陶究竟在什么地方?我们下文再仔细讨论。应该指出,杜佑的意见似乎太随意,一个最经不起质问的问题是:凡有地名曰"尧城"者即可看作是"尧始封之国"吗?倘然,那么多的"尧城"当作何解释呢[40]?

40.《元和郡县志》卷二十九"江南道"之池州所属至德县:"尧城在县南四百里。"这是长江以南的尧城。试看,远在长江以南的江西池州都有尧城,北方各省的尧城简直是数不胜数:

《明一统志》卷二:"尧城,在完县南,相传唐尧所筑。"这是河北完县的尧城。

《大清一统志》平阳府:"唐尧城,在岳阳县东北八十里,相传尧时所筑。今有唐城堡。"这是山西古岳阳县之唐尧城。

同书平阳府又云:"尧城,在永济县南。《水经注》:尧山上有故城,世曰尧城。《元和志》:在河东县南二十八里。"这是平阳府的尧城。

阎若璩《尚书古文疏证》卷七:"又按蔡沈:'尧初为唐侯,后为天子,都陶,故曰陶唐。'尧为天子,实先都吾晋阳,后迁平阳府,从不闻有都陶之事,真属臆语。即书疏、左氏、杜注、孔疏,亦不确,惟《汉书》臣瓒注:'尧初居于唐,后居陶,故曰陶唐。'师古曰:'瓒说非也。'许慎《说文解字》云:'陶邱,再成也。在济阴。《夏书》曰东至陶邱,陶邱有尧城,尧尝居之,后居于唐,故尧号陶唐氏。'斯得其解矣,吾欲取以易蔡沈。"这是陶邱的尧城。

清·胡渭《禹贡锥指》卷二对此说进一步认同。清·胡渭《禹贡锥指》卷三:"……冀域信都郡及邺郡之内黄、尧城、临河。"注云:"内黄、尧城二县故城并在今内黄县界,临河故城在今滑县北。"这是河南内黄附近的尧城。

清·蒋廷锡《尚书地理今释》(不分卷):"陶唐,郑康成《唐诗(谱)》云:'唐者,帝尧旧都之地,今曰太原晋阳是,尧始居此,后乃迁河东平阳。'汉晋阳县,今山西太原府太原县也,又《汉书》颜师古注云:'陶丘在济阴(原注:"今山东兖州府定陶县。"),有尧城,尧尝居之,后居于唐,故尧号陶唐氏。'按《汉书》臣瓒注:'尧初居唐,后居陶,故曰陶唐。'师古曰:'瓒记(说)非也。尧不闻有居陶之事。'蔡沈臣瓒说,以尧初为唐侯,后为天子,都陶,故曰陶唐。不可从。"这是山西太原和山东兖州之尧城。

《路史》卷三十六《发挥》五:"小成阳以山得名,乃尧葬所在,有尧之(墓)故名朱鹤龄所言虽未有定论，但他首先否定了唐是晋阳之唐，肯定了中山县的唐。所引史料中却屡屡称道"陶唐"，这又一次提醒我们，"陶"之于"唐"在帝尧的生命历程中是多么重要。离开了"陶"，"唐"似乎于帝尧的意义就只剩下他强盛时期的标志了。

第三种意见是《山西通志》卷五十七的"封唐说"，《通志》的作者所谓"唐"与诸家所言迥异："（翼城县）唐城，（县）南十五里唐城村，丹朱所封都也。"《通志》的这个意见其实是采用了罗泌《路史》的一条材料。不过罗泌就地面说得更广阔一些，他说："平阳乃丹朱之封地。"（《路史·余论》）因为翼城就在平阳区域之内。这里又有一个问题：假如翼城的唐城就是丹朱所封，那么，这个唐城是因为帝尧当年所居那个最初的唐呢，还是因为丹朱被封于此地而命名为唐呢？这也是应该辨别清楚的一个问题。

说到这里，我们就自然地想到这样一个历史现象：以"唐"命名的地方就像"尧城""尧祠"一样，在全国多得数不清。正如《路史》卷四十三《余论》六所说："唐之为名在在有之。"他列举全国各地以唐命名的地方共十六

焉。即庸俗所谓囚尧城者。抑尝订之：盖其逊位之后，作游于此。此宵人所以得迹其近似，而诬焉。"注曰："鄄城东北五里有尧城。《竹书纪年》以为尧之末年，德衰，为舜所囚，在是，演义囚尧城。在相之汤阴。又濮阳有偃朱城，在鄄城西北十五里。《竹书》谓舜既囚尧，偃塞丹朱于此，使不得见。《寰宇记》以载言所录，不欲去。苏鹗谓是丹朱息沐之所，非塞之。《琐语》云，舜放尧于平阳。而《山海经》'放勋之子为帝丹朱'，故刘知几疑舜既废尧，仍立其子，俄又夺之。而又谓任昉记朝歌有狱基，为禹囚虞舜之宫。《竹书》而谓让国为虚语。荒矣。"这是山东鄄城之尧城。

《路史》卷四十三《余论》六："晋阳县北二里，亦有故唐城，云尧所筑，即燮父之所徙。而河北县南百二十八又有故尧城。《九域志》威胜军之临漳城，《风土记》亦云尧筑，而邢之尧山县，汉之柏人西十二有南蛮古城，今相有古柏人城。《九域记》引《世纪》为尧都。县东北二十二有柏乡城，故与赵都柏乡县东西中分。《城冢记》言尧所置，有尧庙，谓尧登此，览洪水、访贤人者。又河东之南二十八，亦有尧山，上有尧城，《水经》以为唐尧所理。而雷首亦谓之尧山，有尧祠。唐之尧山，亦有尧祠。张胐《齐地记》以为巡狩所登。而河清西南八十五、瑕丘东南七里，洙西与滑之灵祠，皆有尧祠。上党长子亦有尧水、尧祠。《集古录》记尧祠碑二，皆在济阴。《九域志》济阴乃今有尧沟。而《九州岛岛志》曹为尧庙，尧之所开而名。若《寰宇》所记，尧迹尤多，尧、舜之祠，天下不胜多矣。"……可见，宋人罗泌早就注意到这个问题了。

处,至于"尧、舜二祠天下不胜多矣",引张朏的看法"以为(尧)巡狩所记",认为"荆糊(湖)南北、江西、两浙、桂阳、永明、二水以来,祠场不可胜纪"(明代学者顾起元在《说略》卷七中认同了他的说法)。罗泌的意见是:"平阳、安邑亦皆曰唐,平阳即晋之临汾,正乃《诗》之唐国,有姑射山。按《九域志》:'唐水之上地正名翼,一曰绛,而总曰平阳。成王灭之,以封叔虞,后更曰唐。安邑今曰解。故绛之翼城,城西二十里有唐城。又并(州)于晋(阳县)北二里有故唐城。'《寰宇记》:'为唐尧所筑。'夫平阳乃丹朱之封也。徐才《(宗)国都城记》及《元和郡县志》皆云'翼城唐国,帝尧裔子所封',而晋阳县北二里,亦有故唐城,云尧所筑,即燮父之所徙。"[41]这段话首先肯定了山西两处名曰唐的地方,一是平阳地区包括所属的安邑和翼城称为唐。其实,整个平阳地区,古代都概称为"唐",因此,所谓丹朱封地的说法是极其模糊的。二是太原晋阳为唐。他认为太原的晋阳是尧从陶迁徙之处,而平阳乃尧的"裔子"或丹朱所封之地。可是,平阳乃是帝尧的都城,怎么会把围绕都城平阳那么大一片地方封给丹朱呢?这是一望而知的错误。

前文已说过,古籍多处讲到尧有九子或十子。《吕氏春秋·去似篇》:"尧有子十人,不(以天下)与其子而授舜。"注曰:"孟子曰:'尧使九男二女事舜。'此曰十子,殆丹朱为胤子,不在数中。"(详前注)如果所谓"帝尧裔子"不包括丹朱,那么,翼城所封者就不是丹朱,而是尧的其它诸子中的一个。但是如果舜把包括平阳、安邑、绛、翼城在内的所谓的"唐"封给丹朱或者帝尧的其它儿子,那么,不但其地面过大,对舜的都城蒲坂构成威胁,而且把后来大禹的都城安邑也包括在丹朱的封地之内,这简直是不可想象的。

但是,在这三种封唐说法中,我以为翼城作为尧的兴旺之地和丹朱的

---

41. "徐才《国都城记》"应为"徐才《宗国都城记》"。《史记·五帝本纪》张守节《正义》引徐广云:"……号陶唐。《帝王纪》云:'尧都平阳,于《诗》为唐国。'徐才《宗国都城记》云:'唐国,帝尧之裔子所封,其北帝夏禹都,汉曰太原郡。在古冀州太行、恒山之西。其南有晋水。'"(《御定历代纪事年表》卷一引文正作"徐才《宗国都城记》")

封地之说，还是比较可靠的。不过并非丹朱的始封之地，可能是丹朱曾经在翼成居住过。原因还是我们前面屡次提到的那个问题，即这里没有关于"丹"的任何信息。所以，以上诸种始封丹朱于唐的说法都不能成立。

这样，我们就有必要对帝尧的发祥之地作一番考证。

3. 何处是丹渊

本书不断地强调一种观念，即要把丹朱所封之地说明白，就必须对围绕"丹"的地名与丹朱和帝尧的有关传说作系统考察。所以，班固在《汉书·律历志》中所讲的丹朱被封在丹渊的说法，必须得到证实，否则，丹朱比较确实的封地就只能是一个悬想。我们认为，阎若璩所论《逸周书》是后人伪造之说极有说服力，但他并未否认其中所引述的材料是真，尤其是其中有些材料仍是出于西晋以前的古代典籍。对于其中所说的"尧子不肖，舜使居丹渊"这条材料，在他的总体论述中，同样没有否定其真实性，即"尧子不肖，舜使居丹渊"作为历史资料并非伪造。那么，丹朱被封（"使居"）丹渊之说[42]，也就是帝舜认可并延续了帝尧的做法，仍然把丹朱留在"丹渊"那个地方。

问题在于，班固并未言及"丹渊"之所在，这就给后世学者研究有关问题造成巨大的困难，也留下了广阔探讨的空间，造成了种种纷纭歧出的说法，至今莫衷一是。当然，也许班固也并不知道丹渊的确切地点，他的这个说法也是采自民间传闻。我们还是先看一下古代学者的种种意见。

一为丹水，在湖北邓州内乡县。清·徐文靖《竹书统笺》卷二引《帝王世纪》曰："尧娶散宜氏女，曰女皇，生丹朱。"又引《荆州记》曰："丹水县在丹州，尧子朱之所封也。"再引《括地志》："丹朱故城在邓州内乡县西南百三十里。"王夫之赞成此说，其所著《尚书稗疏》卷一曰："丹朱不道，

42.《逸周书》亦即所谓"伪古文《尚书》"是否真的就是伪书，近些年随着出土帛书、简书日多，有许多材料可证，从前所谓"伪书"的一些著作，作为《尚书》可能是伪书，但就其为先秦书，即作为先秦的历史资料并不假。

尧处之于丹渊。"自注云："（丹渊）今淅川县。"《明一统志》卷三十："（南阳府邓州）浙（淅）川县，在州城西北一百二十里。秦、汉属南阳郡，北魏置浙（淅）川县，属邓州，寻改浙（淅）阳县，属荆州。隋、唐因之。宋复置，金、元省入内乡县。本朝成化初，复置，仍旧属。"[43]清·朱鹤龄亦赞成此说（《尚书埤传》卷三）。但清·阎若璩《四书释地续》却予以否定："丹朱，《集注》止云尧之子，未详。《汉·律历志》引《帝纪》曰：'陶唐氏让天下于虞，使子朱处于丹渊为诸侯。'丹渊虽有范汪《荆州记》、魏·王泰《括地志》各言所在，恐未足据信。盖世远也。因思'尧在位七十载，放齐曰胤子朱启明。'夫止曰朱，未有国也。及后三载，荐舜于天，朱始出封丹，故有丹朱之。"谨慎的阎若璩一者肯定了班固的帝尧封丹朱说，二者否定了《荆州记》和《括地志》的说法[44]。

只说封于"丹"，也不言"丹渊"，更不言"丹"在什么地方。且认为《荆州记》和《括地志》之言"丹"在邓州淅川县不可信。中国历史上以丹川命名的县有三处，只有山西的丹川才是符合我们考察的与丹朱及帝尧有关的地方[45]（详论见下文）。

43．此处所引文中"浙川"当为"淅川"之误。《明一统志》《钦定大清一统志》卷一百六十五载"南阳府，邓州，淅川县。"又《河南通志》卷三："淅川县，周春秋楚子迁许于析，即此。"

44．清·朱鹤龄《尚书埤传》卷三："范汪《荆州记》云：'丹水县在丹川，尧子朱之所封也。'《括地志》云：'丹朱故城在邓州内乡县西南百三十里。'"按：《荆州记》和《括地志》皆佚，前人多有引用，并作"盛弘之《荆州记》"，王夫之和阎若璩并引作"范汪《荆州记》"，而清·宫梦仁《读书纪数略》卷十一又引"庾仲雍《荆州记》"，元·刘履《风雅翼》卷四亦引李善注《文选》引"庾仲雍《荆州记》云"，然则《荆州记》或作者有三矣。

45.这三处以丹川命名的地方为：一为唐代邓州淅川县。其沿革大体如下：宋·欧阳忞《舆地广记》卷八京西南路之内乡县："本楚之白羽邑，春秋昭十八年，许迁于白羽，后改为析。汉属弘农郡，后汉属南海郡，晋属顺阳郡，后曰西淅，置淅阳郡，后周改县曰中乡，省淅川入焉。隋改中乡曰内乡，属淅阳郡，唐属邓州……丹水镇，汉水县也。属弘农郡，后汉属南阳郡，晋属顺阳郡，后置丹川郡，后周郡废，隋属淅阳郡，其后废焉……淅川县本后汉南乡县，魏置南乡郡，晋改为顺阳郡，后魏复为南乡郡，又分置淅川县，后周省之。隋开皇初，郡废。大业初，置淅阳郡，其后淅阳及南乡郡皆废焉。五代时，复置淅川县，属邓州。"二为山西晋城。清·胡渭《禹贡锥指》卷十一上："《括地二为丹水,在陕西河南交界处的商州。《陕西通志》卷三:"丹水城在商州城南一里。《吕氏春秋》:'尧有丹水之战,以服南蛮。'疑即丹朱所封者。今朱虚有丹山,丹水出焉。"(原注"《路史》")

这种说法毫无根据。帝尧为什么把一个刚刚收复的属于南蛮的丹水封给他的儿子?照理说,这是一个非常重要的职务,一向以提倡"德化"著名的帝尧,怎么能够把这样的重任交给他认为"嚚讼"的丹朱呢?从《尚书》中帝尧对丹朱的态度看,这种做法是不可能的——起码他对丹朱有两样担心,以丹朱之聪明,如若跟南蛮联合自立,当如何?以丹朱之强力,倘若以武力统治南蛮,其如"德化"何?且其城曰丹水城,而非丹朱城。又且《陕西通志》的作者也过于马虎了,又把本来与商州毫无关系的"朱虚县"和那条丹水拉在一起,朱虚城在山东青州府临朐县,远在数千里之外[46],如何又忽然跑到商州,与那里的丹水在一起?即便是顺便提到,也要予以严格地区分或说明。

第三处丹水就是上引《山西通志》所言山东朱虚县的丹水,前文亦已做过分析,也有不能成立的理由。

第四处丹水是《历代通鉴辑览·卷一》:"封尧子朱于丹水,今山东青州府临朐县东北有丹水。《竹书纪年》:'尧处丹朱于丹水。'即此。初,尧

志》:太行山在河内县北二十五里,南属怀州,北属泽州。《隋志》:丹川县有太行山。《元和志》云:在晋城县南四十里。《通典》云:泽州晋城县,汉曰高都,隋曰丹川。有天井关,在南太行山上。"《隋书》卷三十《地理中》"丹川"下注曰:"旧曰高都,后齐置长平、高都二郡,后周并为高平郡,开皇初,郡废,十八年,改为丹川。大业初,置长平郡,有太行山。"《旧唐书》卷三十九《地理二》:"泽州,隋长平郡,武德元年改为盖州,领高平、丹川、陵川,又置盖城四县,又于濩泽县置泽州,领濩泽、沁水、端氏三县。三年,于今理(治)置晋城县。六年,废建州,自高平移盖州治之。八年,移泽州,治端氏。九年,省丹川、盖城。贞观元年,废。"(唐·李吉甫《元和郡县志》卷十九同)又《太平寰宇记》卷四十四:"贞观三年改置晋城,以三国分晋地,后封晋君于此,故曰晋城。"三为夷州之丹川,于唐属江南西道。《旧唐书》卷四十《地理三》:"夷州,隋明阳郡之绥阳县。武德四年,置夷州于思州宁夷县。领夜郎、神泉、丰乐、绥养、鸡翁、伏远、明阳、高富、宁夷、思义、丹川、宣慈、慈岳等十三县。"

46. 见前注7《水经注》所引资料。

让天下于舜,处子朱于丹渊,即丹水。"其实这里的所谓"丹水"与"朱虚城"或"朱虚县"的丹水本来就是一条河,不必又说,即便有再说的必要,也应该指出"两处丹水实为一河,流经两县,故两属之也"。乾隆帝的学问如何且不论,他的好奇、向"臣工"们耀博却是有名的。实不足辨。

第五种说法与众不同,就是前文我们已经引过的《路史》卷二十"(帝尧)使(子朱)出就丹。帝崩,虞氏国之于房,为房侯……"前面我们已经说过其不能成立的理由,这里再补充一点:其实作者引《相图经》所引《孟子》注,又引《相台志》和《元和志》的不同记载,显然也有疑惑,其真意不过是为了显示这些材料之间互相矛盾之概:《元和志》所说的唐山县乃在浙江之杭州[47],与我们讨论的问题无论如何也挂不上钩;而夏后禹"封之于唐"的唐,一般以为即河北之唐县,不管相州与丹朱是怎样的关系,都不是丹朱的始封之地;而相州永和镇的"尧城",既云"尧居",又云"朱居",自相矛盾;我们可以把这个地方看作是帝尧和丹朱都曾经居住过的地方,但那里绝非帝尧的出生地和丹朱的初封地。又云"朱卒,葬箖阳",唐在河北北部,箖阳在河南内黄,相距千里以上,把已死之丹朱运到千里以外的地方安葬,这在上古时期实在不可思议。说到白水时,既言"舜封",又言"盖夏封之",也是矛盾的……但其中还是提供了一条要紧的信息,那就是有"舜封丹朱于白水"一说。

这条白水与丹水初看起来是矛盾的,但却与丹水是一条河的不同称谓,它就是丹水的一条支流。《山西通志》卷二十三:"白水,在(高平)县南一里,源出五龙池东,入丹水。"

《水经注》:"丹水又南,白水注之。水出高都县故城西,所谓长平白水也。"白水是丹水的一条支流,也可以看作是丹水的一个源头,所以才是一河两名。我们认为这才是《孟子》注所谓"舜封丹朱于白水"的那条白水河。

47.《元和郡县志》卷二十六江南道唐山县,属杭州。又《舆地广记》卷二十二:"昌化县本于潜县地,唐垂拱二年,析置紫溪县。万岁通天元年曰武隆县,皆属杭州。神龙元年,更武隆为唐山县。"

而这条丹水还不止白水一个别名，它还叫泫水。宋·王应麟《通鉴地理通释》卷五："丹水，泽州高平县有泫水，一曰丹水。汉上党高都县莞谷，丹水所出，东南入泫水。"原注："高都，泽州晋城县，隋曰丹川。"而明·朱载堉《乐律全书》卷二十二附录其所撰《羊头山新记》，则认同《山西通志》的说法："伞盖山在长子县西南五十里，以形似名。下有水名泫水。"又引《水经注》云："泫水导源泫氏县西北泫谷，东南流经泫氏故城南而东，入绝水，乱流东南入丹水。"他的结论为："是也。"这里就有个问题，王应麟以为丹水入泫水，而朱载堉则认为泫水入丹水。且认为这条泫水出于长子的伞盖山，倘然，则泫水应该发源于伞盖山的南麓，否则就不能南流，因为羊头山、丹朱岭、伞盖山都是长子县与高平县的界山，也是分水岭。这些问题都说得不明白，包括《山西通志》。

丹朱岭

羊头山

可是《大清一统志》卷一百七则就讲得很清楚：

泫水，在凤台县东北，源出高平县西二十里，原村名许河，东南流至县南，合绝水。又南流合蒲水，又南流至凤台县东北，合丹水。《汉书·地理志》："上党郡泫氏县。"应劭曰："泫水所出。"《水经注》："泫水导源泫氏县西北泫谷，又东南，经泫氏故城南，东入绝水，乱流东南，入高都县，右注丹水。"《元和志》："泫水在高平县西北三十六里。"

《寰宇记》："泫水一名丹水，在高平县西北四十里，源出伞盖山。"《唐书·地理志》："高平县有泫水，贞元元年令明济引入城，号甘泉。""丹水源出高平县四十五里，一名莞谷水，一名源泽水，一名源源水，一名源漳水，俗名丹河。发源丹朱岭东南，流入凤台县界，西流，合泫水，又南流合白水，又南流入河南怀庆府济源县界。"《汉书·地理志》："上党郡高都县莞谷，丹水所出，东南入泫水。"《水经注》："丹水，出上党高都县故城东北阜下，俗谓之源源水、绝水。"《山海经》曰："沁水之东有林焉，名曰丹林，丹水出焉。"即斯水矣。水自源东北流，又屈而东，左会泫、绝水。又东南流注于丹谷，又经二石人北，又东南历岩下，又南，白水注之。又东南出山，经郊城西。《元和志》："丹水，在晋城县北十三里司马山。"《寰宇记》："莞谷水在晋城县东四十八里。"按丹水源出丹朱岭无疑。

《山海经》曰："谒戾之山，其东有林焉，名曰丹林，丹林之水出焉。"即今丹水也。丹朱岭即丹林之讹，水出其麓，初甚微，涓流经凤台境南，出山，是在高平者；其正源至凤台而其流始大耳。旧志竟以属之凤台，而曰发源可寒山，非是。盖水出可寒山者，即《水经注》所云丹谷，正丹水所出也，名相近而讹。绝水，在高平县西北，源出县西北三十里伞盖山，名浮云河。东南流，绕县城，又南流合泫水。《汉书·地理志》："泫氏县杨谷，绝水所出，南至野王入沁水。"《水经注》："绝水出泫氏县西北杨谷，东南流，左会长平水，又东南流，经泫氏县故城北，又东东南与泫水合。"《寰宇记》："绝水在高平县西北二十里，源出髑髅山杨谷。"按丹水、泫水、绝水流同源异。《汉志》泫氏县有绝水、泫水，高都县有丹水。《水经注》亦谓绝水会泫水，泫水、绝水会丹水，本三水也。自《寰宇记》云"泫水一名丹水"，而其称始混。今则三水统名丹河，而源流不别矣。其据《水经注》绝水源远，泫水源近，《寰宇记》似互易。《汉志》所云杨谷，未必在髑髅山也。

这就是说，丹水、绝水、泫水、白水是四条河，总干流为丹水，其余三水都是丹水的支流，倘从各自的支流说，则都把丹水说成是各支流的名称，以此相混。但有趣的是，这条丹河又有四个别名曰：源源水、源漳水、源泽水、莞谷水，前三个都有"源"字。前引班固说尧封子朱于"丹渊"（《汉书·律历志》），但古今学者皆不谈丹渊在何处。"源"属"元"部韵，"渊"属"真"部韵，两韵相隔仅一"文"部韵，是可以因相通而相混的[48]。《山西通志·卷三十一·水利》部分介休县引《旧志》："鸑鷟泉，土人名河为源……"所谓"土人"，即本地人，山西方言中保存了大量古代读音和许多同一事物的不

---

48. 明·陈第《毛诗古音考》卷一："渊，音因。"其所举《诗》《楚辞》中任、民、人、春等字属之，后皆列入真韵。今河北承德避暑山庄中《文津阁碑记》（乾隆御撰）在讲到"文渊阁"与"文源阁"性质的一致时，他说："渊者，源也。"他把两字的音与义都等同起来。亦是一证。

同称谓，此其一证。既然河可称为源，则尤可证丹河、丹水、丹源、丹渊，其实为一个地方。所以，我们说"丹渊"就是"丹源"，也就是丹水的源头处。而其源头即丹朱岭，"水出其麓，初甚微，涓流经凤台境南，出山，是在高平者，其正源至凤台始大耳。"（《大清一统志》卷一百零七）

丹水的另一支流绝水则发源于长子县西南的伞盖山，所以有的地理著作竟称绝水为丹水。而伞盖山绵延与其西北的发鸠山相连，于是也有人说丹水发源于发鸠山，即著名的精卫填海传说中，精卫所在的那座山。特别值得注意的是，长子与高平两县的界山丹朱岭，南北各有一条丹水，其南坡之丹水，已如上文所言，而长子县境内还有一条河也称丹河，就是其发源于丹朱岭北坡、北流的丹河。而历来地理类著作并未提及。长子县著名诗人申修福先生讲，他曾经徒步沿丹水、尧水做过考察，一直考察到两条河的源头羊头山、丹朱岭，两条河的源头至今涓涓然清冽可饮。

这样，我们当会明白，前引诸说中，也有古代学者直接说丹朱封于"丹"的，比"丹渊"或"丹源"似乎更为准确。既然如此，我们也就可以想到，丹朱的封地当北起屯留、襄垣，南到晋城以南，即以长子县丹朱岭为中心，两条丹水所流经的地方。长子不过是他初期经营的一个重点或中心而已。

总之，丹，红色。既指丹水，也指红土。据长子县交里村人，原山西农业大学驻太原办事处主任王贵明先生讲，长子县城以西，其土浅红色，县城以东，其土深红色，而交里村的土色尤其红，在个别地方，土色不但发红，且泛光泽。丹朱岭全山的土更是红色。驱车从太原南行，当会发现，一到榆社南部，也就是说，从襄垣县开始，高速公路两侧的土色就明显的呈现红色。直到晋城市，整个上党地区，土色都是红色的，而长子县的土色最红。所以，说"丹"地、丹水，都有所据，非臆测之辞也。

还有一点也值得注意，不止《大清一统志》的编者，古代许多学者都一致认为《山海经·北次三经》所记之"丹林"，就是"丹朱岭"："谒戾之山，其上多松柏，有金玉，沁水出焉，南流注于河。其东有林焉，名曰丹林，丹林之水出焉。"但他们一般却认为"丹朱岭"是"丹林"之讹。如《一统志》

的编者就认为"丹朱岭即《山海经》所云丹林,既讹林为岭,又讹加以朱,转晦其本。"又如明·朱载堉《乐律全书》卷二十二所附录之《羊头山新记》亦云:"(羊头)山之西二十里曰丹朱岭。其古之丹林欤?盖本丹林,年久伐尽,不复有林矣。遂讹为丹岭,朱乃后人妄加耳。"我们要问,为什么会发生错讹现象呢?那就是"林""陵""岭"古音同,朱载堉等人的看法很奇怪,他们只着意于"岭"是"林"之讹,而不反过来想一想,古代学者著述本来取材于土人、土语、土音,为什么不说古籍所载更可能是对方言土音的误记呢?具体地说,《山海经》所载更有可能是把"陵""岭"因误记而讹作"林"。若然,"其东有林焉,名曰丹林"的两个"林"字,就应该是"陵"或"岭"之误。下接言"丹林之水出焉",更令我们生疑——全部《山海经》凡言某某水"出焉",一律为前有某某山,下接言"某水出焉",独此处不言"陵"或"山"或"岭",却出人意外地说"林"出水,这不但与地理常识不符(即山出水,而非林出水),也与《山海经》全书的体例相犯,这还不值得我们认真思考吗?这是古人对前代学者的著作尤其对先秦著作往往过于迷信所致。如今,当我们登上丹朱岭的时候,所见遍山皆红土[49],我们当会明白,为什么此山称为"丹岭"或"丹陵"了。而一旦大雨过后,山洪暴发,则其水必然卷着红土而下,"丹河"之名非但得于丹岭,亦得之于其水色也。如今看来,古代学者力图给以合理的阐释而终于没有解决的问题,现在可以冰释了。他们总以为民间传说是不足信的,那种观念也是不可取的。

我们说,丹朱因封于"丹"或"丹渊"而号称"丹朱",而古老的"丹林"或"丹陵"又因丹朱之封地而改称"丹朱岭",丹朱岭以丹朱得名并不是"讹",也没有"晦其本",而恰是保存了本来的真相,还有一个更为重要的根据,就是丹水的发源地丹陵(丹朱岭)乃是帝尧的诞生地。

49.长子县著名文化教育工作者王岳先生和著名诗人申修福先生,两人于2006年曾一起考察过丹朱岭,他们说,长子县群山,惟丹朱岭的土色最红,丹朱岭以西的山或平地的土色都没有那么红了。

《竹书纪年》卷上（沈约注）、《皇王大纪》卷二（宋·胡宏撰）、《论语类考》卷七《人物考》（明·陈士元撰）、《宋书》卷二十七《符瑞志上》（梁·沉约撰）、《通志》卷二（宋·郑樵撰）、《路史》卷二十（宋·罗泌撰）、《绎史》卷九（清·马骕撰）等诸多古籍，都一致认为"尧母陈丰（亦作锋）氏曰庆都，生尧于丹陵"[50]。古代学者既然认为"丹林"就是"丹岭"之讹，我们也完全有理由认为"丹林"也就是"丹陵"之讹。那么，今之丹朱岭也就是丹陵，应无可疑。《绎史》注引《春秋合诚图》云："尧母庆都，盖大帝之女，生于斗维之野，常在三河东南。天大雷电，有血流润大石之中，生庆都。长大象大帝，常有黄云覆盖之，蓐食不饥。年二十，寄伊长孺家，无夫，出观三河，奄然阴风，赤龙与庆都合，有娠而生尧。"这里没说"丹陵"，但其所言尧母庆都诞生时，"有血流润大石之中"的"大石"，既可以理解为"山石"，也可以

交里村东——血润大石

理解为一块极大的石头。那么，这条记载，也就透露了所谓"丹陵"或"丹岭"的另一个来历——整座山因那块红色的大石而得名曰"丹陵"。当然，民间传说往往充满奇异的想象，也可以解释为：在尧母庆都降生时，她的母亲即尧的外祖母的产血就染红了山岭，故谓之丹岭，按这个传说想下去，则血流成为丹河，树林成染为丹林……所以林、岭、陵之互讹，也非纯粹的语音所致。也许《山海经》的作者当初因为考虑到这一层意思，把"丹陵"写作"丹林"。而《山海经》一书所写之树木多在山，言林木即言其山，后人当会明白。殊不知后人读书多求之于字句之间，往往误读！

顺便要提到的是，多种人类学、文化学著作都指出，河流、山谷在远

50.《史记·五帝本纪》："帝喾娶陈锋氏女，生放勋。""放勋"即帝尧名。不言"生于丹陵"。

古时代的生殖崇拜中，都被当作女性的象征，而山石、山峰则被看作是男性的象征（在西南少数民族中至今犹有流传）。但这条记载一则说河，一则说石，可能因此时处于母系氏族社会向父系氏族社会转化的过程中。汉人的《春秋合诚图》则杂取古代传说，遂致恍惚难读。

当然，还有一个问题，为什么丹水的另一个支流或源头叫"白水"，以至古代也把丹水称为白水？这似乎与丹水相矛盾。仔细考察起来，白与赤非但不矛盾，而且是非常一致的。帝尧与"赤"即红色的联系可以说比比皆是：不但他的母亲生时鲜血染红了一片大地，而且庆都生尧，是与"神龙感"的结果，这神龙也就是"赤龙"（详见《宋书·福瑞志》）。

《绎史》卷九注引《帝尧碑》曰："赤龙负图出，庆都读之，云赤受天运。其下图人衣赤衣……题曰：'赤帝起成天下宝'。其先出自块隗，翼火之精，有神龙首出于常羊山，庆都交之，生伊尧。"其中所谓"翼火之精"，即炎帝神农氏。《绎史》卷四引《帝王世纪》注引《潜夫论》："赤帝，魁隗身，号炎帝，世号神农。""魁隗"即"块隗"，亦即今言之"魁伟"。原来帝尧乃是有高大魁梧身材的赤帝神农氏的后代！明·陈士元《论语类考》卷七："伊祁乃炎帝之姓，盖以尧与炎帝俱火德王，故谓尧为炎帝后。"也把帝尧与炎帝神农氏联系在一起。正因为如此，司马迁在《史记·五帝本纪》才说："（帝尧）彤车白马，能明驯德。"

《竹书纪年》注引《帝德论》亦云："尧丹车白马。""彤车""丹车"好解释，"白马"何说？照例说该是"彤车（丹车）赤马"，一片火红。但古人却以为，太阳本身是红的，而其光芒则是白的。有一个显然的证据是，大约在唐以前，古籍中几乎不见"红日"一词，总是说"白日"。更有另一确凿不疑之证据：《庄子·知北游》云："人生天地之间，若白驹之过郄（隙），忽然而已。""白驹"一般注曰"骏马"，但《经典释文》却说："或云'日也。'"白色的骏马也就是日光（古代有以"追影""绝尘"名骏马者，影即日光也）。这样也就明白了，尧所乘之车象征他自己，而驾车的马却应该是白的，他们在车前奔驰如风，就像太阳发散的白亮耀眼的光芒！因此，"赤"

51

"丹""彤"之于"白"并不矛盾,反而是统一的。元·杨维桢《东维子集》卷二十八《白咸传》云:"太史公曰:白氏本出炎帝后。"《尚史》卷六十七云:"白珪者,名丹,魏人也。"这些旁证也可说明"丹"与"白"乃是一体的两种表现,并非是矛盾的。那么,白水为丹水的一个支流,而且古人曾认为白水就是丹水,也就不是什么奇怪的事情了。

但是,帝尧为什么要把其长子封到丹这个地方呢?我们经过多方考察,结论是:帝尧出生于长子,发祥于长子,他是从长子这块土地上发展起来的,这个地方必然是他念念不忘之处,必须有人守住他的基业,并且在他死后,要在那里建立祠庙,希望世代相传。他让长子"朱"到"丹"地,不但可以了解他创业的艰难,可以使丹朱改变那种"嚚讼"(或者也还有大禹所说的傲慢狠戾、嬉戏好色)的坏习惯(或者如帝禹所谓之"恶德"),而且可以使自己将来有个可靠的归宿。从大的方面讲,对"天下"(如果当时有后儒所谓"天下"的概念,其实大约也就是他所创立的大一统的部落联盟)有好处,让帝舜放心地处理政事;对于丹朱本人而言,也有好处——不至于因犯下不可赦免的罪过,招致灭族之祸。

说到这里,我们只是为了考察长子县地名的来历,为了说清楚长子县何以称为"长子",考察了帝尧儿子何以被封到了长子县的缘由。于是很自然地想到了另外一个问题:帝尧的儿子在这里,那么帝尧的父亲和母亲在何处呢?要知道帝尧的出生地,考察他的父母的所在地,比考察他的儿子的所在地显然更其重要。

据可靠的古籍记载,帝尧是一个只知其母、不知其父的人,因为帝尧的母亲那一代还是处于一个母权制末期的时代。那么就应该对帝尧的母亲庆都的生地和帝尧的生地做一番细致的考察了,但关于丹朱的事情还没有说完,只能待下文专题讨论。

4. 长子城、熨斗台为丹朱所筑考

丹朱被封到长子,流传到现在的有两条史料可证:一是他第一个修筑了长子城，一称丹朱城。《山西通志》卷五十八云："（长子县）丹朱城，即旧城。《唐十道图》：'尧长子丹朱筑，在县西，周二十里。金时改筑今城，旧城遂废，址存。'"（《山西通志》卷十九说"址少存。"《明一统志》卷二十一说"古长子县治此。"）这里所说的"址少存"的遗址，到现在可能还有少部分遗存，就在现在县城西南（但是这个遗址是不是《唐十道图》所谓的遗址，也很难说。"五胡十六国"时期慕容永在长子建都，其城大约很厚。考今长子城东约二十里处，有东郭、西郭、王郭、前小郭、后小郭等村名，把这几个村子用直线连接起来，恰好是一个直角三角形，即半个长方形，那里也应该是早期长子城的一座遗址）。二是他修筑了一个巨大的土台，后称"熨斗台"，今称"北高庙"，建国后改为长子县革命烈士陵园。

北高庙

《明一统志》卷二十一云："（潞安府）熨斗台，在长子县治北，相传丹朱所筑，以形似名。上有神农庙。"

这个熨斗台在"县治北"（《明一统志》卷二十一），俗称北高庙。《山西通志》卷一百六十五："神农庙在（县治）北二百步熨斗台上，今名北高庙。金大定四年建，明天顺三年、国朝顺治十八年胥重修。世传炎帝至羊头山

得秬黍，岁三月十八日有司致祭。"联系前面所引《山西通志》、唐人所著《十道图》的说法，我们就知道，炎帝神农氏与羊头山、丹朱城（长子县城）原来是紧密地联系在一起的地名，它们绝不是孤立的存在。

据新修县志记载，这个熨斗台经地质专家考察，确实是人工夯筑的。从上面所引古籍的有关记载见得，至少在北魏以前就存在。熨斗台上面的神农庙肯定不是丹朱所建，而是建于金大定四年。"北高庙"之称也应该始于金代以后（因高台上的神农庙甚高，又以其在城北，其台为县城周围几十里范围内的最高处）。但是金代为什么忽然在那座高台上建立炎帝庙？显然是人们认为炎帝作为农业生产的创始人，就在长子县与高平一带，金人是北方游牧民族，汉民族是农耕民族，昭示着农耕民族对自己文化的怀念和强化，也昭示着草原文化民族对农耕民族文化的认同，这是两种文化融合的表现。意义非同小可。

一般说来，古人建台的目的是作祭祀天地诸神之用，亦可祭祀祖先，又可作"望气"或游观之用。丹朱筑此台究竟作为何用？今省志、县志均延续古人之说，以为形似熨斗而名熨斗台，显然是民间俗称。很可能是金代以前就这么称呼的，金代在台上建神农庙后，就称为北高庙了。

我以为丹朱始建此台时，恐非起名为"熨斗台"。"熨斗台"这个名称应该是后世当地民间的一个说法。丹朱的时代不可能有"熨斗"这种工具，即使到了殷商的末期殷纣时代，据传他发明"熨斗"也不是为了熨烫衣服，而是一种残酷的刑罚工具。

这样说有两个原因：一是熨斗为金属器具（倘有陶制的熨斗，其形制恐怕也不是后来的样子），据传商代已有熨斗。宋·刘恕《资治通鉴外纪》卷二："纣乃重刑辟，为熨斗，以火烧然，使人举辄烂其手。"可见当初不是作为熨平衣物之用，而是作为一种刑具发明的。但尧时尚无冶炼技术，何来熨斗也？且熨斗之"熨"在汉以前不读 yùn，而读 wei 或 yù（见吴玉搢撰《别雅》卷三）第二，《山西通志》以为"形似熨斗，故名。"但古代筑台，非方则圆，至今除长子县的这座高台名"熨斗"外，其它地方尚无这类形状的土台，其初当不可能建筑形似熨斗之台。当然，年代久远，其台或逐渐坍塌，容或成熨斗形，而台前登台之路，亦形似熨斗之柄。可是，能从整体上看出形似熨斗，应该是"高空俯视图"，查长子县城周围普通视野之内，最高处也就是这个熨斗台，更无高于熨斗台的山峰或高地。既然在熨斗台附近没有比熨斗台更高的地方，如此"高空俯视图"又从何而来呢——"形似"之说何来也？

我以为"熨斗"，应该是"云都""云社""云土"或"云唐"之俗读。杜、社、土、唐古音同（详见闻一多先生《高唐神女传说之分析》），读音与"熨斗"相近而讹。说"云土"也即"云社""云杜""云唐"同音、同义，还可参考《路史》卷二十："商居大夏，为唐氏、御氏、扰氏、扰龙氏（原注：'《周书·王会解》云：堂下之右唐公、虞公，左则夏公、殷公。是也。'）至周，封帝后于铸……既更累之，裔于方城，为唐公（原注：'传谓成王以旧唐封叔虞而更之，非。'）楚并唐，其徙杜者为杜氏、唐杜氏、屠氏、唐孙氏、李氏（原注：'武王并封尧后为唐、杜二国，非灭唐封杜。'）又《记》云：唐非豕韦后，杜亦未必是。安知灭唐迁杜？司马贞谓唐、杜陆终后，亦非。杜更为祈，晋文妃杜祈。是故《世纪》谓尧姓祈也。杜伯之息隰如晋，生蒍，字子舆，为李以正于朝，朝亡间官，故氏为土氏。李、理同；土，官也。晁说之《书说》谓云土为古杜字，如《诗》言桑土，因有土氏，而以陶唐氏、豕韦氏、御龙氏为土氏之宅，后为唐杜氏……"又《尚书·禹贡》之"云土"，历来注家已证实即荆州之云土县，亦称云社县（又如河北定州之杜城东有唐水，城以水名。见《资治通鉴长编》卷二百六十，今不具举）。这些材料充分证明闻一多先生"土""杜""社""唐"为同音之论不错。后来规范为"社"，古代所有的"社"都是祭祀神灵之所在。这个高大雄伟的"云杜台"或"云社台""云唐台"，正是祭祀神灵的土台。还有一个设想，即这个"熨斗台"原来可能叫"云都台"。《畿辅通志》卷十八引《后汉书·郡国志》注："望都山即尧母岩，庆都（李蹊按："庆"字原脱）所居。相去五十里。都

山一名豆山。"[51]则是都、豆、斗、头同音之证。那么,"社""杜""唐"之古音与"都""豆""斗"音近,倘把"云都台"讹读作"熨斗台"也不是不可能。

然则"熨斗"亦可为"云都"也,后世俗间流传逐渐忘记其初义,以音近,遂讹为"熨斗台"矣。

然而丹朱建台之初,其目的在于祭祀。

云(云),言其高也。如果说是"云土"(或云社、云杜、云唐),这个台就是祭祀祖先之所在,云社(或云杜、云土、云唐)等于说是高大的唐社,金代以后俗称"北高庙",当然是指上面的神农庙,然其高,亦已可见。我们可以想象一下,当丹朱被尧或舜或禹安置到长子后——合理的解释应该是,初被帝尧安置在长子,然后被流放到翼城、浮山等地,但那毕竟临近舜和禹的都城(安邑、蒲坂),于是远放于河北唐县,也可能再被禹安置到南方荆蛮之地。如果丹朱是多次被迁移封地,长子则是他被封的第一个地方——他到了长子之初,正常的情况应该是发愤图强,所以筑城、修祭台。筑城当然是为了稳定长久的发展,筑祭台,是祭祀和怀念祖先的功业,当然也包括祭祀天地,以求得上天的护佑。重点应该是以其父帝尧的起家和兴旺为榜样,再造"陶唐"之辉煌。

如果把这个台理解为"云都",那就是专门祭祀他的祖母庆都之处。因为"都"是丹朱祖母的名字,唐县有望都山。闻一多说:"古代各民族所记的高禖全是各该民族的先妣。"那么,丹朱把自己的祖母当作高禖来祭祀,是完全合理的。清·高士奇《扈从西巡日录》:"(唐县)东北十里有尧山,

---

51.《畿辅通志》所引乃出于《水经注》,清·沈炳巽《水经注集释订讹》卷十一曰:"尧山在唐东北望都界。皇甫谧曰:'尧山一名豆山。'"(按:皇甫谧《帝王世纪》曰:"尧封唐,尧山在北,唐水西入河,南有望都山,即尧母庆都所居,相去五十里。都山,一名豆山。")又《太平御览》卷一百五十五:"帝尧氏始封于唐,今中山唐县是也。尧山在焉,唐水在西北,入唐河,南有望都县,山即尧母庆都之所居也。相去五十里。都山,一名头山。"这里可以证实另外关于都山为帝尧之母所居,或许为后人所编造的故事,因为那座山有两个"又名":豆山和头山,而这两个名字或许正是其初名,其后文人为附会帝尧封唐说,遂有意编造故事,又篡改原来的山名。

俗名唐岩；又五里，有望都山，相传尧母庆都所居。张晏注《汉书》曰：'尧山在北，庆都在南，每登尧山，见庆都，故亦名望都也。'"这是说，把"庆都"单称为"都"是成立的。（这里顺便指出，高平县有"都乡故城"，而高平原作"高都"，恐怕皆与尧母庆都有关）如此，熨斗台的作用也就可想而知。

都，也有大、众多、聚集之义。《孟子·万章上》："象曰谟盖都君，咸我绩。"集注："舜所居三年成都，故谓之都君。"如果是"云都"台，那就也可以解读为丹朱也有使长子"成都"的意向。

如果丹朱真的能够发愤图强，那么长子境内的繁荣和强大，必然对舜、禹造成威胁，或者他在强大的同时，又把这个高台变成他享乐的游望之台了。这才使大禹对他产生忌惮而且有了诛除或转封的借口。

自《尚书》以后，史书所载丹朱乃是一位聪明过人的青年。因为聪明，所以好争讼辩论，大约无人能够说得过他——这里的争讼恐怕不是后世的打官司，而是在有人发生冲突时，他能出面讲论何者有理，何者无理；推想起来，大约他能把无理的一方说成有理，把有理的一方说成无理。这种做法大约也给帝尧和他的有关部门的主管带来许多麻烦。他也不管什么传统权威（《尧典》所谓"启明"，所谓"嚚讼"）。他又力大无比（《益稷》所谓"罔水行舟"，后儒多言用人力推动船只在陆地上行驶，但辽东俗间还流传说，丹朱自己能在陆地上撑船，行走如飞），喜欢游玩，不分昼夜（所谓"丹朱傲，惟慢游是好"，"罔昼夜頟頟"），而且喜欢女色（所谓"朋淫于家"）。"朋淫"，孔注曰"群淫于家"。《路史》卷十三说："淫如丹朱，如东昏、隋炀。"因此他"用殄厥世"——前文说过，可能是帝禹灭绝了丹朱一族，但也可能不是说他连同他的后代都火绝了，而是说他的后代不能在长子继承他诸侯的地位（而不是帝尧的帝位）。这个丹朱要么是遭到嫉恨而被"编派"得这么坏（见前文所引明代陈、王二人所记材料），要么就是他本人确实如此。总之，自从帝禹发表了对他的那番评价之后，在众人的心目中他是个坏人（切不要从大禹当着部落首领的面讲丹朱的这些问题，就信以为真；也不要因为帝禹是那么大公无私，也就信以为真。看曹操收伏皇后的"诏令"，看

后来历史上种种的"莫须有",尤其是老帝王为了给太子留下稳固的基业,囚禁、废弃甚至杀戮其余诸子的事实,也当对历史记载有所存疑。但我们今天站在历史发展逻辑的高度看历史,同时也应该注意,这与大禹的历史功勋是两回事,更要看到大禹如此做法对推动历史进步的重大意义)。那么,不管是什么原因,丹朱或者丹朱的后代包括丹朱的部下,以帝尧之子的身份而被迫四处流浪了。重复地说,这也是全国所传丹朱的封地和冢地所以甚多的一个原因(山西、山东、河南、湖南、湖北皆有传说,见《山西通志》《山海经》《括地志》《九域志》所载)。

闻一多《高唐神女传说之分析》一文中论述了"云""虹""气"皆为"女象",但甲骨文中的"虹"形同龙,也可以解释为"龙象"(详李圃《甲骨文选读》)。这情形从古代几位伟大的女性生下几位伟大帝王的经历的传说中,可以得到印证:

炎帝神农,母曰任姒,有蟜氏女,名曰女登,少典妃。游华阳,有龙首感之,生神农于裳羊山(详见《帝王世纪》)。

黄帝有熊氏,少典之子,姬姓也。母曰附宝,其先即炎帝。母家有蟜氏之女……附宝见大电光绕北斗枢星,照郊野,感附宝,孕二十五月,生黄帝于寿丘(同上)。

少昊帝名挚,母曰女节。黄帝时有大星如虹,下流华渚,女节梦接意感,生少昊(同上)。帝颛顼高阳氏,母曰景仆,谓之女枢。金天氏之末,瑶光之星贯月如虹,感女枢幽房之宫,生颛顼于若水。(同上)

舜母曰握登,见大虹,意感而生舜于姚墟(同上)。

禹之母曰志,是为修己。站行,见流星贯昴,梦接意感,又吞神珠薏苡,胸坼而生禹于石纽(同上)。

尧之母庆都,生于斗维之野,常有黄云覆其上……既而阴风四合,赤龙感之。孕十四月而生尧于丹陵(《今本竹书纪年》,《绎史》引《春秋合诚图》《宋书·福瑞志》《帝尧碑》言之稍详)。《太平御览》卷八十引《易坤灵图》曰:"其母萌之,玄云入户,蛟龙守门。"原注曰:"母为庆都也,天皇之女,天帝以玄云覆御之。"

其中或曰虹，或曰龙，或曰电光，其义是一样的。都应该是原始母系氏族社会群婚或杂婚时代的事情，但其流风当遗留甚久。最有代表性的描述，当然是宋玉的《高唐赋》，赋中言帝之季女，"未行而亡，封于巫山之台"，又曰"阳台"。这传说应远在战国之前。从屈原《天问》中所言禹"焉得涂山女，而通之于台桑"的情形看，这正是《吕氏春秋·当务篇》所言"禹有淫湎之意"（详闻一多《分析》）。其中的"台桑"，虽然古代注家皆以为涂山西南的一个地名，但也该是一个类似高台的一个高地。所以"云杜"或云社、云唐、云土，其所祭祀的对象既是女祖，而古代祭祀行为中又有所谓"尸女"之举（尸，陈也，象卧之形），郭沫若和闻一多皆以为是"通淫"之事。如《墨子·明鬼篇》说："燕之有祖，当齐之社稷，宋之桑林，楚之云梦也。此男女之所属而观也。"据《礼记·月令》载，这个活动天子是要亲往的，且是"后妃帅九嫔御，乃礼天子所御"的。这就是祭祀高禖的重大典礼。高禖又称为郊禖、高唐、高阳（并详闻一多之论）。如此说来，无论丹朱所筑之台称"云都"还是称"云社""云杜""云唐"，都一样，没有什么区别。

高唐即郊祀高禖的这种"仲春通淫"的作用，本来是为了繁殖人口的，然而也必然促使丹朱放荡起来，也就是《尚书》所言之"朋淫"。也许丹朱并不如此，只不过他像天子一样，在祭祀"云唐"之时"御九嫔"而已，但敌对势力借此而说他的行为不轨，以至后世把丹朱当成典型的"淫君"，把他与隋炀帝、东昏侯并列。诚如子贡所说："纣之不善，不如是之甚也。是以君子恶居下流，天下之恶皆归焉。"（《论语·子张篇》）子贡真的是难能可贵，说了一句亘古无人敢说的公道话；又幸而他是孔子的高足，没有人说三道四。

关于丹朱的这种传说流传很久。《国语·周语上》载：周惠王十五年，有神降于有莘，惠王问于内史过："今是何神也？"对曰："昔昭王娶于房，曰房后，实有爽德，协于丹朱，丹朱凭身而仪之，生穆王焉……其丹朱之

一、长子城命名的来历——丹朱初封长子考

神乎?"丹朱死了那么久,已为神灵,但还是个淫乱之神,而且居然还能淫于活着的昭王之妃,而且居然还能生子!前引《路史》卷二十说,尧把丹朱放在丹这个地方("使出就丹"),尧死后,舜把丹朱封于房为房侯("国之于房")。我以为《路史》的这个丹朱封于房的说法,是演化《国语》的记载而来。但封于房有两种可能:一是丹朱后来多次被流放中的一个地方,二是丹朱的后代,并非丹朱本人。

这里当然涉及到一个最根本的问题:丹朱时可能筑台吗?我们的回答是肯定的。请看《太平御览》所载:

卷一百七十八:《山海经》曰:"沃民国有轩辕台。"又曰:"帝喾、尧、丹朱、帝舜各二台,台四方,在昆仑东北。"

卷一百七十七:《左传》曰:"夏启有钧台之飨。"

卷一百七十八:"会稽山有虞舜巡狩台,台下有望陵祠……古宫存焉。宫前有尧台、舜馆,铭记皆在。"

这些说法可为上古时代筑台祭祀神灵之证。但后世之筑台多为帝王诸侯享乐之用。如上书卷一百七十六载:"(《诗》)《新台》,刺卫宣也。纳伋之妻,作新台于河上而要之。"

《后汉书》曰:"永平初,马援女立为皇后,显宗图画建初中名臣列将于云台(原注:云台在南宫)。"这个"云台",也可与熨斗台即"云都台"或"云唐台"之"云"作为参照。

《魏志》曰:"武帝建安十五年,作铜雀台;十八年作金虎台,又作冰井台。"

《魏略》云:"黄初五年,文帝东征,留郭后于永始台。"

《韩子》曰:"越王伐吴,先宣言:'吾闻吴王筑如皇之台。'"

陆贾《新语》曰:"楚灵王作干溪之台,立百仞之高,欲登浮云窥天上。"("欲登浮云窥天上"也可与"云都"或"云唐"参照)

王孙子曰:"昔卫灵公坐重华之台,侍御数百,随珠照日,罗衣从风。仲叔圉谏曰:'桀行此而灭,纣用此以亡。'"

《新序》曰:"桀作瑶台,殚百姓之财,伊尹谏之。桀曰:'吾有天下,犹天之有日。日亡,吾乃亡耳。'"

又曰:"纣为鹿台,十年乃成。大三里,高千尺,临望云雨,故天下叛。"(这里又有"临望云雨"之说)

《归藏》:"夏后曰启,筮享神于晋之灵台,作璇台。"《山海经》曰:"享神于大陵而上钧台。"

《老子》曰:"九层之台起于累土。"又曰:"众人熙熙,如登春台。"(这里有"春台")

《太平御览》卷一百七十八:"魏文帝筑台,基高四十丈,列烛置于台,名曰烛台。远望如列星之坠地,以处美人薛灵芸焉。"又曰:"《郡国志》曰:濮州碧玉台,穆天子为盛姬所造也。今旁地犹多珉石。"又曰:"卫州范城北十四里沙丘台,俗称妲己台,去二里有一台南临淇水,俗称为上宫也。"(这让我们想起《诗经》的名句"邀我乎上宫")又曰:"洛阳阳子台,在洛城东三十里。阳子陵隐处洛水,昔王子晋与浮丘公同游,受玉鸡之瑞水,亦宓妃之所在也。"又曰:"兖州有娥皇女英台。"……

如此等等,不胜枚举。其中一条还明确地说到"丹朱台"。所谓享乐,多半与淫(惑)于女色有关——当年曹操建筑铜雀台,不就是为了征服东吴后,把"二乔"放到里面吗?后来虽然这计划失败,他还是把他所能找到的美人装满铜雀台了——即便不是为了女色,也与其他享乐有关,比如演奏音乐,观看舞蹈,一面饮酒(到能赋诗的时代,自然也要赋诗),招待"外宾",接待朋友之类。《老子》那么精炼的书,还说"九层之台起于累土""游于春台"。但是,作为祭祀的功能,是高台最重要的用处。从这些记载中,我们可以断定,长子之熨斗台,即云都台或云杜台、云社台、云唐台、云土台,亦即高禖台,确实为丹朱所筑。这又反过来说明丹朱的初封地确实是长子。

说到这里,自然会出现另外一个问题:丹朱封于长子,他的封地究竟有多大呢?现在可以肯定地说,丹朱建筑的长子城,唐代遗址是"周二十

里"（西燕慕容永在那里称帝建都后，又加固），其城北部边缘已达到今县城中心一带了。如果熨斗台当初在长子城东北，即今县城北，那么，其城池大小要比现在的长子城还要大。他的封地大约以长子为中心，即以帝尧的起家处陶乡或陶唐乡这个地方作为中心，北至今屯留，东至今平顺、陵川、壶关，南至高平、晋城，大致相当于整个晋东南地区。至于丹朱的墓地在什么地方，山东、河北、湖北、山西皆有，疑不能明[52]。本来应该就在长子县某个地方，但长子县没有有关传说，说明丹朱离世之时不在长子县。这就又一次引起我们的猜测，他很可能在生前就遭到了"囚禁"乃至诛杀，以至于"用殄厥世"。

52.《大清一统志》卷十一："（保定府）尧母陵在望都县城内，明嘉靖中修理祠寝。又丹朱墓，在县东门外东南百步许。"《大清一统志》卷一百五十七："（彰德府）古丹朱墓，在安阳县东。"李吉甫《元和郡县志》："尧城县丹朱墓，在县东一里。"（今按：载在今传《元和郡县志》卷二十。）宋·乐史《太平寰宇记》卷五十五："相州永定县东四十里。旧十四乡。今三乡。本汉内黄县地、晋置长乐县。高齐省入临漳县、隋开皇十八年分临漳、洹水二县。于此重置长乐县，十八年改为尧城县、因尧所居此城为名。唐末改为永定县。朱梁开平中改为长平。后唐同光初，复为永定。洹水在县北四里，丹朱墓在县东一里，尧之子也。"又《大清一统志》卷一百六十六："（南阳府），古丹朱墓，在浙川县西北七里。"《山东通志》卷三十二："（濮州），古丹朱墓在州旧城西南四十里。"《山西通志》卷十九："丹朱岭，在县南二十五里。岭南十五里为高平界。旧志称丹朱陵。《山海经》：'苍梧之山，舜葬于阳，丹朱葬于阴。'《括地志》：'丹朱故城在邓州内乡县，而内乡亦有丹朱墓。'《九域志》：'邓有丹朱冢，相州之永和镇又有丹朱陵。山西浮山县为丹朱食邑，而平阳府及阳城县皆有丹朱墓。'《府志辨疑》曰：'陵，为水溜其中，甚大，有古器，非唐虞制，大类秦汉以下物。此必尧晅父子之墓，而误以为丹朱陵也。或又曰岭土皆赤色，故名丹朱岭。丹朱城，相传丹朱筑，县治西南，今废址少存。'《唐十道图》：'尧长子丹朱所筑古长子县治在此。后燕慕容垂修筑。'"此处编者所辨析甚明。

二、关于尧母庆都生帝尧传说及其文化阐释

古史说庆都"无夫",即没有丈夫而生帝尧,这个说法同《诗经·大雅·生民》中描写的周部族女祖姜嫄(《生民》中没说到她的丈夫,显然也属于无夫)是一样的——"履大人迹"而生周人男祖后稷,当是同样真实的历史。其说有一个共同的来源,即民间传说。这里需要特别说明的是,后稷在传说中是周部族的男性始祖,他母亲姜嫄生后稷的事情显然是母权制时代的事情,是毋庸置疑的。如果后稷确是帝尧管理农业的官员,那就说明,到帝尧时期,中国历史还是处于母权制的时期,至少是母权制的末期——帝尧和后稷的年龄当不会有较大的差距,他们两个人都是不知道自己父亲是谁的一个重要历史时期的人物。

我们讨论这个问题的目的是要解决或明确一个历史时期的划定问题,这是我们下面要讨论的问题的基础或前提。由于我们总是被父权制传统的观念所局限,看不到甚至不愿意看到父权制之前还有一个母权制时代,对许多问题的看法被后儒编造的"伪历史"所迷惑,这极容易使我们对问题的讨论陷入僵局。我们必须否定后儒编造的帝尧有一个"父亲",就像我们否认后稷有一个明确的父亲一样。为了把这个问题弄清楚,我们先看一下《毛诗》之《毛传(传)》《郑笺(笺)》《孔疏(疏)》是如何曲解这个传说的。

《诗经·大雅·生民》开头说:"厥初生民,时维姜嫄。"《传》:生民,本后稷也。姜,姓也。后稷之母配高辛氏帝焉。《笺》云:厥,其;初,始;时,是也。言周之始祖其生之者,是姜嫄也。姜姓者,炎帝之后,有女名嫄,

当尧之时,为高辛氏之世妃。本后稷之初生,故谓之生民。《正义》(即孔颖达疏,简称"孔疏")曰:毛以为本其初生此民者,谁生之乎?是维姜嫄,言有女姓姜名嫄生此民也。

【点评】这里有两个问题,一是他们把姜嫄配给了高辛氏,本来没有丈夫的女子,给她找了一个丈夫,显然是春秋以后男权以后的捏造。二是后稷的出生设定在帝尧时期,既然时间确定在帝尧时期,那时连帝尧都不知道父亲是谁,怎么到了后稷就有了父亲呢?须知,这首诗是周人记录自己部族历史的史诗,假如周人的男祖先真有父亲的话,那本诗绝然不会不说,特别是到了西周时期,乃是特别提倡男权的时代,周公"制礼作乐"的最重要的目的就是稳定父权制。看后来文王的祖父古公亶父(太王)不是记得清清楚楚吗[53]?我们往下看,就明白了。后世包括宋儒都认为姜嫄没有丈夫,她一个姑娘家而生子,乃是天地间的一件"化生"的事情,不要奇怪。部分后儒并没有给姜嫄找个丈夫,承认姜嫄无夫生子的事实,体现了实事求是的精神。紧接着下文原诗说道:

《诗经》原文接着说:"生民如何,克禋克祀,以弗无子。"《传》:禋,敬;弗,去也。去无子,求有子。古者必立郊禖焉。玄鸟至之日,以大牢祠于郊禖,天子亲往,后妃率九嫔御,乃礼。天子所御,带以弓韣,授以弓矢于郊禖之前。《笺》云:克,能也。弗之言祓也。姜嫄之生后稷如何乎?乃禋祀上帝于郊禖,以祓除其无子之疾,而得其福也。能者言齐肃,当神明意也。二王之后得用天子之礼。《正义》曰:"既言姜嫄生民,又问民生之状。言姜嫄之生此民,如之何以得生之乎?乃由姜嫄能禋敬、能恭祀于郊禖之神,以除去无子之疾,故生之也。"

【点评】这三句说的就是古代求子的礼仪,本来是很古老的礼仪,但是《毛传》所言乃是周礼,当然,周礼也是有其继承前代甚至有夏商以前的古礼遗留,但是其中有极其浓厚的父权制的色彩(所谓"天子亲往,后妃率

---

53. 详见《诗经·大雅·公刘》《绵》等周部族自己创作的本部族史诗,绝对是歌颂祖先功业的,一个祖先都不会忘记或误记。

九嫔御,乃礼。天子所御,带以弓韣,授以弓矢于郊禖之前。"),绝然不是母权制时代的事情。

下面原诗说:"履帝武敏歆,攸介攸止,载震载夙,载生载育,时维后稷。"《传》:履,践也。帝,高辛氏之帝也。武,迹;敏,疾也。从于帝而见于天,将事齐敏也。歆,飨;介,大;攸,止,福禄所止也。震,动;夙,早;育,长也。后稷播百谷以利民。《笺》云:帝,上帝也。敏,拇也。介,左右也。夙之言肃也。祀郊禖之时,时则有大神之迹,姜嫄履之,足不能满,履其拇指之处,心体歆歆然,其左右所止住,如有人道感己者也。于是遂有身而肃戒,不复御。后则生子而养,长名之曰弃,舜臣尧而举之,是为后稷。《正义》曰:禋祀郊禖之时,其夫高辛氏帝率与俱行,姜嫄随帝之后,践履帝迹,行事敬而敏疾,故为神歆飨,神既飨其祭,则爱而佑之,于是为天神所美,大为福禄所依止,即得怀妊,则震动而有身。祭则蒙佑获福之。夙早终人道以生之,既生之则长养之,及成人有德,为舜所举,用播种百谷,以利益下民。维为后稷矣。本其初生故谓之生民,民则人所不识,后稷是显见之号,故言"是维后稷"以结之。郑唯"履帝"以下三句为异,其首尾则同。言当祀郊禖之时,有上帝大神之迹,姜嫄因祭见之,遂履此帝迹拇指之处,而足不能满,时即心体歆歆如有物在身之左右,所止住于身中,如有人道精气之感己者也。于是则震动而有身,则肃戒不复御。余同。

【点评】这里《毛传》与《郑笺》发生矛盾。关键是"履帝武敏歆"怎么理解。毛认为是姜嫄跟着丈夫高辛氏的足迹走,但他忘记了诗文强调的是,姜嫄只是因为踩到了那双大脚印就怀了孕,而不是说跟着她丈夫走了几步就怀了孕,显然《毛传》回避了主要问题,而这个问题才是诗作者要特别强调的"奇异事件"或"神异事件",那才能显示出后稷的诞生是一个奇迹——非常之人当有非常之事。对这个关键的诗句,郑玄的笺注是负责任的,他认为是姜嫄踩到了上帝大神的足迹的大拇指那里,因为上帝的脚印太大了,姜嫄只能踩到其大拇指的印迹里,于是姜嫄感受到了"心体歆歆然,其左右所止住,如有人道感己者也",也就是说,姜嫄的身和心都有

"歆歆然"的感觉（心动、体动，又有惊异之感），而所谓"如有人道感己者"，就是姜嫄好像是有男人与她交接的感觉（人道，男女交接之事，又称"人事"），"感"读作"撼动"之"撼"。我们看孔颖达对《毛传》和《郑笺》的进一步的解释：

他对《毛传》解释说："此章首言生民即后稷也。后稷而谓之民者，本其初生而未有贵位，生与民同，以民言之，故云'生民本后稷'也。《晋语》云：'黄帝以姬水成，炎帝以姜水成。成而异德，故黄帝为姬，炎帝为姜。'是姜者炎帝之姓，故云姜姓也。言后稷之母配高辛氏帝，谓为帝喾之妃，与喾相配而生此后稷，以后稷为喾之子也。张晏曰：'高辛所兴地名喾，以字为号。上古质故也。'《大戴礼·帝系篇》：'帝喾卜其四妃之子，皆有天下：上妃有邰氏之女曰姜嫄，而生后稷；次妃有娀氏之女曰简狄，而生契；次妃陈锋氏之女曰庆都，生帝尧；下妃姬訾之女曰常仪，生挚。'以尧与契俱为喾子。"《家语》《世本》其文亦然，故毛为此传及玄鸟之传。司马迁为《五帝本纪》皆遵用焉。其后刘歆、班固、贾逵、马融、服虔、王肃、皇甫谧等，皆以为然。然则尧为圣君，契为贤弟，在位七十载而不能用，必待众乃举之者。圣人显仁藏用，匿迹隐端，虽则自知，故不委任，待众举而后用，见取人之大法耳。若稷、契、尧之亲弟，当生在尧立之前，比至尧崩，百余岁矣。尧崩之后，仍为舜所勑用者，以其并是上智，寿或过人，不可以凡人促龄而怪彼永命也。若稷、契即是喾子，则未尝隔世。《左传》之说八元云"世济其美"者，正以能承父业，即称为世，不要历数世也。

【点评】下面孔颖达说毛公对其他历史传说不相信，但是，毛公更不相信他所信服的那些历史传闻，乃是后来儒生编造的伪历史。

请注意，说帝喾有四个妃子，都很均衡地各自生了一个儿子（怪哉），这四个儿子还都会拥有"天下"，即会做帝王（又一怪哉），《大戴礼》所编造的这个故事，不是太神奇了吗？为什么从司马迁和而后历代大学者都一致采用了这个"胡说"呢？很明显，在数千年的父权制的传统中，人们不可能再知晓父权制以前的那段历史。但是，那毕竟是一段人类经历过的历史，历史遗存也还是在封闭严密的缝隙中露出了一点真相："圣人显仁藏用，匿迹隐端，虽则自知，故不委任，待众举而后用，见取人之大法耳。"这个"取人之大法"，不就是母权制时期的民主选举制度吗？那才是只有母权制实行过而后世绝不可能有的最高权力的禅让制度和各级领导者选拔的办法。

孔颖达《正义》又对《郑笺》解释说："'厥，其'《释言》文。'初，始'，《释诂》文[54]。周始祖后稷也，周以后稷为始祖，文王为太祖，'雍禘太祖'谓文王也。后稷以初始感生，谓之始祖。又以祖之尊大，并谓之太祖。《周语》曰'我太祖后稷之所经纬'是也。若文王以受命之大，唯得称太祖，不得言始祖也。《笺》必名此经之民为始祖者，以人之为人皆有始生之时，如此诗言初生，欲明自此已前未有周家种类，周之上元始生于此，故言周之始祖。解其言'厥初'之意也。"

【点评】这里请注意，孔颖达所言"欲明自此已前未有周家种类，周之上元始生于此，故言周之始祖"，连周部族都还没有到时代，那当然是非常遥远的上古时期。在那个时代，九州（华夏）之地还没有出现父权制社会，最晚也就是帝尧时期，即由母权制向父权制的过渡的时期。后稷以前谁是周部族的男性始祖？周人自己都说不清楚，只能上溯到后稷，后稷之父不知谁何，只知道后稷之母是姜嫄。《诗经》原文没说姜嫄的丈夫是帝喾，那些关于帝喾的事情纯属后儒的捏造[55]。为了彻底弄清楚帝尧母亲庆都和帝尧所处的时代，我们不妨有些耐心，把孔颖达《正义》中所言那些繁复的历史掌故都阅读下来——

《正义》曰："以炎帝姓姜，故知姜嫄是炎帝之后。姓姜而以嫄配之，故知有女名嫄。妇人不以名行，此嫄或当是字。但五帝时质，未必有名、字之别，故以名言之。郑信谶纬，以《命历序》云：'少昊传八世，颛顼传九世，帝

---

54. 这是说把"厥"解释为"其"、把"初"解释为"始"，分别是《尔雅》中《释言》和《释诂》中的解释文字。下文引《释言》《释诂》同此。

55. 我还要强调指出，梁启超先生曾经说过，先秦著作最值得信赖的是《诗经》，可谓"字字可宝"。就是说，后人不能在《诗经》"经文"以外添枝加叶，超出《诗经》经文的意思，如果没有可靠的证据，都不可信，而《诗经》的文本是不能轻易修改的。

誉传十世'，则尧非誉子，稷年又少于尧，则姜嫄不得为帝誉之妃，故云'当尧之时，为高辛氏之世妃'，谓为其后世子孙之妃也。人世短长无定，于是时书又散亡，未知其为几世，故直以世言之。其《大戴礼》《史记》诸书，皆郑所不信。张融云：稷、契年稚于尧，尧不与誉并处帝位，则稷、契焉得为誉子乎？若使稷、契必誉子，如《史记》是尧之兄弟也。尧有贤弟，七十不用，须舜举之，此不然明矣。《诗》之《雅》《颂》，姜嫄履迹而生，为周始祖；有娀以玄鸟生商，而契为商王，即如《毛传》《史记》之说，誉为稷、契之父，帝誉圣夫、姜嫄正妃，配合生子，人之常道，则《诗》何故但叹其母，不美其父，而云'赫赫姜嫄，其德不回，上帝是依，是生后稷？'周、鲁何殊，特立姜嫄之庙乎？融之此言，盖得郑旨，但以姜嫄为世妃，则于《左传》'世济'之文复协，故《易传》不以为高辛之妃也。《传》《正义》曰《释诂》文'禋，祭也'，则禋是祭之名。又云：'禋，敬也。'义得相通。且祭必致敬，故以禋为敬也。《大宗伯》云：'禋祀昊天上帝。'注云：'禋之言烟，周人尚臭，烟气之臭闻者也。'则郑以禋者惟祭天之名，故《书》称'禋于六宗'，郑皆以为天神，经传之中亦非祭天而称禋祀者，诸儒遂以禋为祭之通名。王肃云：'《外传》曰：精意以享曰禋；禋非燔燎之谓也。'袁準曰：'禋者，烟气烟熅也。天之体远，不可得就，圣人思尽其心而不知所由，故因烟气之上以致其诚，故《外传》曰精意以享禋，此之谓也。'準又称：'难者曰禋于文王，何也？'曰夫名有转相因者，《周礼》云'禋祀上帝'，辩其本，言烟熅之礼也。《书》曰'禋于文武'者，取其辩精意以享也。先儒云'凡洁祀曰禋'，若洁祀为禋，不宜别六宗与山川也。凡祭祀无不洁，而不可谓皆精，然则精意以享，宜施燔燎，精诚以假烟气之升以达其诚故也。切以準言为然。郑于《尚书》以文武于明堂配五帝，故亦以称禋，是禋名唯施于祭天也。《传》于此下即说郊禖之祀，郊必祭天，则毛亦以此禋为祭天。其余书传言禋者，则未知毛意与谁同也。弗，训为去，心所不欲，即当去之，故以弗去谓去。无子以求有子也，经言禋祀，未知所祀之神，故云古者必立郊禖焉，言此祭祀郊禖也。知者以妇人无外事，不因求子之祭，无有出国之理。又禋祀以求子，唯禖为然。故知禋祀是祀禖也。既言所祀之神，因言其祭之礼。自'玄鸟至之日'以下，皆《月令》文，所异者唯彼郊作高耳。玄鸟，燕也。燕至在春分二月之中，燕以此时感阳气来，集人堂宇，其来主为产乳蕃滋，故王者重其初至之日，用牛羊豕之太牢祀于郊禖之神，盖祭天而以先禖者配之，变祀言禖者，神之也。其祭之时，天子亲自身往，敬其事，故亲祭之。于时后妃率九嫔从之而往，侍御于祭焉。天子内宫有后也，夫人也，嫔也，世妇也，女御也，而独言九嫔者，以后是内宫之主，须后妃率之，五等则九嫔居中，举中而言，明百二十人皆往也。未有孕而往者，求其早有孕也。内宫百二十人，周之制也。高辛之时未有此数，因礼之成文而引之耳。于祀之时，乃以醴酒礼天子所御，谓已被幸有娠者也。使大祝酌酒饮之于郊禖之庭，以神之，惠光显也。既饮之酒，又带以弓之韣衣，授以弓矢，使执之于郊禖之前，弓矢者，男子之事，使之带弓、衣执弓矢，冀其所生为男也。郑于《月令》之注，其意则然，唯高禖异耳，故郑注云：'高辛氏之世，玄鸟遗卵，简狄吞之而生契，后王以为禖官嘉祥，而立其祀焉。以为由高辛有嘉祥，故称高禖。'蔡邕《月令章句》云：'高禖，祀名。高犹尊也；禖犹媒也。吉争先见之象谓之人先。'毛于此及玄鸟传皆依作郊禖，则读高为郊。下传云：'从于帝而见于天。'则此祭为祭天不祭人先也。于郊，故谓之郊；不由高辛，亦不以高为尊也。郊天用特牲，而此祭天用太牢者，以兼祭先禖之神，异于常郊故也。郑于此笺亦云'禋祀上帝于郊禖'，则后稷未生之前已有郊禖之祀矣。而《月令》注以为简狄吞卵生契，后王以为嘉祥而立其祀，又以契之后王始立此祀。二义不同者，《郑记》王权有此问，焦乔答云：先契之时，以自有禖氏被除之祀，位在南郊，盖以玄鸟至之日祀之矣。然得禋祀，乃于上帝也。娀简吞卵有子之后，后王以为禖官嘉祥，祀之以配帝，谓之高禖。《毛传》亦云：'郊禖者以古自有于郊克禋之义。'又据礼之成文耳。祀天而以先禖配之义，如后土祀以为社，此是郑冲弟子为说，以申郑义，其意言高辛已前祭天于郊，亦以先禖配之，谓之郊禖，至高辛之世，以有吞卵之事，以为禖之嘉祥，又以高辛之世禖配此祭，

故改之而为高禖，故此笺从传为郊祀礼。解其高义，后王以为媒官嘉祥而立其祀，谓立禖以配郊，非谓立郊求子始于后王。郑意或当然也。如此为说，可得合《诗》《礼》二注耳。然《礼》注为高辛之世者，谓高辛之后世子孙，犹号高辛，其时简狄吞鳦卵生契，如此得与稷同时，为尧臣耳。"

【点评】这是古代祭祀高禖（媒）之礼的说明，虽然有些繁琐，但我们还是不厌其烦地抄录下来，以见这些汉人参照古礼写的三《礼》书，成为汉代及后世学者注释《诗经》的依据，有多么荒唐。可是，《毛传》就是依据《礼》书来给《诗经》做注解的。不错，汉人所著三《礼》（《周礼》《仪礼》《礼记》），乃是杂取先秦古籍凑成的，其中有西周的东西，但有多少是真的，大有可疑。比如，说到"妇人无外事"，显然是西周以后的事情，商代以前就绝非如此，尽管夏商二代已经进入父权制时代，但是女子的社会地位并没有像汉以后那么被束缚得"无外事"，就是不能、没有权利管"屋外之事"，《毛传》和《郑笺》所言天子率领后宫各等级一百二十妇女去祭祀高禖的礼仪，缘夏商以前绝无此说，尤其是在母权制时代，这么说简直是荒唐至极！

还有关于帝喾四个妃子生子的事，其中说到契的诞生，就跟《诗经·商颂·玄鸟》所记的简狄吞燕卵生契的说法是矛盾点。而《商颂》中的《玄鸟》历来都是公认的是诗人追记商人历史的诗，那是殷商族人追述其始祖男祖诞生的传说，确凿无疑是母权制时代的事情。这种不顾历史的真实说法，说的那么重大和认真，令今人可发一笑。

孔颖达《正义》对《郑笺》继续解说道："'克，能'，《释言》文。《释诂》云：'祓，福也。'孙炎曰：'祓除之福。'《周语》云'祓除其心'，《女巫》云'祓除衅浴'[56]，《左传》'祓社衅鼓'，《檀弓》云'巫先祓柩'，皆祓除凶恶义。取'祓去'，故云'弗之言祓'也。禋祀上帝于郊禖，祓除其无子之疾，以得其福。虽解弗字为异，与《传》去无子之意亦同也。非天子不得祭天，此姜嫄是为高辛氏后世之妃，则其夫不为天子，所以得祈郊禖祭天神，故解之云'二王之后得用天子之礼'故也。王者存先代，所以通天三统，使

56.《女巫》，规定女巫所执掌的事物，见《周礼·春官宗伯》

得行其正朔，用天子之礼，故《礼运》曰'杞之郊也禹，宋之郊也契'，是二王之后，得祭天也。下言后稷功成，乃封之于邰，则此时必有国矣。未知其国之名、所在之地耳。"

【点评】这一段还是在喋喋于为什么姜嫄能够跟其夫祭祀高禖大神，他们觉得把帝喾的四个妃子所生的儿子一律都说成与帝尧同时，有点玄乎，于是转而言这位姜嫄的丈夫乃是高辛氏后代的妃子，也就是下面说的"二王之后"，他们祭祀高禖是守护他们祖先作为王者的权利。简直令人莫名其妙。

再看孔颖达对《毛传》对《诗经》经文关键的那句话"履帝武敏歆"的注解所作的说明：

《正义》曰："书传言姜嫄履大迹生稷，简狄吞鳦卵生契者，皆毛所不信，故以帝为高辛氏帝。盖以二章、卒章皆言上帝，此独言'帝'，不言'上'，故以为高辛氏帝也。《释训》云：'履帝武敏，武，迹也。敏，拇也。'既依《尔雅》以武为迹，而不以敏为拇者，毛意盖谓《尔雅》不可尽从故也。心识速疾谓之敏，故训敏为疾。又解姜嫄得践帝迹所由，以高辛之帝亲行禋祀，姜嫄从于帝而往，见于天，故行在后，而践帝之迹。从帝见天即上所云'后妃率九嫔御'是也。践迹者，直谓随后行耳，非必以足蹑其践地之处也。将事齐敏者，将行也。谓行祀天之事，齐敬而速疾也。鬼神食气谓之歆，故以歆为飨，谓祭而神飨之也。介，大，《释诂》文。福禄所止，谓止于姜嫄，使之早有子也。震，动；夙，早；育，长，皆《释诂》文。动，谓怀任而身动也。《昭元年左传》曰：'姜方震大叔。'《哀元年左传》曰：'后缗方震。'皆谓有身为震也。早者，言其得福之早。得福乃有身，'早'文应在'震'上，今在下者，见有身而始知得福，故先震后夙，且以为韵，故姜嫄之配高辛亦应久矣。未必生稷之岁始来配之，若前已禋祀，此言始震，则是得福晚矣。而言早者，作者因事而言，以祈即有子，故继祈为早耳。又解此人其名曰弃，所以谓之后稷者，以其身为稷官，能种百谷以利民，故以后稷称之。《周本纪》云：'尧举弃为农师，天下得其利。'《尧典》云：'弃，黎民阻饥，汝后

稷播时百谷。'是其利民之事也。"

【点评】孔氏指出《毛传》的问题，既然解释"武"字取《尔雅·释训》文，为什么《释训》原文紧接着就说"敏，拇也"，《毛传》要放弃呢？因为毛公认为《尔雅》"不可尽从"，全部听《尔雅》的话，下面将陷入毛公不相信的踩了脚印就能怀孕的事，于是毛把"敏"解释为敏捷。前人说毛公解《诗》多从《尔雅》，其实《尔雅》的解字多半是在说"经"，即解释五经智能股份的字，即如"武敏"二字（词）连着解释，显然来自本诗。但毛公坚定了对上古母系氏族社会的否认，这是他不能逾越的鸿沟，因为对父权制社会的存在是不能有丝毫动摇的。然而对于今天的读者而言，这无疑是想"只手遮天"，须知太阳是遮不住的。

下面是孔氏对《郑笺》的说解：

《正义》曰："郑以此及玄鸟，是说稷以迹生，契以卵生之经文也。《河图》曰'姜嫄履大人迹生后稷'，《中候·稷起》云'苍耀稷生感迹'，《昌契握》云'玄鸟翔水遗卵流，娀简吞之生契封商'，苗兴云'契之卵生，稷之迹乳'，《史记·周本纪》云：'姜嫄出野，见巨人迹，心忻然悦，欲践之。践之而身动如孕者，及朞而生弃。'《殷本纪》云：'简狄行浴，见玄鸟堕其卵，简狄取吞之，因孕生契。'是稷以迹生，契以卵生之说也。又《閟宫》云：'赫赫姜嫄，其德不回，上帝是依。'言上帝依姜嫄以生后稷，故以帝为上帝，且郑以姜嫄非高辛之妃，自然不得以帝为高辛帝矣。此上帝即苍帝灵威仰也。《长发》《笺》云'帝，黑帝'。此不言苍帝者，彼以下有玄王，故言黑帝，此下有上帝，故言上帝。各随经势而为文也。《尔雅》引此释之，而以敏为拇指，故依用之。云'敏，拇也'。孙炎曰：'拇迹，大指处。《释诂》文。介，右也。'郭璞曰：'相，佑助也。'孙炎曰：'介者，相助之义，如人之左右手，故以介为左右也。'《传》以夙为早，震后言早于事，不次，故转之云'夙之言肃，自肃戒也'。以《纬候》及《史记》诸文故知祀郊禖之时，则有大神之迹，姜嫄履之也。覆神之迹，直言武足矣，而复言拇，是先履其跟之迹，及移足以就拇，既言大迹，明不能满，故云足不能满，履其拇指之处，履拇之下而即言歆,故知心体歆歆然意动之状也。左右所止住,如有人道感己者,谓如人夫妻交接之道。《檀弓》曰:'寡妇不夜哭。'注云'嫌思人道',亦谓此也。于是遂有身,肃戒不复御,解'载震载夙'也。《大明》曰'大任有身',是为震为有身。《静女》《传》曰:'生子月辰,以金环退之,妇人有娠则礼当不御,故所以自肃戒也。'后则生子而长养之,解'载生载育'也。《周本纪》云'弃之隘巷、寒冰,后收养之,初欲弃之,因名曰弃。'《尧典》云:'帝曰:弃。是名之曰弃。'《文十八年左传》曰:'高辛氏有才子八人,尧不能举,舜臣尧而举之,使布五教于四方。'《尧典》注云:'举八元使布五教,契在八元中,稷亦高辛氏之后,自然在八元中矣。'故知舜臣尧而举之,《尧典》注又云:'尧初天官为稷,舜登用之年,举弃为之,故云是为后稷。'《郑志》赵商问:'此《笺》云帝,上帝,又云当尧之时,姜嫄为高辛氏世妃,意以为非帝喾之妃。《史记》喾以姜嫄为妃,是生后稷,明文皎然。又毛亦云高辛氏帝,苟信先籍,未觉其偏隐,是以敢问易毛之义。'答曰:'即姜嫄诚帝喾之妃,履大人之迹而歆歆然,是非真意矣。乃有神气,故意歆歆然,天下之事以前验后,其不合者何可悉信?是故悉信亦非,不信亦非,稷稚于尧,尧见为天子,高辛与尧并在天子位乎?是《笺》易《传》之意也。'"

【点评】这一大段是说郑玄何以反对毛公对"履帝武敏歆"的注解,自己另外采用其他古籍的记载,改变了毛公的意思。最后在学生的质问下,郑玄也不得不说"悉信亦非,不信亦非",但说帝尧和帝喾同时为"天子",那简直是荒唐的,所以不能不改变《毛传》。这是郑玄实事求是处,是后世学者的榜样。中间孔颖达对郑玄"心身歆歆然""有人道感焉"的解说更其明白:"履拇之下而即言歆,故知心体歆歆然意动之状也。左右所止住,如有人道感己者,谓如人夫妻交接之道。"而以理推之,诸书所记唯有《史记》最符合实际:"姜嫄出野,见巨人迹,心忻然悦,欲践之。践之而身动如孕者,及朞而生弃。"如此,我们可以明白,所谓祭祀高禖,所谓跟随帝喾或帝喾的后世祭祀高禖等等说法,也都是后儒的编造,司马迁所说的这个说法才是最符合实际的一个传说——司马迁自然是在全国各地调查的基础上选择

了这个说法的,因为只要稍微了解历史,就会明白这个说法才是历史的真相。这在《诗经·国风》里面也还有相似的歌咏。所以尽管司马迁也认为姜嫄是高辛氏的元妃,但他实际上并不相信什么跟随帝喾祭祀大神而怀孕,而是相信民间的另外的传说"姜嫄出野……"的无夫而孕之说,我们还是不能不佩服司马迁的伟大。

我们再看一下后世一些学者的看法,来说明后稷这位与帝尧同时的历史人物的出生,乃是母系氏族社会的普遍现象,并不足怪。

明·季本撰《诗说解颐·正释》卷二十四:"民,谓周人也。姜,姓;嫄,名。古无谥号,故以名行。姜嫄,炎帝后,有邰氏之女。《史记》以为帝喾高辛之元妃,郑氏以为高辛氏之世妃,皆非也。欧阳氏固辩之矣。但谓其以帝武敏为上帝大足拇,而姜嫄履之,歆然感娠,以生后稷为怪妄之说,则不知天地之生人,盖有气化者,而亦何必疑哉?盖姜嫄必女而未妇者也。"季本也是一位值得尊敬的学者,他大胆地驳斥了"高辛氏之世妃"之说,坚信"盖姜嫄必女而未妇者也",也就是说,姜嫄是个姑娘,她以无夫的身份怀孕并生了后稷。

我们再看明·何楷在《诗经世本古义》卷十之中的说法,这是古今反对"无夫生子"最强烈的一位学者,可谓此种观念的集大成者。现在把他的一大段话备录于下:

"赋也。厥,乃发石当通作欮,从欠,从屰,欠,《说文》云:'张口气悟也。'屰音逆。《说文》云:'不顺也'盖初张口而气未顺,故以为发语辞。初,《说文》云'始也'。民,泛指天下之人也。郑樵云:'民赖五穀(谷)以生,其初生此民者谁与?是维姜嫄也。以后稷生于姜嫄故也。'张文潜云:'姜嫄生后稷而谓之生民者,盖后稷教民食食者,民待之以生故也。'故《思文》祀后稷之诗曰:'立我烝民,莫非尔极。'盖免于死之谓生,免于仆之谓立。食而后免于死,亡颠仆之患,则后稷之于民,寔生之者也。'时'之言是也。姜,姓也。炎帝之后。《晋语》云:'黄帝以姬水成,炎帝以姜水成。成而异德,故黄帝为姬,炎帝为姜也。'嫄,《说文》以为周弃母字。《郑笺》以为名未知其审,《列女传》云:'郃侯之女也。'诸载记俱作郃,惟《说文》《吴越春秋》作台,罗泌《路史》云:'后稷母有邰氏,鲁东郃地,今沂之费县南,故邰亭是。世地接齐、邾,亦作台。故越使鲁还邾田,封境至于邰上。莒人伐我围台,洎哀公时,齐乱,景公子荼迁于邰,则入齐矣。非武功之郃也。'《毛传》云:'后稷之母配高辛氏帝焉。'郑玄云:'姜嫄当尧之时为高辛氏世妃。'按高辛者帝喾之号,《吴越春秋》《史记》皆以姜嫄为帝喾元妃,《大戴礼》云:'帝喾卜其四妃之子,皆有天下。上妃有郃氏之女曰姜嫄,生后稷;次妃有娀氏之女曰简狄,生契;次妃陈锋氏之女曰庆都,生帝尧;下妃娵訾之女曰常仪,生挚。'孔颖达云:'《家语》《世本》其文亦然。其后刘歆、班固、贾逵、马融、服虔、王肃、皇甫谧等皆以为然。郑信谶纬,以《命历序》云:少昊传八世颛顼,传九世帝喾,传十世则尧。非喾子,稷年又小于尧,则姜嫄不得为喾妃。谓为其后世子孙之妃也。'张融云:'若使稷、契必喾子,如《史记》是尧之兄弟也。尧有贤弟,七十不用,须舜举之,此不然明矣。喾为稷、契之父,帝喾圣夫,姜嫄正妃,配合生子,人之常道,则《诗》何故但叹其母,不美其父?'罗泌驳之云:'《传》称尧以契为司徒,弃为农师,及得舜为司徒,然后以契为司马,则尧非不用之也。特至舜始大任焉,故太史公以为尧皆举用而未有分职。传记之说略可见矣。又《世本》《大戴》之书言昔帝喾卜四妃之子,皆有天下,而稷之后为周。周人既上推后稷为喾子矣,何所疑耶?'罗革亦云:'王充每言稷仕尧为司马,而伏氏书及《吕氏春秋》皆云尧使弃为田,田乃古农字。见《亢仓子》。故《文子》《淮南子》皆云尧之治也,舜为司徒,契为司马,禹为司空,稷为大田,师乃大农师也。'愚按:罗氏父子所言稷、契用于尧朝,既有验矣,若喾之后挚,嗣为帝挚,立九年而废。诸侯共尊尧为帝,亦以挚较尧之年长,子稷、契论长幼,不论嫡庶,或古道固然。尧既嗣喾为帝,则为喾后者当属尧之子孙,稷不得为喾后,此周人所以特立姜嫄之庙,而咏歌亦止及嫄,彼有为尔也。然《祭法》言周人禘喾而郊稷,所谓禘者,乃推其始祖之所自出,而以始祖配之也。则周人亦何尝不祀喾乎?又嫄若非喾妃,则何得行郊禖之礼,此

理甚明，无容曲说。生民如何？问辞也。此通篇之起语，言所谓姜嫄之能生天下之民者，何也？严粲云：'生后稷所以生此民也。下说姜嫄生后稷之事。克，能也。能尽其礼也。'《周礼·大宗伯》职云：'以禋祀祀昊天上帝。'郑玄云：'禋之言烟，周人尚臭，烟气之臭闻者也。'袁准云：'禋者，烟气烟煴也。天之体远不可得就，圣人思尽其心而不知所繇，故因烟气之上以致其诚。'《外传》曰：'精意以享禋，此之谓也。'孔云：'郑以禋者，惟祭天之名，故《书》称禋于六宗。郑皆以为天神，此下说郊禖之祀，郊必祭天，则此禋为祭天也。'郑云：'弗之言祓也。禋祀上帝于郊禖，以祓除其无子之疾，而得其福也。'毛云：'古者必立郊禖焉。玄鸟至之日，以太牢祠于郊禖。天子亲往，后妃率九嫔御，乃礼。天子所御，带以弓韣，受以弓矢于郊禖之前。'孔云：'经言禋祀，未知所祀之神。以妇人无外事，不因求子之祭，无有出国之理。又禋祀以求子，惟禖为然，故知禖祀是祀禖也。自玄鸟至之日以下，皆《月令》文，惟彼郊作高耳。玄鸟，燕也。燕至在春分二月之中，以此时感阳气来，集人堂宇，其来主为产乳蕃滋，故王者重其初至之日。用牛羊豕之太牢，祀于郊禖之神。蓋祭天而以先禖配之，其祭之时，天子亲自身往敬其事，故亲祭之。于时后妃率九嫔从之，未有孕而往者，求其早有孕也。乃礼天子所御，谓已被幸者，使大祝酌酒饮之于郊禖之庭以神之，惠光显之也。又带以弓之韣衣，以授弓矢，使执之于郊禖之前。弓矢者，男子之事，冀其所生为男也。郊天用特牲，而此祭天用太牢者，以兼祭先禖之神，异于常郊故也。祀天而以先禖配之，义如后土祀以为社。《月令》注云：燕以施生时来，巢人堂宇而孚乳。嫁娶之象也。媒氏之官以为候变，媒言禖神之也。曹植云：玄鸟至时，阴阳中万物生，故于是时以三牲请于高禖之神，居高明之处，故谓之高，因其求子，故谓之禖。'黄子道周云：'高禖或曰高辛氏，或曰有娀氏。'郑氏曰'礼于高禖之下，其子必得天材'，蓋古云然也。又蔡邕、束皙皆云'高禖，人之先也'。陈际泰云：'祓，祓除之义，所以祷于郊以祓除不祥，故用弓矢。后世射弧星，即其遗也。履，足所践也。帝，毛云高辛氏之帝也，孔云以二章卒章皆言上帝，此独言帝，不言上，故以为高辛氏帝也。'武，《尔雅》云'迹也'。按武何以训迹？武字从戈从止，当是谓兵戈所止，故借以为足迹所止之义。左氏言：'止戈为武'，乃有为之言，未必是武之本训也。敏，《说文》云'疾也'。毛云'从于帝而见于天，将事齐敏也'。歆，《说文》云：'神食气也。'殷大白云：'敏即肫敏之敏。歆即居歆之歆。'孔云：'解姜嫄得践帝迹所緐，以高辛之帝亲行禋祀，姜嫄行在后而践帝之迹，即上《传》所云"后妃率九嫔御"是也。''践，足'者，直谓随后行耳，非以足蹑其践地之处也。将事齐敏者，谓行祀天之事，齐敬而速疾也。鬼神食气谓之歆，谓祭而神飨之也。《文献通考》载宋高宗十六年，礼部言窃详《生民》之诗言'履帝武敏歆'，先儒以敏为拇，谓姜嫄履巨迹之拇，以歆郊媒之神，是生后稷，以为从帝喾祀禖神之应，其说颇附会。玄鸟生契之意，如《诗》言'绳其祖武'，《传》言'夫子步亦步，趋亦趋'，皆继踵相因循之意。帝喾行禖祀之礼，姜嫄踵而行之，疾而不迟，故上帝所歆，居然生子，以见视履，考祥其应亦速，而后世弗深考经旨，《传》《注》怪诡禨祥，并为一谈，至北齐妃嫔参飨默而不蠲，去礼逾远，历世非之。攸，《尔雅》云'所也'。孙炎云：'介者，相助之义。'攸介，以姜嫄助祭言。攸止，则谓祭毕之时也。此起下之语，当连'载震载夙'一气说。震，《说文》云：劈历，震物者，《尔雅》以为'动也'。按《左传》云'邑姜方震'，又云'后缗方震'，与此'震'不同。彼'震'通作'娠'，此但当如字解，以震而生，乃见其异。郑云'夙之言肃也'。按《说文》训夙为早，敬也。早、敬，亦有肃义。盖状其战凛不安之意。言姜嫄助祭甫毕，而身如有所感，如为雷所震动而肃肃然不安，此盖上帝歆飨、后稷将生，故显其灵异，使之然也。胡宏着《皇王大纪》，谓'姜嫄与帝喾禋祀上帝，步从帝而归，忽然心动'是也。又云'天地之间有气化，有形化，人之生虽以形相禅，固天地之精也。姜嫄志之所至，气亦至焉，气之所至，精亦至焉，于是有子，不可谓怪。生，产；育，养也，既生而育，养之及其长也。则为后稷，以封为诸侯，故称后

帝尧生于长子考

以为稷官，故称稷。'《周语》云'稷为大官'，名官以稷者，以其职在教稼，稷为五谷之长，因以命官。孔云：'稷字度辰。'今按：严氏谓古无巨迹之说，特列子异端。司马迁好奇，郑氏信谶纬，以帝武疑似之辞，借口而为是说耳。《列子》云'后稷生乎巨迹'，《河图》云'姜嫄履大人迹生后稷'，《中候稷起》云'苍耀稷，生感迹'，《礼纬》云'后稷以履大迹而生'，《史记》云'姜嫄出野，见巨人迹，心欣然说，欲践之，践之而身动如孕者'。《吴越春秋》亦云：'姜嫄为帝喾元妃，年少未孕，出游于野，见大人迹而观之，中心欢然，喜其形像，因履而践之，身动，意若为人所感。后妊娠，恐被淫佚之祸，遂祭祀以求无子。'《竹书》注则云：'姜嫄助祭郊禖，见大人迹，履之，当时歆如，有人道感己，遂有身而生男。'是其说大都相类，而《列女传》之说又较异，《传》云：'姜嫄者，邰侯之女也。当尧之时，行见巨人迹，好而履之，归而有娠，浸以益大，心怪恶之，卜筮禋祀以求无子。'邓元锡祖之，谓：'有邰女未有适也，故稷生长有邰，因即家室焉。其后禘所自出之，帝莫可名，命之曰感生帝已焉。'晋世张华亦有是论，谓'思女不夫而孕，后稷生乎巨迹，伊尹生乎空桑是也。'果如所言，则嫄为处子而以淫佚闻，悖于理而妨于教，其谬明矣。惟是履迹之说相传已久，为有为无，讫无定论。《韩诗说》谓：'圣人皆无父感天而生。'郑玄云：'诸言感生得无父，有父则不感生。此皆偏见之说也。《商颂》曰"天命玄鸟，降而生商"，谓娀简吞鳦子生契，是圣人感见于经之明文。刘媪是汉太上皇之妻，感赤龙而生高祖，是非有父感神而生者也。且夫蒲卢之气，妪煦桑虫，成为己子。观乎天气，因人之精就而神之，反不使子贤圣乎？是则然矣，又何多怪？'张子厚云：'天地之始，固未尝先有人也，则人固有化而生者矣。盖天地之气生之也。'苏子繇云：'凡物之异于常物者，其取天地之气常多，故其生也或异。麒麟之生异于犬羊，蛟龙之生异于鱼鳖，物固有然者矣。神人之生而有以异于人，何足怪哉？'此皆信履迹之事为有者也。王充谓：'太史公《三代世表》言，三王五帝皆黄帝子孙，自黄帝转相生不更禀气于天？'及作《殷本纪》言，契母简狄浴于川，遇玄鸟坠卵，吞之，遂生契焉。及《周本纪》言，后稷之母姜嫄野出，见大人迹，履之则姙身，生后稷焉。夫观《世表》则契与后稷黄帝之子孙也，读殷、周《本纪》，则玄鸟大人之精气也。二者不可两传，而太史公兼纪不别，按帝王之妃不宜野出、浴于川水，今言浴于川，吞玄鸟之卵；出于野，履大人之迹，违尊贵之节，误是非之言也。欧阳修云：'所谓天生圣贤者，其人必因父母而生，非天自生之也。《诗》曰：维岳降神，生甫及申。申、甫皆父母所生也，且天既自感姜嫄以生后稷，不王其身，而王其一千岁后之子孙，天意果如是乎？无人道而生子，与天自感于人而生之，在于人理亦必无之事，可谓诬天也。'严云：'神怪之事圣人所不语，若《诗》言巨迹，圣人删之久矣。'毛之不信神怪，其说甚正。天地固有化生者，此可以言鸿荒之始，不可以言稷。或又以为神人之生，必有异于人，辞则美矣，非事实也。古今大圣人莫如帝、舜、文王、孔子，其生不闻有异于人也。此皆决履迹之事为无者也。愚谓以履迹为有，则稷之生涉怪；以履迹为无，则稷之弃无因。姜嫄于从高辛郊禖之时，偶缘心动而有孕，事诚有之，惊疑过甚，辄弃所生。祇因向来不察履帝武三字之义，谬以履大人迹附会之，遂使异论纷然，徒为图谶家嚆矢耳。"

他把古今认可和反对的两种意见几乎全部抄录出来，他费了这么大的劲儿，让我们也费了这么大的劲儿来读他搜集的资料，但他反对的依据却也只能是那句欧阳修所说的常识："无人道而生子，与天自感于人而生之，在于人理亦必无之事，可谓诬天也。"当然，这也是"以理推之"的结论。他们难道不知道人间有"私生子"这件事吗？肯定知道，但是，在肯定"有"和"私生子"之间，隔着一个不可逾越的"圣人"，须知圣人怎么可能是"私生子"呢？而"私生子"之所以不光彩，完全是父权制的观念，要说圣人是私生子，那简直是不堪入耳的胡说！他们不承认历史上还有母权制的时代，这就是问题的症结。

我之所以绕这么大的一个圈子，来说明这个问题，就在于时至今日，

仍然有食古不化的学人,他们又没有像古代学者比如何楷这般的学问和耐心,于是也就只能"死不瞑目"了。

好了,我们还是"书归正传"吧。

关于帝尧之母庆都的事情,收入古籍较早的是《竹书纪年》和《春秋合诚图》。据朱彝尊《经义考》,《春秋合诚图》乃是汉代"纬谶"之一种(今佚,有关片段见于今存古籍所引)。虽然其成书年代较《竹书纪年》晚,但其所记与《竹书》同样是较早的传说。汉代即使离上古也很遥远,但战国以前的古代传说不像现代这样消失得如此迅速。大量保存在古籍和民间的传说还在,汉人著作《史记》《淮南鸿烈》等书中依然记载了许多远古的传说,并非偶然。图谶、纬书中有许多怪诞之说,其中一些东西我们也无法解释,也许并不完全是所谓迷信,因为我们对于其中的一些说法,还无法断定其中哪些是原始宗教崇拜中的图腾解说,哪些是纬书编者所造作。但我们结合科学历史观来看,其中一些说法还是可以解释的。

我们可以把几种不同的记载相互比勘,探索其文化内涵,并能够从中看出较为真实的历史。

《竹书纪年》卷上:(尧)母曰庆都,生于斗维之野,常有黄云覆其上。及长,观于三河,常有龙随之。一旦,龙负图而至。其文要曰:"亦受天佑。眉八彩,须发,长七尺二寸,面锐上丰下,足履翼宿。"既而,阴风四合,赤龙感之,孕十四月而生尧于丹陵。其状如图。及长,身长十尺,有圣德,封于唐,梦攀天而上。高辛氏衰,天下归之。[57]

《春秋合诚图》:尧母庆都,盖大帝之女,生于斗维之野,常在三河东南。天大雷电,有血流润大石之中,生庆都。长大,形象大帝。常有黄云覆盖之,蔑食不饥。年二十,寄伊长孺家,无夫。出观三河,奄然阴风,赤龙与庆都合,

---

57.读者可参考山东齐鲁书社点校本《二十五别史·竹书纪年》,济南,2000年5月第一版。

有娠而生尧。[58]

宋·洪适《隶释》卷一《帝尧碑》（汉熹平四年立）：……庆都与赤龙交而生伊尧……

为避免读者翻检之劳，我们不妨把前文所引，重复地抄写在这里：《绎史》卷九注引《帝尧碑》曰："赤龙负图出，庆都读之，云'赤受天运'。其下图人，衣赤衣……颢曰：'赤帝起成天下宝。'其先出自块瑰，翼火之精，有神龙首出于常羊山，庆都交之，生伊尧。"前文已经说过，文中所谓"块瑰"，即炎帝神农氏。《绎史》卷四引《帝王世纪》注引《潜夫论》："赤帝，魁瑰身，号炎帝，世号神农。""魁瑰"即"块瑰"，亦即今言之"魁伟"。所以，帝尧乃是有高大魁梧身材的赤帝神农氏的后代！这个记载比较谨慎，不说帝尧是神农氏的儿子，而说是其后代，毕竟帝尧去神农氏已经十分遥远了。

各书记载大致相同，（《宋书·符瑞志》所记盖录自《竹书纪年》）。各种记载几乎一致地说到这样几点：一是"常有黄云覆其上"，二是"（尧母庆都）出观于三河"，三是"阴风"或"云"，四是"赤龙"或"神龙首"。这四种物象皆与庆都生帝尧于丹陵这件大事有关。关于"龙""阴风"的象征意义，已经有多种论著做过考察。龙是男子的象征，也是原始图腾崇拜中最早的父系氏族社会以后的文化现象，其初大约产生于中国西部。龙到最后终于成为帝王的象征。"阴风""云"（或阴云、雨）盖与两性交合有关，这在先秦著作（比如《周易》《诗经》《楚辞》）中可以找到大量的佐证，后世所谓"云雨"之说，即是男女之事的隐语或委婉词语。在这里很明显地

58.《艺文类聚》卷九十八。文中有"有血流润大石之中"，我们在考察交里村的时候，王贵明先生在村东的斜坡上，让我看一块微呈红色的大石头，他说，这块石头很怪，方圆十几里地没有石头，独独此处有这块"大石"，这块石头是不是与"有血流润大石之中"的"大石"有关？确实有些奇怪。这块石头所在的山坡上有一溜十几个古老的烧窑遗址，不知起于何时，在荒草荆棘之中，亦显得十分怪异。这些失落记载的存在物，还没有相应的解读钥匙。姑记于此。以待明哲。

是说,那是两性情感发展到了顶点的预兆,即男女情感的最高形式的外在表现。所以接下来就说到"交""交之""合",那是很自然的结果。此处不再详论,读者可以参阅中外有关人类文化学的著作。

下面我们来试着考察"观"和"伊长孺"的文化内涵。这是因为上面引文中的这两个词前人言之甚少,如果不明白,则对于这段文字很难理解。顺便也说说关于龙的文化意蕴。

1."观"的文化内涵。

如果把庆都"观于三河"的观,简单地当作"观看"来解释,那么,她要"观"什么呢?难道"三河"有什么值得可观的吗?彼时既无后世所谓"山水欣赏"和"山水旅游"之说[59],也绝不可能有那样的行为。

《左传》所载的鲁国国君欲"观鱼"(隐公五年)、"观社"(庄公二十三年),臣下亟谏。其事如下:

《春秋经》:"五年春,公矢鱼于棠。"
杜预注曰:"书陈鱼,以示非礼也。"

对于这件事,史有明文。《左传》曰:"五年春,公将如棠观鱼者。臧僖伯谏曰:'凡物不足以讲大事,其材不足以备器用,则君不举焉。君将纳民于轨物者也,故讲事以度轨量谓之轨,取材以章物采谓之物,不轨不物,谓之乱政。乱政亟行,所以败也。'"注:"臧僖伯,公子彄也。僖,谥也。大事,祀与戎。材,谓皮、革、齿、牙、骨、角、毛、羽也。器用,军国之器,言器用众物不入法度,则为不轨不物,乱败之所起。"(《春秋左传注疏》卷

---

59. 这是到中古魏晋以后的事情,此前对山水只有"利"与"害"之价值观念,虽然孔子说过"智者乐水,仁者乐山",笔者也曾写专文做过论述孔子的观念在中国山水审美历程中的作用,且认为孔子是中国山水审美的"祖师"(详见1991年《孔子研究》,第四期《孔子——中国山水审美的祖师》),但那毕竟是一种比喻,离后世真正的山水审美还很远。读者可参考山水审美历程比如"山水诗""山水画"的产生一类著作。

二《隐公五年传》)这是《左传》及杜预的解释。

经文言:鲁隐公到棠那个地方"矢鱼"。何谓"矢鱼"?矢,陈也。《春秋左氏传》直接替换为"观鱼",这是《左传》的解释。如果把"矢鱼"理解为隐公到棠那里观看"陈鱼",从臧僖伯的谏辞中,也难于和"观鱼"联系起来。孔颖达的疏解就更令人难于接受,他说:"陈鱼者,兽猎之类。谓使捕鱼之人陈设取鱼之备,观其取鱼以为戏乐,非谓既取得鱼而陈列之也。其实'观鱼',而书'陈鱼'者,国君爵位尊重,非搜狩大事,则不当亲行,公故遣陈鱼而观其捕获,主讥其陈,故书'陈鱼'以示非礼也。《传》曰'非礼也',且言远地,故知书棠,讥远地也。"孔颖达说"矢鱼"不是摆列鱼,而是摆列捕鱼的工具,然后再观看捕鱼的过程。这种解释,不是太绕弯子了吗?而且简直令人难解——作为国君其观看"打鱼",即观看一种生产过程,又有什么"非礼"之处呢?难道观察一下打鱼的生产过程,不是和观看围猎、观看种地、观看收获庄稼同样重要的事情吗?怎么就"非礼"了呢?即如今天,我们观看东北查干湖冬捕的场面也是很吸引人的,几乎每年央视新闻节目都要播放那里农民冬捕的场面,其中也有一份丰收的快乐。我们实在难于感受到有什么"非礼"之处。

再看《公羊传》的解释:

公羊传的《春秋经》文:"五年春,公观鱼于棠。"与《左传》所引经文"矢鱼"不同,其经文即作"观鱼"。

《公羊传》解释曰:"何以书?讥。何讥尔?远也。公何为远而观鱼?登来之也。百金之鱼,公张之。登来之者何?美大之辞也。棠者何?济上之邑也。"

何休注曰:"美大,多得利之辞也。实讥张鱼而言观。讥远者,耻公去南面之位,下与百姓争利,匹夫无异,故讳使。若以远观为讥也。诸讳王书者,从实也。观例时从行贱,略之。"这就更直接地把隐公去看捕鱼解释为亲自去捕鱼,且言"与百姓争利"。身为国君,亲自去看捕鱼,为的是"百金"之利,

说得过去吗？令人糊涂。而且这个说法简直令人费解：怎么鲁国国君一下子想要去捕鱼呢？如果要亲自捕鱼，为什么要去棠那个地方？何处无较大的水面？何处不能有较大场面的捕鱼活动？为什么非要去棠那里？上下文没有一点说明，就说非礼，岂不怪哉！孔子著《春秋》目的是要为后来的君臣树立典范，且使乱臣贼子惧。即便是国君要亲自去参与捕鱼，然后"观鱼"，这样的事也值得大书一笔吗？

再看《春秋穀梁》，曰："常事曰视，非常曰观。礼，尊不亲小事，卑不尸大功。鱼，卑者之事也，公观之，非正也。"（《春秋穀梁注疏》卷二）也还是说观看捕鱼。

《春秋》三《传》（左氏、公羊氏、谷梁氏）的理解都有问题，其中三《传》不顾《春秋经》的经文，把"矢鱼"直接改为"观鱼"，透露出其中一个信息："矢"就是"陈"，亦即是"观"，而"陈"是摆列出来的意思。把鱼摆列出来果真有什么好看的吗？若然，则隐公完全可以派人把鱼运到都城甚至朝廷上来，何必远到棠邑那里去"观"（看）呢？

显然，"三传"都在儒家思想的压力下回避了"观鱼"的原始礼义内容，怎么解释都不能圆满。

原来"矢鱼"或"陈鱼"并非一般的鱼，而是祭祀时的用鱼，"观鱼"就是"观"祭祀时候"矢鱼（陈鱼）"。《礼记·昏义》曰："……古者，妇人先嫁三月，祖庙未毁，教于公宫；祖庙既毁，教于宗室，教以妇德、妇言、妇容、妇功。教成，祭之，牲用鱼，芼之以蘋藻，所以成妇顺也。""矢鱼"即这里说的女子举行成人礼的祭祀活动中所必须有的"牲用鱼"所陈列的鱼。汉·郑玄注曰："谓与天子诸侯同姓者也。嫁女者，必就尊者教成之。教成之者，女师也。祖庙，女所出之祖也。公，君也。宗室，宗子之家也。妇德，贞顺也。妇言，辞令也。妇容，婉娩也。妇功，丝麻也。祭之，祭其所出之祖也。鱼、蘋藻皆水物，阴类也。鱼为俎实，蘋藻为羹菜，祭无牲牢，告事耳。非正祭也。其齐盛用黍。云君使有司告之宗子之家，若其祖庙已毁，则为坛而告焉。"为什么这种活动所用的牺牲必须是鱼和蘋藻呢？这是原始崇拜的遗留，成为婚礼的一个组成部分。因为鱼和苹、藻都是繁殖力很强的动植物，象征女子成人后，即将嫁人，具有鱼和苹藻一样的生育能力，为家族带来兴旺。《礼记》及郑玄注解所言，乃是经过周礼礼仪道德化以后的祭祀仪式，其古老的图腾崇拜的原始做法的内涵已经消失。老实说，已经没什么好看的了。而原始的女子成人礼的祭祀则是一项由全体成人，尤其是未婚成年人必须参加的重要活动。要直白地表现出"阴礼"的各项教育成果。所以，棠邑的"观鱼"活动大约就是比较原始的成人礼，若然，那就正如赵国华先生所说，其间"有男女交媾一景"[60]。

所以，"观"有两个意蕴，一是观看，《说文》见部："观，谛视也。从见，雚声，古玩切。"二是展示。《尔雅·释言》曰："观，指示也。"晋·郭璞注曰："《国语》曰：'且观之兵。'"宋·邢昺疏曰："示，谓呈见（读现）于人也。注《国语》曰'且观之兵'者，案《周语》：穆王将征犬戎，祭公谋父谏曰：'不可，先王耀德不观兵……'是也。《论语》曰：'指其掌'，谓举掌以示人也。"又《说文》二（上）部："示，天垂象见吉凶，所以示人也。从二（上）[61]。三垂，日、月、星也。观乎天文，以察时变，示神事也。"徐锴曰："二，上字也。左画为日，右画为月，中为星也[62]。画纵者，但取其光下垂，示人也。示，亦神事也，故凡宗庙社、神、祇皆从示。"《尔雅》把"观"解释为所谓"指示"，非常准确，所引经典文章内之"观兵"就是把武装部队呈现、展示、显露给人看，也就是炫耀武力。成人礼的祭祀活动，就是要把"阴礼"的全部内容"呈现"出来，故曰"观"。这在那个时代是一项非常重要严肃的事情，不是一般的"事儿"，而是有关"礼"的大事，所以要呈现给人看。

三《传》所述鲁隐公要去棠那个地方"观鱼"，从语法的角度看，并不

---

60. 赵国华《生殖崇拜文化论》，北京，中国社会科学出版社，1990年8月第一版，第223页。

61. 此处的"二"，非一二三之二，乃是古文"上"字，下面的一长横表示桌案，上面的短横表示一样东西放在桌案上。或做一竖作"丄"。

62. 这里指"示"字下面的"小"，其实不是后来的"小"字，原始的笔画是三垂（三竖），左右象征日月，中间象征星星，表示日月星三光。

是说他要观赏那场活动，而是说鲁隐公要参加那种表演活动给别人看。这是鲁国大臣极力反对的原因。后来证明，臧僖伯之劝谏，他根本没听，还是去"观"了，以致多年后，当臧僖伯去世时，他对臧僖伯的儿子说，我对你父亲有遗憾之处，就是当年没听他的话，去棠地"观鱼"。这事可能在鲁国产生一些不良影响，所以隐公向臧僖伯的儿子表示遗憾，实则是道歉。我们从此可以看到，鲁隐公时代的成人礼已经不是原始的礼仪了，只有在棠那个地方还保留着原始的礼仪活动，所以鲁隐公要去那里"观鱼"。

说到这里，我们当会明白，何以三《传》要把"矢鱼"改为"观鱼"了。"矢鱼"是直接"陈列"之义，那就是说鲁隐公要直接参与"矢鱼"活动，照原文的字面意思无论如何都不好解释，改成"观鱼"，则给解释者一巨大的活动空间——看前文三《传》的解释就一目了然了。

《左传》莊公二十三年又有"观社"之说，"观社"也就是"观鱼"。且看原文："夏，公如齐观社。"鲁庄公到齐国去"观社"，也是这一类活动。但杜预注却说："齐因祭社搜军实，故公往观之。"孔颖达疏曰："《鲁语》说此事云：'夫齐弃太公之法，而观民于社。'孔晁云：'聚民于社，观戎器也。'"（《春秋左传注疏》卷九）这种解释也很难让人理解——如果是聚集众民观看"戎器"（兵器及铠甲之类），又不是新发明的重要的秘密武器，实在也不必亲身前往，即使亲身前往，也不犯什么忌讳。但像鲁隐公遭到臧僖伯的反对一样，庄公的计划同样遭到曹刿的反对：

曹刿也劝谏庄公曰："不可。夫礼所以整民也。故会以训上下之则，制财用之节。朝以正班爵之义，帅长幼之序，征伐以讨其不然。"从曹刿的谏辞中同样看不出庄公"观社"是"非礼"之举。但《公羊传》却透露出一些消息："何以书？讥。何讥尔？诸侯越竟观社，非礼也。"何休注曰："观社者，观祭社。讳淫，言观社者，与亲纳币同义。社者，土地之主，祭者，报德也。生万物，居人民，德至厚，功至大，故感春秋而祭之。天子用三牲，诸侯用羊豕。"（《春秋公羊传注疏》卷八）汉代学者以为，说"观社"，是忌讳说

"淫"[63]，那就说明了"观社"的内容与"观鱼"一样。

而《谷梁传》说得比较明白："夏，公如齐观社。"《传》："常事曰视，非常曰观。观，无事之辞也。以是为尸女也，无事不出竟。"（《春秋谷梁注疏卷六》）

这两件事古代学者多有疑问，或者明白了而不好意思直白地说明白。到清代惠士奇才真正弄明白，他说："《墨子》：'燕有祖，齐有社稷，宋有桑林，楚有云梦，此男女之所属而观也。'春秋庄公二十有三年夏，如齐观社，谷梁以为尸女，尸女者，主为女往尔，以观社为名。读《春秋》者疑之，及观《墨子》[64]，而其疑涣然释矣。"（《礼说》卷十二）惠士奇明白地说，庄公是"主为女往尔，以观社为名"，显然与生殖崇拜有关，郭沫若有过专门讨论（见《释祖妣》），闻一多在《高唐神女传说之分析》中也做过分析，后来赵国华于《生殖崇拜文化论》中又一次做了详细地论证[65]，且明言：在祭祀中，不但有女子为"尸"，且有"男女交媾一景"。这是远古生殖崇拜文化在春秋时期的遗存，即举行"成人礼"之后，直观地对成年男女进行以生殖为目的的性教育。"尸"，是象形字，像一人裸体躺在木板上。这是祭祀时所贡献于神的"女尸"，不是后世所谓"尸体""死尸"之"尸"，而是活着的女人的身体。

从现存的有关文献中，我们也还能看到其蛛丝马迹。

《说文》见部："观，谛视也。从见雚声。""谛视"即审视，清楚地看、仔细地看（动词），或看得仔细明白（形容词）。段玉裁注本收古文"观"

63.《公羊传》曰："何以书？讥。何讥尔？诸侯越竟观社，非礼也。"注云："观社者，观祭社，讳淫。言观社者，与亲纳币同义。社者，土地之主，祭者，报德也。生万物、居人民，德至厚，功至大，故感春秋而祭之。天子用三牲，诸侯用羊豕。"疏曰："解云，谓实以淫泆大恶不可言，因其有事于观社，故以观社讥耳。"所谓"亲纳币"，还是一种避讳的说法，因为"亲纳币"，就是婚礼中的"纳币"一节，而且是"亲"，即亲自其"纳币"，等于说国君越过媒人亲自去向姑娘献礼，其隐晦之义自不待说。

64. 其引文见《墨子·名鬼篇》。

65. 详见赵国华《生殖崇拜文化论》222—223页，中国社会科学出版社，1990年8月第一版。有志于人类文化学的读者还可以参阅西方学者的相关著述。

字从"囧","囧"即古"明"字。可证"观"的字面意思就是"看得清楚"或"清楚地看"。段氏引《谷梁传》云:"常事曰视,非常曰观。"所谓"非常"即大事,亦即祭祀或战争,这里显然指祭祀之事,就是上文惠士奇所引"尸女"的祭祀活动。

其实"谛视"之"谛",亦可读作"禘",所以《说文》示部说:"禘,谛祭也。"两者联系地看,则"观"的初义是特指在禘祭时,要求参与祭祀的人众要仔细清楚地"观""尸女"的全过程。关于禘祭,古代说法很多。《诗经·商颂·长发》序云:"长发,大禘也。"郑笺云:"大禘,郊祭天也。《礼记》曰:'王者禘其祖之所自出,以其祖配之。'是谓也。"孔颖达疏云:"《长发》诗者,大禘之乐歌也。禘者,祭天之名,谓殷王高宗之时,以正岁之正月,祭其所感之帝于南郊,诗人因其祭也而歌此诗焉。"他进一步解释说:"祭之名禘者,多矣。而知此大禘为郊祭天者,以冬至为祭,乃是天皇大帝,神之最尊者也。为万物之所宗,人神之所主……经称'帝立子生商',谓感生之帝,非天皇大帝也。且《周颂》所咏'靡神不举',皆无圆丘之祭,殷人何独舍其感生之帝,而远述昊天上帝乎?"他还进一步解释《郑笺》说:"祭天南郊,亦名为禘,故引《礼记》以证之。所引者《丧服小记》及《大传》皆有此文。《大传》注云:'凡大祭曰禘'。自,由也。祭其先祖所由生,谓郊祀天也。王者之先祖,皆感太微五帝之精以生。"[66]可见,禘祭是最为隆重的祭祀活动之一。所祭祀的神主就是其祖先"感生"的那位大帝。具体地说,商人所祭祀的是其男祖契之"所由生",亦即祭其母所感生的大帝。而所谓"感生",就是女子无夫,在祭祀活动中,感觉与神灵交接,于是怀孕生子,那个孩子就是"感生"之子。《长发》诗中说道:"有娀方将,帝立子生商。"《毛传》曰:"有娀,契母也。将,大也。契生商也。"《郑笺》云:"帝,黑帝也。禹敷下土之时,有娀氏之国亦始广大。有女简狄,吞鳦卵而生契。尧封之于商,后汤王因以为天下号,故云'帝立子生商'。"其实毛氏所说

66.详见中华书局缩印本《十三经注疏》《毛诗正义·商颂·长发》正义。其中所谓"感太微五帝之精以生"显然是汉代谶纬之说。

的"将,大也",是说有娀氏之女已经长大成人,不是说"有娀氏之国亦始广大",郑玄的解释是误解《毛传》。关于有娀氏之女所谓"吞燕卵"之说,实际就是与男人交接的隐晦的说法,前文已经说过。

《周易》咸卦《象》云:"(咸)感也。"疏云:"干、坤象天地,咸、恒明夫妇。乾坤乃造化之本,夫妇实人伦之原,因而拟之。""咸,感也。此卦明人伦之始,夫妇之义,必须男女共相感应,方成夫妇。既相感应,乃得亨通。若以邪道相通,则凶害斯及,故利在贞正。既感通以正,即是婚媾之善。故云咸亨利贞,取女吉也。"可见"感生"即男女夫妇之道通而生育之事也。

郭沫若曾经专门阐释过"帝"字,以为是女阴的象形字,其初义亦为"花",故植物的花根部曰"花蒂"[67]。所以,"花"成为女性的象征,而中国女性的名字多有"花"与"香"相联系的字,也就不足为怪。那么,"禘"的本义应该就是祭祀(原始宗教崇拜)女祖的活动,这是母系氏族时代对女性崇拜的产物。而《说文》把"观"解释为"谛视",其最初的意思乃是"谛视",即"视禘",亦即"视帝",祭祀活动的性质要求参加的人要极其严肃认真,所以演化为"审视"。"观"的另一义是"显示",也从这个意义上来。不同的是,一从被动的大众角度说(看"尸女"),一从主动的"尸女"的角度说而已("尸女"显示给人看)。其流风遗俗到春秋时期还在燕、齐、宋、楚这些地方流行(从《墨子》所谈的情形看,大约某些地方在战国初期也还有遗留),而隐公要去参加"观鱼"、庄公要去参加"观社"的活动,其臣下极力劝谏阻止,也就容易理解了——春秋时期的上层社会那里这类活动已被视为"淫风",但民间肯定还有比较广泛的遗留。

需要指出的是,在鲁隐公和鲁庄公看来,既然是非常严肃的礼仪活动,为什么不能去看看,甚至可以亲身去参与呢?在儒家看来是"淫",而在一般世俗看来那是一种严肃而重大的礼仪,所以除了臧僖伯和曹刿两人极力

67.在明代小说《金瓶梅》中,依然保存着传统中把女阴比做"花"的说法,如所谓"后庭花"。

反对外,其他朝臣似乎都不作声,也就可以理解了。

至于《春秋》经文直书为"公矢鱼于棠",也值得讨论。多种人类文化学著作都一致地认为,"矢"是男性的象征,"鱼"是女性的象征,所以孔子直书"矢鱼",而《左传》则改为"陈鱼而观之"。把"矢"解释为"陈列"之陈的同义词,然而也许就是名词的"矢"(箭)化为动词用了。那么,到底是"把鱼摆起来看",还是以"箭"射鱼(一种比喻的说法)给人看?抑或举行了"鱼祭",今不得而知。但原始宗教活动中的"矢鱼"其实与"尸女"应该没有什么区别,其活动可能比"尸女"要晚。

再看《周易·观卦》。高亨先生释其"六二"爻辞:"窥观,利女贞",曰:"此殆指婚媾之事而言。男女婚媾,纯由父母之命,媒妁之言,男女不得自主,不得一相见,此周末繁文之制,周初民质,盖不然也。余疑周初女子许嫁之前,得一窥观男子,而自决可否。窥观之后,亦或筮之,若遇此爻,许嫁则利,故曰,窥观,利女贞。"高先生这个解释虽然仍限于周末或周初的范围,但对传统解释毕竟有所突破,启发我们对整个卦象的重新认识。我们可以进一步考虑:"初六爻"说"童观","六二爻"接着说"窥观",以下各爻依次为"观我生","观国之光","观我生","观其生",在这一系列的"观"中,为什么独独"六二爻"为婚媾之事,而其它爻就与婚媾之事无关呢?我以为《观卦》的初义所说即为禘祭之事[68]。从整个卦象看,上为巽,下为坤;巽为风、为木;坤为地、为女,其义盖谓"风于女"也。这里的"风",应该就是"风马牛"之风[69]。

《周易》的制定原则是"近取诸身,远取诸物"的,这使它的内涵既容易理解又极难理解——"形而下"即"自身"与"他物"的表象是容易理解的,而从"形而下"之自身的感受和器物的形态上升到"形而上"的哲理,并且还要"范围天地而不遗",那是很难做到的。后代的阐释尽量发掘其政

---

68. 元人陈应润《周易爻变易蕴》卷四:"天下之可观者无如郊天祀庙之时。"

69. 辽东地区公牛和母牛配种,人们问拉牛者:"这是干什么去?"拉牛者答:"放牛去。"所谓"风马牛",就是"放"马牛,辽东人的说法,其实保存了这句古语。马和牛之间是不能交配的,所以说"不相及","不相及"者,不相接也。言其毫无关系之谓也。

治的、伦理的和哲学的内涵，也就是必然之势。但就是在远离原初的"自身"与"诸物"的阐释中，我们仍然能够窥测到那原初的"自身"与"诸物"的状态。下面我们来尝试对"观卦"原初形态的还原。

其卦辞云："观。盥而不荐，有孚颙若。"盥，是说在原始生殖崇拜的宗教活动的禘祭中，"女尸"被送上祭坛之前的盥洗仪式。这个仪式就值得引起众人的瞩目观望。这是把"有孚颙若"一句按传统的理解方式讲。当然，也可以理解为在盥洗仪式之后，如果选中的作为"尸女"的女子不上祭坛（荐于神灵），那是要受到神灵的大惩罚的[70]。这样讲，说的大约是在这种活动中，所选女子不愿意做"尸女"的反抗行为。

"初六，童观，小人无咎，君子吝。""童"，马融训为"独"，郑玄训为"稚"，古代学者大都依照郑玄的理解说经。我们还是同意郑玄的解释，即童稚（小孩子）在未知"人道"之前的混沌状态。在大祭中，如果纯以"童稚"般看热闹的态度去"观"，不是怀着庄重肃穆的态度仔细地"观"，作为"小人"，即未成年人，没什么错误，但一个成年人即"君子"，尤其是在部族中有一定地位的人，如果不认真严肃地"观"，那就坏了。因为这种教育乃是成年人必须接受并由此懂得人际关系的最重要的知识和行为规范——一个部落联盟（国家）、部落、部族、家族乃至家庭人口的繁衍，即恩格斯在《家庭、私有制和国家的起源》中所说的"种的延续"，在任何历史时期都是人类本身必须考虑的最为严肃的首要问题，当然，那个历史时期是考虑人口如何增殖，而不是限制人口增长的现代意识，这个问题就显得尤其重要。

这里还要说的是，"君子"一词原初恐怕并非贵族或贵族子弟的专称，而是凡具备一定指挥权的人才能称为君子，如部落首领，家族首领，乃至家庭的家长，再引申凡是接受"成人礼"将要结婚、成立家庭的成年男子，也可称为"君子"，他们是"准家长"，辽宁俗言"是男就当家"（显然是父

---

70. 其中的"有孚颙若"，用高亨先生说。见《周易古经今注》（上海书店1991年影印开明书店1947年版）第73页。后代凡祭祀之物必须洗得很干净，当也来自此（详见《诗经·周南》有关诗句的注释）。

权制社会以后的事),从其来源看,当甚古老。所以,这个大祭的仪式还有一层教育男子如何征服女子的问题。故《诗》有农妇称其丈夫行役为"君子于役"(《诗经·王风·君子于役》),而热恋中的成年男子亦可自称"君子":"窈窕淑女,君子好逑。"(《周南·关雎》)那么,这句爻辞既然说的是婚媾之事,其中"小人"与"君子"对称,也就不是后世下层的"劳力者"与上层贵族的对应关系,而是特指成年的男子与未成年的男孩。

其"象辞"曰:"风行地上,观。先王以省方,观民设教。"直观地看,大地上刮风,就可"观"吗?在这种掺和着后世礼教即政治和哲理的阐释中,我们还是能够看出其原初的意蕴:"风"即风俗、风化;风俗中最重要的就是男女婚媾之事的"习惯法";而"风化"的初义则是男女婚媾而化育后代。所以,"风行地上"是对禘祭之"观"的委婉之说,"风行地上,观"这句话,如果把"风"理解为男女交接,把"地"理解为"女",那么,换一种直接的说法,就是"风于女,观。""先王以省方,观民设教",这就是说从男女婚媾之事,可以联想到一系列治理国家的大事,因为古人认为,男女婚媾乃是对天地生长万物的仿效:"天地絪缊,万物化醇;男女构精,万物化生。"(《周易·系辞下》)从男女婚媾中可以体会天地"絪缊"之"象",这就是所由"观风"而体会到的"则天法地"的联想,与农业生产的依照四时的活动,乃至衍生出君王治理天下所采用的一整套国家体制(礼制),即尊卑上下等一系列等级制度有关,因为从形式上看,这些关系与男女婚媾的关系也是平行的和有其一致性的。

这样,男女婚媾不但是一切人际关系的始基,而且由此可以升华出社会组织中最普遍的伦理关系和政治活动中最和谐的政治关系[71]。《诗经·大雅·思齐》篇说周文王:"刑于寡妻,至于兄弟,以御于家邦",这该是周公"制礼作乐"最根本的意图。后世儒家认为,君王如果能真正做到这一点,"天下可运于掌"(《孟子·梁惠王上》)。从中我们可以明白,为什么《诗经》

71.《周易·序卦》:"有天地然后有万物,有万物然后有男女,有男女然后有夫妇,有夫妇然后有父子,有父子然后有君臣,有君臣然后有上下,有上下然后礼义有所错。"

把《关雎》放在首篇了。王弼对"初六"爻辞的解释是"处于观时,而最远朝美,体于阴柔,不能自进,无所鉴见,故曰童观。趣顺而已,无所能为,小人之道也。故曰小人无咎。君子处大观之时而为童观,不亦鄙乎?""朝美"孔颖达训"朝廷之美",恐怕不是其原初的意义。"朝"疑当与《楚辞·天问》中之"朝饱"之"朝"同,应读当早晨讲的 zhāo。"朝美"即"朝饱"之"美"(闻一多先生已有论述,"朝饱"即男女之事得以满足)。从男女夫妇之美,可以"鉴见"什么呢?就是联想和体会到天地、君臣、父子、上下、内外等等事物的相互关系及其和谐的处理方式,当然也包括朝廷中君臣关系。这其实应了《周易·序卦》的那段话:"有天地,然后有万物;有万物,然后有男女;有男女,然后有夫妇;有夫妇,然后有父子;有父子,然后有君臣;有君臣,然后礼仪有所错。"其本质就是从"取诸身"的"形而下"之"象",升华到"形而上"的普遍的"道"的过程。这也应该是"以礼治天下"的儒家的思维方式,即把握世界的方式。其中的道理既简单又高深,既切近又深远,而且万分的牢靠,因为这个逻辑的起点及其展开,是建立在男女夫妇之间情感之上的,这种情感则是人类赖以存在与发展的根本,是人类生存与发展的万古不变的最深厚的土壤;然而,这还只是问题的开始,最理想的精神境界乃是情感与理性的中和,周礼的建立,就是追求情感与理性中和成为现实的最简捷的方式,也是人类万古追求的最高的精神境界。为什么屈原在《离骚》中反复把自己与楚王的关系比作男女夫妇的关系?其文化内涵盖来自北方的儒家思想。

"不能自进",当然无所体会,从而也就"无所鉴见","鉴见",也可以说是从借鉴中发现并升华史多的思想。而最大的问题即所谓"观天之神道,而四时不忒;圣人以神道设教,而天下服矣。"因为"观之为道,不以刑制使物,而以观感化物者也。神则无形者也,不见天之使四时,而四时不忒;不见圣人使百姓,而百姓自服也。"这段话中"神道"过去一直看得很神秘,其实这种说法不过是探索事物生成的"自然论"。其中"观感化物"四字,不可轻易忽略过去。古人从天地生物与男女生人的对应中,发现两者

的"生"都是神秘而不可见和不可知的。男女结合而生育后代,可见的不过就是"感","感"之后而女子的生育过程,则不可知亦不可见;天地生物可见的不过就是风雨雷电之"感",一年四季之间,只有当春天冰雪消融,大地解冻,打雷下雨了,植物才开始发芽生长,而植物在地里是如何生育的,则不可见,亦不可知。所以"妊娠"之"娠"字从"辰",而"雷震"之"震"亦从"辰"。风雨雷震在古籍中,尤其是在《诗经》中往往象征男女之事,也就有了可靠的依据。古人解释"神",往往如上文所引"神则无形者也",或者说"不可见其行迹曰神",因此,所谓"神道设教",就是以其自身可见的行迹,推想那不可见的神秘的化育过程,并以之规范自身的行为。

我们在历史传说中屡屡看到"神龙感之""庆都感之","姜嫄感人道"等等。"感"是性结合的一种说法。古文"感"字或者说"感"字的"或体"从干从心,似乎更形象。那么,《诗经·召南·野有死麕》中那位女子所说"无感我帨兮"一句,"帨"字,王宗石先生以为"是原始人类蔽前服物的遗俗,成了女性的装饰,甚至成为女性器官的象征"。[72] 如此说来,这句诗之所指就更容易理解了。

王弼注"盥而不荐,有孚颙若"云:"王道之可观者,莫盛乎宗庙,宗庙之可观者,莫盛于盥也。至荐简略,不足复观,故观盥而不观荐也。孔子曰:'禘自既灌而往者,吾不欲观之矣。'尽夫观盛,则下观而化矣。故观至盥,则有孚颙若也。"这个解释似乎越发让人糊涂了,既然是宗庙大祭,怎么只有"盥"才是值得看呢?其实,前文已说过,宗庙的"禘祭"活动中的"尸女"一节,在春秋时期已被视为"淫风",孔子的观念与鲁国大臣的看法正好相印证。《论语·八佾篇》载:"或问禘之说。子曰:'不知也。知其说者之于天下也,其如示诸斯乎?'指其掌。"孔子说得很神秘,既然"不知",为什么又以"指其掌"来表示其于治理天下是那么容易呢?但他不明说,显然不是几句话能够说清楚的,因为关系到原始宗教崇拜的来源,关系到男女夫妇、家庭乃至家族的事情,更关系到如何从"形而下"上升到"形

---

72. 王宗石《诗经分类诠释》第30页,湖南教育出版社,1993年12月第一版。

而上"的大问题。但这件事情的原委其实也是再简单不过的事情了,不过就是以男女"象"天地、"则"天地而已,如果处理好了,并且能够推广到天下,治国平天下就很容易了。这与前文所引孟子引用《大雅·思齐》篇的说法正好相印证。其中涉及"仁"的来源及"仁"的学说系统的建构问题[73]。

诚如赵国华先生所说:"'尸女'的出现,是初民认识到男性的生殖功能之后,推重男性的'种'的作用的结果。在生殖崇拜的祭仪上,最初出现的男女媾和的内容,当在母系氏族社会的晚期。"[74]在王弼所注解的《周易》中,不断地强调"柔顺",可以证明赵国华先生所论不差。那么,"观"字从"雚"也就可以得到解释:《说文》雈部:"雚,雚爵(雀)也。""雚"即后世的"鹳"字,是一种与"雎鸠"同样性质的水鸟,是捕鱼的鸟;而"雀"在民俗中经常地当作男性牡器的代称,在古籍中也往往隐喻男性。如此说来,"观"字就不是形声字,而是会意字了。所以"鹳鸣于垤,妇叹于室"(《诗经·豳风·东山篇》)这句诗何以如此作"兴",也就可以从民俗学和文化学的角度得到更准确和更深入的阐释了。

如此,我们可以说,"观"的初义本指观看"禘祭"活动,亦即观看生殖崇拜的原始宗教祭祀中的各项仪式。然后就是盛大的男女舞蹈中观看、寻找自己满意的对象,找到后,就像《诗经·郑风·野有蔓草》中所说"与子偕臧(藏)"[75],效仿祭祀仪式中的男女之事。还有《诗经·郑风·溱洧》一诗所说的"观乎""且往观乎"之"观"[76],从诗的内容上看,盖亦当为男

---

73. 详见笔者论文《诗经在孔子仁学建构中的作用》,《孔子研究》1998年第四期。
74. 详见《生殖崇拜文化论》第229页。
75.《诗经·郑风·野有蔓草》,其末章云:"野有蔓草,零露瀼瀼。有美一人,婉如清扬。邂逅相遇,与子偕臧。"《毛传》曰:"臧,善也。"这是说,一位男子和一位女子在偶然间相遇,互相产生了爱意,于是两人一起到了隐蔽的地方藏起来了。臧,《毛传》一位是善义,现代学者都解释为"藏"。
76.《诗经·郑风·溱洧》:"女曰观乎,士曰既且。且往观乎,洧之外洵吁且乐。"女子要邀请男子去"观"的是"洧之外",大家来水边"修禊之事",即用水洗头或脚,洗去不祥的东西,是祈福来到。到远离洧水岸边的地方,那自然是一片广阔无人之地,在那里有什么可"观"的呢?所以,这里两个"观"字,显然是"男女之事"的隐语。

女之事的委婉说法。所以"观",类似于现在的"相对象"的"相",但其实际的内涵可能更直接地是隐喻男女之事。

如此,尧母庆都"出观于三河"中的"观",也就不是后世一般的观赏、观光之类的"旅游"活动,而是走出"家门"(部落)去寻找对象,或参加类似《溱洧》所描写的男女集会,在集会中,首先的节目大约就是要举行祭社尸(尸女)、祭鱼等仪式。其中的"三河"当是后世"水边相会"的最早的记录,所以《诗经》首篇《关雎》,就像《诗经·郑风·溱洧》一样,亦云"在河之洲",也就不难理解了。

《离骚》中屈原在楚国找不到"美人"(象征理想以及理想的国君),于是他要"观乎四荒"。向来注家注释"观"都不那么融通,如果把接下来写他四处"求女"的历程(当然是心理历程)联系起来,那就容易理解得多了。可见,在屈原那里,"观"也是求偶的代称,不过他是以男女夫妇关系比喻君臣关系,用"求女"(美人)象征其理想的政治,理想的美德,或理想的明君而已,其渊源正是这个远古的"观"字。

如果采用刘毓庆先生的"水隔离"说,则,"三河"大约就是当时部落中举行女性成年礼、对女性进行有关生育教育的地方,古称"阴礼"。三条河汇集处的河心洲上,正是女子接受"阴礼"教育之处[77]。这种教育结束之

77.《周礼注疏》卷六:"内宰……以阴礼教六宫(注:郑司农云:'阴礼,妇人之礼。')……以阴礼教九嫔。"(注:教以妇人之礼,不言教夫人、世妇者,举中省。)

《周礼注疏》卷十六:"司徒之职……三曰以阴礼教亲,则民不怨……"(注:阴礼,谓男女之礼,昏姻以时,则男不旷女不怨。)宋·叶时对此有辩证,其《礼经会元》卷三上:"尝读三山林氏辨,以为'仲春之月令会男女,于是时也,奔者不禁',乱人伦之本,开滛恣之门,莫此为甚。初亦窃以为疑。徐而思之,《诗》三百篇,首以夫妇为本,《桃夭》,《周南》诗也,美其男女以正,昏姻以时;《摽有梅》,《召南》诗也,美其男女得以及时;《野麕》一诗,虽当乱世,而被文王之化,则犹恶无礼;《蟋蟀》一诗,虽以亡国而被文王之化,则亦耻滛奔,岂以成周盛时,周公制礼而有奔者不禁事乎?善说《诗》者不以文害辞,不以辞害意。读《周礼》者亦然。盖古者昏礼必问名,必纳采,必请期,必亲迎,必得六礼之备而后行,诚以婚姻人伦之大嘉,礼之重者也。《春官·宗伯》以婚礼亲成男女,《地官·司徒》'以阴礼教亲则民不怨'。遂人以乐昏扰氓。皆重昏也,岂于媒氏而独不致谨乎?每岁孟春。乃谓男女而行昏娶之礼。此常礼也、然昏娶非必尽以仲春行礼。

后，她就成为正式的社会成员，也就可以正大光明地、公开地去出席生殖崇拜的宗教祭典，并可以自由地寻找意中人了。当然，不排除庆都就是祭祀活动中那位神社的"女尸"——那是众人仰慕的女神一类的人物，与她一起当场举行仪式的那位男子，也必定是部落中最出色、最杰出的男青年。不过在举行仪式的时候，大约要从头到脚地涂上文采，即所谓"文身"，所以不能被人们辨认出那人的真实面目。在而后发生的事情，比如女子怀孕了，也就不能知道那个男子是谁了。

还要强调的是，在原始社会，这实在是一件非常严肃的大事（所以称为"大祭"），因为它是关系到整个部落能不能人丁兴盛、昌盛不衰的严肃、严重的问题，并不是后世之所谓"淫风"——以文明时代的婚姻价值观念评价原始时代的婚姻风俗，自然是不能理解的。孔子之所以伟大，就在于在他"动过手脚"（鲁迅语）的古本《诗经》的删定中，并没有用春秋时期理性的思考或他所"述"的周礼的标准去衡量《国风》中的那些诗的实际内容，而加以删改，相反，他保存了《诗》的原貌，因而保存了那个历史时期仍然流传于社会上的很多古风古俗，使我们至今仍能够窥测到远古"文化"的大量信息。

其实这种男女自由结合的"婚事"，还一直延续到周代，不过略有改变而已。当然，周代举行的"男女仲春之会，奔者不禁"，除了解决"男旷女怨"的社会问题之外，更为显然的意义是在"增殖人口"[78]。

盖媒氏以是月而令会也。此正《有女怀春》之时也，诗人'三星在天'之咏，正谓是尔。于是时也，苟有故不得昏礼，则有不待礼而行者，此之谓奔。奔非钻穴相窥、踰墙相从之谓也，特以其凶荒礼丧而不得备其礼尔，有不待亲迎而行尔，岂若《桑中》之所谓奔乎？"

78.《周礼》："媒氏……中春之月，令会男女。（注中：春，阴阳交以成昏礼，顺天时也。）于是时也，奔者不禁。（注：重天时，权许之也。）若无故而不用令者，罚之。（注：无故，谓无丧祸之变也。有丧祸者，娶得用非仲春之月。《杂记》曰：'虽小功，既卒哭，可以冠子娶妻。'）司男女之无夫家者而会之。"（注：司，犹察也。无夫家，谓男女之鳏寡者。）（《周礼注疏》卷十四）

2. "伊长孺"以及"伊长孺"与庆都的关系

史籍多言庆都"年二十,寄伊长孺家",有的书上说"及长",比较模糊,但意思很明白,就是"成人"之后。这与《诗经·长发》中讲的"有娀方将"正好相印证:《毛传》云:"将,大也。"即有娀氏之女正好长大成人。为什么是二十岁?这是因为在上古,女子二十岁以前属于未成年期,还没有接受成人礼的教育,也就不能成为部落的正式成员(《周礼》中"媒氏"一节也说到女子二十、男子三十"未有夫家者"必须参加仲春的集会)。二十岁以前,是在部落里过着被保护的未成年人的生活。到了二十岁,应该是接受"成人礼"的时候了,所以才住到"伊长孺家"。从真实的历史进程推想,应该是部落中所有的到了二十岁的女子都要住到"伊长孺"那里接受教育的。

据文化人类学的通识,在遥远的上古时代,特别是母系氏族时代[79],不可能有什么男性家长,更不可能把一位成年女子寄宿到一位男性家长那里。然则这位"伊长孺"是什么人呢?

《说文》人部:"伊,殷圣人阿衡也。尹,治天下者,从人尹。"后句说的是这个"伊"字的本义,如此,"伊"应该就是该部落的首领之一,她是在部落中负责管理或教导女子"成年礼"的年长妇人。"长孺"之"长",当读"长幼"之"长",而不读"长短"之"长"。"长孺"可以理解为是教导成年女子如何生育儿女(孺子)知识的老妇人。所以,在那个时代,"伊"在部落中的地位是很高的。到了周代,"伊长孺"一职应该是《周礼》中所说的执掌"阴礼"的内宰(教导后宫女子)和大司徒(教育百姓的婚姻之礼)。

于是就产生了帝尧从母姓"伊氏"或"伊祁氏"这个说法。这是一个十分合理的说法,因为"姓"从女从生。但初生的婴儿不可能就掌握大权,

---

79.这里要说明的是,一种风俗或礼仪在各地区的发展是不平衡的,到汤的时代,有些地区仍然保存着母系氏族时代的风俗,如那位著名的伊尹就不知道他的父亲是谁。《史记·殷本纪》"索隐"云:"《吕氏春秋》云:'有侁氏女采桑,得婴儿于空桑。母居伊水,命曰伊尹。'"伊尹的出生恐怕也不能用后世的"私生子"来说明。就是到了2000年代,我们国家仍然在摩梭族那里保存着母系氏族社会的原始伦理生活状态,也是全世界至今唯一的母系氏族部族。

成为"伊",所谓"姓伊",那应该是他成为部落首领之后的事情。

"祁"按《说文》邑部,本义为"太原县",即今之祁县。段玉裁以为春秋晋大夫已有姓祁者,如祁奚,是"以邑为氏"的。那么,这个地方为什么称"祁"呢?《说文》以为"从邑,示声",恐怕值得思考商量。"示"是声旁,盖亦为形旁,亦有其义也,疑当是作为祭祀活动的场所。"伊祁"应该是掌管祭祀者所居住的场所。这个场所其周围居住的人逐渐多起来,而成为一个居民点,随着古礼的废弃,其实际的用场也被废弃了,这才成为地名。而其居住者遂以其地为氏。

"伊祁"或作"伊耆","耆",乃老人之谓也。所指乃是一位掌管祭祀大权的老人。段玉裁《说文解字》注"祁"字云:"《毛传》于《吉日》云'祁,大也。'于《采蘩》《大田》云'祁祁,舒迟也。''祁祁,徐貌也。'于《七月》云'祁祁,众多也。'皆与本义无关。"但仔细想来,《毛传》所做的这些解释,其实都是与"耆"的本义有关:大,与老是一致的,后世有所谓"老大"一词,且从甲骨文以来,"大"字就是一个高大的"人"。在古籍中我们常看到描述一位伟大的人物,往往说到他的身材高大,这大约也来源于原始狩猎时期身量高大、力气大,被公认为首领——身材高大强壮,自然能够有更多的猎获物,更有力量保护族人。后世之所谓"大人"也是对尊长的称呼,这称呼也该来自同一内涵,此《毛传》所以训"祁"为大也;当经验逐渐使人们意识到,领袖人物不但要有力气,更重要的是智慧,而老年人的经验是丰富的,所以,有经验和智慧的老人也就成为部落的首领。但人老了,动作自然迟缓,而大人物动作也是沉稳迟缓的——《老子》云"圣人虽后而常先",就应该包含原初的内涵:作为首领人物的老年人,以其智慧而不是以其敏捷的动作和力量每每有"事半功倍"的效果,此《毛传》所以训"祁祁"为"舒迟"也;大人物既是长官、首长,他率领的人必然众多,而且他(或她)就代表着众多的人民百姓,此《毛传》所以训"祁祁"为"众多"也。古代学者或以为"伊耆氏"同"伊祁氏",都是帝尧的别称,或以为是神农氏,

但从字义看，不过是远古时代对部落首长的普遍称呼，一代又一代地延续下来，很难确切地说是哪位首领了。而帝尧作为一代领袖，自然可以称为"伊"或"伊祁"（伊耆）。

《诗经》中所说的"老成人"，其内涵当如后世对一个成熟厚道者的称谓，未必年龄就老大了，只要有智慧、行事稳妥，言行符合规矩，就可以称为"老成人"[80]。这里还有一个问题，即帝尧之母的行为既是母系氏族时代所能有，那么，帝尧怎么一下子就到了男人掌权的时代了呢？我们认为，历史的发展在各地区往往是不平衡的，而有些风俗的遗留也不是一下子就消失的。从人类婚姻的角度讲，群婚、抢婚、对偶婚、专偶婚，应该是交错出现、交错发展的历史，以中国的情形论，纯粹的有法律保护的一对一的专偶制婚姻，也不过才接近一百年的时间，顶多也不过百年。就是在法律保护下的专偶婚这种情况下，仍然有"私生子"出现。婚姻史像人类其他历史一样的复杂，上古的婚姻史，尤其是对某个单个人的婚姻状态或出生情形，更是渺茫难寻。也许帝尧时期正是中国古代父系氏族社会的早期，而其婚姻制度又是对偶制婚姻时期，大多地区还有很强势的前代遗俗。帝尧说不定就是所谓"伊祁氏"这个部落的女首领所生。他长大后，威信日高，自然成为部落的男性领袖（至于他代替首领的过程是平和的禅让，还是残酷的杀戮，是率领众人另立一支，还是众人推举自成部落首领，那就很难说了）。所以，传说中与帝尧同时期的周人的男祖后稷，也是只知其母而不知其父，直到商汤著名辅相伊尹，其生也是很神秘的[81]。这是我们在考察这个问题时应该注意的[82]。

所谓"伊祁氏"，其初不过是说有如后世所说的贵族后代而已，并非如

80.《史记·项羽本纪》叙述义帝选择西进攻打咸阳的人选，说到刘邦时，认为刘邦是"长者"符合条件。所言"长者"即厚道人，并非说刘邦年龄老了。亦是一证。

81.《吕氏春秋·本味篇》："有侁氏女子采桑，得婴儿于空桑之中，献之其君。其君令烰人养之，察其所以然，曰：其母居伊水之上，孕。梦有神告之曰：臼出水而东走。母顾明日，视臼出水，告其邻，东走十里而顾，其邑尽为水。身因化为空桑，故命之曰伊尹。"

82. 此一层意思受刘毓庆先生启发，特此致谢。

后世所理解的姓氏。当然，后代的所谓"姓"，很多是从远古时代延续下来的官职名称。伊姓，尹姓，大约都从此而来。

《周礼》有"伊耆氏"官职，是掌管国家大祭祀的官员，既然"国之大事在祀与戎"[83]，则其地位之重要也就不言而喻了。这应该是前代官职的延续。

用刘毓庆先生的"水隔离"说，也许这个"伊"经常住在那个水中"洲"上，总是带领一批满二十岁的女子，担当教育她们"阴礼"的任务（"阴礼"是周代的说法），于是也就成为那些女子或那些女子中某个女子的代称（在现代修辞学中称为"借代"）。于是，《秦风》中《蒹葭》一诗反复咏叹的那句"在水一方"的"所谓伊人"的"伊人"，也就可以从文化学的角度来解释——原初的意义恐怕并不是传统注释的简单的直指的"是人"即"这个人"（男子追求的对象），而是一种委婉的代指（仍是现代汉语修辞学所谓"借代"）。这样理解也于原诗多了些韵味。而传统的所谓"高洁""贤人"之释，其实也正不失为一种更接近原始意义的解释——指出了"伊人"在众人心目中的地位，但绝不是后世所谓隐居之贤人。同样的句子也出现在《白驹》中，那两处的"所谓伊人"正是指的作者看重的贤人[84]。这是"伊"字从本义发展为代词的大体线路，它在具体语言环境中的作用，还值得进一步说说。在《诗经》中，"伊"字出现四十处，涉及二十首诗。其中借字三处，完全重复或用法相同的，共十四处。所有的"伊"，无论是作"这""这样""这个""这些"讲，还是作"乃""唯""是""只是"讲，仔细分析起来，都是从"这"或"这个"特指的代词引申出来的，也都可以置换成"这""这个""这种状态"或"这种情形"。而且每当使用这个词的时候都具有特别强调、特别重要或对于诗人而言特别看重的意蕴。如《何彼秾矣》："其钓维何，维

---

83. 见《春秋左传注疏卷二》，成公十三载刘子语。

84. 关于这首诗的内容，古代注家多以为是惋惜贤人之作，而郭沫若以为是"通淫"亦即恋爱之诗，那么，就与《溱洧》所说相同；孙作云以为是商人来朝，王宗石则以为是诗人警告周人提防商人奸细之作。我们从字源看，还是觉得传统说诗者的意见是正确的。但无论从什么角度讲，"伊人"的说法都在表示"这个人"的重要性。

丝伊缗。"诗中的"伊"可以翻译成"是",但从诗人的急切心境而言,就觉得欠了韵味,她是强调钓鱼的线是用两股丝拧成的"这种缗",以象征男女夫妇之间的关系。又如《谷风》:"不远伊迩,薄送我畿。"诗人强调的是丈夫遗弃了"我",临别的时候,只送我"这么近"。而结尾的"不念昔者,伊余来墍"的"伊",虽然可以置换成"唯余是爱",但诗人仍然是在强调"唯余是爱"的是我这个人,而丈夫居然把对我这个人的爱忘记了!又如《小旻》:"我视谋犹,伊于胡底",有学者以为"伊可训有,有可训其,其犹将也",其实绕了这么大的弯子,还不如照直讲,"我看这种谋划到底有什么结果",更能表达作者的情感。《正月》"伊谁云憎",《何人斯》"伊谁云从",都可以讲作"(皇天)憎恨的这个人是谁","他追踪的这个人是谁"。仔细考察《诗经》四十处"伊"的用法,无一处不是起着强调的作用,而且其所强调的主要还是在情感方面。

那么,我们就可以明白,这个词在语言中所起的强调的作用并非偶然,其来源,就在于其初义的重要性——任何一个部落的头领,对于全部族所有成员而言,无论在任何时候都是最重要的。我们看到,古汉语中还有一些名词转化为代词的语言现象。比如,"它"字的本义是"虫也。从虫而长,象冤曲垂尾形。"(《说文》虫部)显然就是蛇,故俗谓之"长虫"。许慎说:"上古草居,患它(蛇),故相问'无它乎?'"北师大古汉语教授邹晓丽老师认为"'它'后来转化成为第三称代词。"这种转化,就因其事在生活中是非常重要的,泛化以后,代替并强调所有值得重视的意外之事。"古'它'、'也'同字。如《左传·隐公元年》'佗邑唯命',证明'佗'、'他'古同字。"其字甲骨文从足踏于"虫"上,表示很危险[85]。又如"是"字,从金文看,应该从"早"从"止",而"早"从"日"从"十"("十"为"甲",本意是裂缝),所以,"是"的初义是破晓的太阳,有光明、明白之意,因而有正确即"对""是的"之意[86],再转化为近指代词,以强调"这"或"这个"。"伊"

---

85. 邹晓丽著《基础汉字形义释源》,北京出版社1990年6月第一版,201页。
86. 同上书,85页。

字的特指功能起着强调作用正与此类字的情形相似。

如此,我们还可以进一步理解《诗经》首篇《关雎》的首章为什么说"关关雎鸠,在河之洲"了:正像庆都"观于三河"以前那样,她住在那河心洲上,那个青年急切地盼望她能早日从那里走出来。也可以理解为什么末章要说到"琴瑟友之"和"钟鼓乐之"了——经过性教育的女子才能成为"窈窕淑女",她懂得礼乐文明的规范("琴瑟""钟鼓"都是礼乐的代称),因而对她也必须以礼待之。当然,孔子之所以那么赞美"《关雎》之乐,洋洋乎盈耳",赞美"《关雎》乐而不淫,哀而不伤",就是因为男女之情纳入了礼乐文明之中,情感有了理性的制约,才不至于迷惑(孔子教导子张"辨惑"之道曰"爱之欲其生,恶之欲其死,非惑与")。这一点在现实政治生活中,对于帝王是至关重要的——惑于女色,所动非礼,是历代帝王灭国祸家之根源,也是无数普通家庭悲剧产生的根源。而"琴瑟"后来能够象征夫妇的和谐关系,也就可以找到其起初的文化渊源了。

到周代,这种制度或风俗习惯分别由"内宰"和"媒氏"执掌了。而《周礼·钥章》说到的"蜡祭"所奏的就是《伊耆氏之乐》,又说:"伊耆氏始为蜡,岁十二月而合聚万物而索飨之也。蜡之祭也,主先啬而祭司啬也。黄衣黄冠而祭,息田夫也。""蜡祭"显然是农业民族非常重要的年终祭祀活动。其意义象征万物成熟,报答"先穑"的佑护。因而这里的"息"包括休息,但更重要的是《汉书·地理志》所言之"(郑)男女杂居",亦即《诗经·豳风·七月》所言之"同我妇子,入此室处",是长育后代的时期。但对刚刚接受成人礼的女子而言,在帝尧出生的那个年代,她们的婚姻可能就是类似于周代"仲春会男女"时节的男女集会,不过比那时更为自由而已。

3. "龙"的文化内涵

"龙",尤其是"龙(蛇)首",中外文化学学者都认为,那是男性的象征——是信仰爬行类动物图腾部族综合性的崇拜物。既可以是女性的象征,

也可以是男性的象征,到周代,周部族则以蛇为女性的象征[87],而龙则专门成为男性的象征。其后也就一直延续到封建时代,龙成为男性最高统治者帝王的象征——这也是古代的文化常识。这里只强调指出,古籍中具体说到庆都的时候,则有说"龙"的,有说"龙首"的。显然,"龙首"即"龙头"(有如"蛇"与"蛇头",在古印度生殖崇拜意识中更是比比皆是),让我们想到一个至今在医学书中广泛应用的一词,即"龟头",更为明白。所谓"赤龙"也不是纯粹属于想象,更是男性"牡器"(生殖器官)的婉转说法,如果人们去过承德的普乐寺,不但会看到男女相抱而"交"的铜铸像,而且那壁画上显赫地画着略微变形的公牛及其特别突出的略微变形的红色的生殖器。就现代普通人而言,在那么庄严肃穆的佛教的殿堂中,无论如何都难以想象会有这样的壁画。正如黑格尔所说,在印度的宗教圣地,也同样画着男女交媾的景象,以致于使西方的"文明人"看了有一种"强烈的羞耻感"。但这并不奇怪,"文明人"感到羞耻,或如司马迁所说的"不雅驯"的传说,恰恰是那个历史时期人类普遍认为最严肃、最重大的问题——人类从哪里来?"我的族类"将如何生生不息地延续下去?也即是恩格斯所说"人类本身的再生产"或"种的延续"之重大问题。(见《家庭、私有制和国家的起源》)。

"赤龙"为男性象征的另一证据见《左传》哀公十七年所载:"卫侯贞卜,其繇曰:'如鱼窥尾,衡流而方羊裔焉。'"杜注:"窥,赤色。鱼劳则尾赤,横流方羊,不能自安。裔,水边。言卫侯将若此鱼。"但郑众却说:"鱼劳则尾赤,方羊游戏,喻卫侯淫纵。"我以为郑氏的注解才说到了点子上。"鱼

87.《诗经·小雅·斯干》:"大人占之,维熊维罴,男子之祥。维虺维蛇,女子之祥。"《郑笺》云:"大人占之,谓以圣人占梦之法占之也。熊罴在山,阳之祥也,故为生男。虺蛇穴处,阴之祥也,故为生女。"但仍然保留着女祖崇拜的现象,如这首诗后面说到"似续妣祖",《毛传》曰:"似,嗣也。"《张建》云:"似读如已午之已,已续妣祖者,谓已成其宫庙也。妣,先妣姜嫄也。祖,先祖也。"按《毛传》的解释,就是接续周部族女祖姜嫄的后嗣,显然是对周部族女祖姜嫄的崇拜,为她单独立庙。照郑玄的解释,则是女祖和男祖同时立庙。

尾"也是男性的象征[88]，而鱼类在交配期则雄鱼的尾部甚至整个身体往往发红，这是雄鱼求偶的自然表现，"劳"非"劳动"之劳，大约是交配中"劳累"之"劳"。"方羊"则同"常羊"（即徜徉，逍遥也，自由自在无拘束的样子，详见下节讨论），是特指男女之事的"劳"——看过鲑鱼（大马哈鱼）迴游生殖过程的人都知道，鲑鱼在经过万里长游、历经千难万险之后，到达生殖之地，排精和排卵之后即死去，何其"劳"也！而雄性鲑鱼也同样是红色的（请注意"裔，水边"的解释，也是自然现象：鱼类在交配期都在水边浅水处，把鱼子产在水边的石头或水草上，因为那里水浅，太阳晒后鱼卵很快孵化。这样产子的鱼群往往闹得水边水波翻滚。这也是常识）。总之，"赤尾""方羊"说的是毫无顾忌、自由的性行为。所以闻一多先生讲，《诗经·汝坟》所言之"王室如毁，鲂鱼赪尾"，是指那位女子与其远道归来的丈夫亲昵的隐语——"王室"非指周王室，而是"旺室"，室，乃"心室"（见《庄子》），毁，火也。是说心中的欲望如火，然后自然就是"鲂鱼赪尾"了。

但那个与庆都交合的青年男子究竟是谁，恐怕就连庆都也无法说清楚，也不必说清楚了。而"龙首"之说，在明确指出庆都是与一个不同寻常的男子结合的同时，大约也是为后来对帝尧神异化的说法提供了根据。于是后世的"龙子""龙孙"之说也就长久地流传下来。

4. 关于"常羊"和"三河"

根据我们所看到的材料，传世古籍中记载的"常羊"有三处值得注意：一是《墨子·尚贤下》云："昔者舜耕于历山，陶于河濒，渔于雷泽，灰于常阳。"（"灰"字，孙诒让《墨子间诂》引俞樾云，为"贩"字之误）"常阳"，孙诒让引毕沅云，以为"疑即恒山之阳"，但《古微书》《尚史》和《广博物志》

---

88. 唐·李贺《大堤曲》："郎食鲤鱼尾，妾食猩猩唇。"明·郭奎《望云集》卷五《重忆寄从兄叔章》："翡翠屏风护掌珠，日高贪睡在流苏。鲤鱼尾熟郎纔起，婢子开门送玉壶。"金·元好问《遗山集》卷五《南冠行》："郎食猩猩唇，妾食鲤鱼尾。"都是性生活的隐语。

所引均作"常羊",且为"《尸子》云",不作《墨子》。二是《帝王世纪》曰:"神农氏母曰妊姒,有乔氏之女,名女登。游于华阳,有神龙感女登于常羊,生炎帝。"这是说,神农氏炎帝也生于常羊。三就是本文所论帝尧所出生的"常羊"。

炎帝、帝尧出生地都在常羊,而舜则贩于常羊。有比较充分的材料证明炎帝神农氏就出生并发祥于羊头山,两个"常羊"当是同一个地方。而舜的贩于常羊,恐非恒山之阳。

从有关古籍的记载看,"常羊"是个地名,是"神龙"或"神龙首"出现的地方,也就是庆都"与之交"的具体地点。"常羊"在什么地方呢?恐怕不是《山海经》上记载的常羊之山,那座山在"大荒西经"中,离内地非常遥远。查长子县地图,在交里村东南,有座不高的小山丘,名曰"常山",围绕常山四周,以"常"命名的村子多得令人惊讶:常庄、东常、后西常、前西常、西南常。但其中常村在宋村西北,那里还有南常、西北常、东北常(在鲍店镇东北紧靠屯留县),估计是从常山周围搬到那里去的住户,因为常村照理应该在常山周围,而所谓"南常""东北常""西北常"本应该就在常山的东北和西北,而现在的"南常""东北常""西北常"三个村子并没有其方位的中心,失去了"南""东北"和"西北"的实际的方位意义。

最不可思议的是,长子县方言中,对常山以及常山周围的这些村镇中的"常"字(包括上述"常"和"东北""西北""南"之"常"),不读"经常"之"常",而读"飞翔"之"翔"的音,另外,说某种食品"请你尝尝"的时候,说"请你翔翔"。但他们在说到"经常""常常""常来常往"这类词的时候,或在单独读"常"字的时候,其口音却明白无误地与普通话中的读法无别。在今长子县西北有乡名曰"常张"(原为公社),人们不读"翔张",而读"常张",还有南陈乡有村名"常家沟",人们也不读"翔家沟",照常读"常家沟"。这是什么原因呢?我们曾经长时间地想过这个问题,询之长子当地人,也不得其解。看看下面这些连绵词语,就会有所领悟:

《骈雅》卷二云:"相羊、儴佯、常羊、仿佯、容与、储与、消摇,游适也。"

《骈雅》意谓这一系列的词，都是"游适"的意思。何谓"游适"？就是自由自在、不受约束的随意的"游"（活动或运动）而感到（心情）舒适，与下面《别雅》所谓"徜徉"同义。

《别雅》卷二又云："相羊、儴徉、襄羊、常羊、儴佯、相佯、尚羊、倡佯、常翔、相翔、彷徉、方洋、仿佯，徜徉也。"其下又博引《文选》《汉书》《后汉书》《淮南子》等书，指出"皆徜徉之变也"。

这样，我们就明白了，长子方言中，对地名"常"这个字的读音仍然保存了古代的读音。但古音中，"常"除了与"羊"字结合为联绵词读"翔"以外，其余的"常"也是不读"翔"的。为什么长子人偏偏要把"常山"以及一系列围绕"常山"的"常村"的"常"读作"翔"呢？当初，是不是生活在这里的人们相互约定，不能忘记那个远古祖先的遗迹，要人们联想到"常"（翔）与另外一个"羊"字相互不可分离的关系，永远记住自己那位远古祖先的不同寻常的遗迹呢？

然则"羊"又是怎么来的呢？原来在长子县南就有著名的羊头山。

我们能不能这样想象，把"常"和"羊"命名的地方联系起来，则"常羊"就是指"常"和"羊"这一带地方，也就是长子县东南这片地方。还因为陶河发源于羊头山，其河道经过常山汇入漳河，也就是说，可以把羊头山与常山作为陶河的一头、一尾联系起来。

如果把今交里村东南的那座名曰"常山"的小山，也就是长子人读音作"翔山"的那座山（前述围绕常山的那些以"常"命名的村子是因为"常山"而得名），与"羊头山"连起来，就是"常羊"。

更为有趣的是，古籍所载庆都"常在三河东南"或"常在三河之南"，"三河"究竟在什么地方？假如把"三河"看作是《史记·高祖本纪》"收三河士"的三河，按《集解》引韦昭曰："河南，河东，河内。"《汉书·诸侯王表》注，师古曰："三河，河东，河南，河内也。"则其地界就太大了，况且说的还是"三河之东南"！也就不可能是洛阳一带，那是一个更为广阔的面积。想象一个二十岁的姑娘，她即使如今天的女孩子会驾驶汽车，在高速公路

上奔驰,在三五天之内,也未必就能走遍颜师古所谓的"三河",即使走遍了,也不可能作超过一小时的停留,在不间断地"奔驰"中,还能想象能够在那么广阔的地带"常羊"("徜徉"或"相羊")吗?那么紧张地"飞奔",还能做所谓"常羊"之"观""常羊"之"游"吗?更何况那么遥远的古代,更何况那么蛮荒的时代,在那么蛮荒的地理环境中!用生活中的常识想一想,能够"常在"而其与"神龙"见面,且"与之交"的地方,恐怕只是一个较小而且很具体的地方,决然不会广阔到那么不着边际,否则庆都如何"观",而那条龙又如何"与之交"?

还有一个"观于河"的说法(许慎)。在那个古老的时代,别说毒蛇猛兽之可畏,部族之间的互相猜忌、争斗、残杀也是经常的,怎么可以想象她还能够"徜徉"(常羊、相羊)?就是到了周部族文王的曾祖父那个时代,当古公亶父定居岐山之时,还要把开辟道路当作一项重大的事情来做(见《诗经·公刘》《皇矣》等篇),就是到了现在,"修路"也还是人类生存和发展的及其重要的事情。可以想象,远在帝尧以前时期,一个女子在那么广大的地区随意"徜徉",实在不可想象!

那么,其所谓"三河"是在什么地方呢?难道是古人为了神化庆都的行为而故意编造的一个虚幻之处?2006年的长子学术会议上,长子县原宣传部副部长、原文联主席、著名诗人申修福先生说:"所谓'三河',就应该是丹河、陶河、漳河这三条河汇合处。"当时,我不以为然,因为古籍所载"三河",是一个固定的地方,就是指河南,河东,河内,这是古人的共识,怎么可以随意改变或随意解释呢?但后来通过对交里村及其周围地理环境的实地考察,说来真是难以置信,长子县的常山,就在丹河、陶河、漳河的汇合处的东南,也就是交里村的东边。就因为那里很具体,范围不大,方圆也就十几里,而常山也就是那么个小山丘,就更加具体,就有可能"常在"。诚如孔子之母生孔子之前,与其父叔梁纥在曲阜东的尼丘山(亦简称尼山)"野合而生孔子"(故孔子名丘字仲尼),同样的不能说什么"洙泗之间"那么广阔的地带。当然,这件事司马迁毫不忌讳地写在《史记·孔子世家》中,后儒对"野合"一词百般曲解,以为圣人讳。其实很简单,在春秋时期,乃至秦汉时代,这种行为都不是什么见不得人的事情,而是很自然甚至是很严肃的事情,甚至是神圣的事情,与后世所谓"淫乱"毫无关系的。一个显然的事情是司马迁同样写了汉高祖之母与龙交而生刘邦的故事,其实谁都明白,不过是高祖母亲与别人而非与其父"野合"而生高祖。这件事可是涉及"当今圣上"祖宗名誉的大事,弄不好要丢掉性命的,然而汉代皇帝不但没生气,反而个个喜欢并引以为自豪,因为那是上天之吉兆,因为他们都是"龙种"!

那条"神龙"或"神龙首"也就在这一带经常地跟随着庆都,类似于赵树理《小二黑结婚》中的小琴,她干什么,青年们就干什么,她走到哪里,青年们就跟到哪里。在前文说到的"观"的行为中,庆都终于选中了一位非凡的"龙","与之交"。这种"交往"是一种自由自在的两性行为——"常羊"这个词的意义为逍遥[89]。所以庆都与神龙之"交",也是一种古代青年男女之间的自由行为,故曰"常羊"。

明·孙毂编《古微书》卷三说:"《路史》《帝尧碑》:'其先出于块隗,翼火之精,有神龙首出于常羊,庆都交之,生伊尧,不与凡等。'"又是巧得很,在丹河、陶河与漳河交汇处的那个"交里村",为什么取名"交里"?谁也说不清。倘若把上述数种古籍所载的庆都"交之""与之交"联系起来,我们有理由这样发问:所起村名,当初是不是为了纪念庆都与"神龙""交

89.清·吴玉搢《别雅》卷二:"相羊、儴佯、襄羊、常羊、儴佯、相佯、尚羊、倡佯、常翔、相翔、彷徉、方洋、仿佯、徜徉也。《文选·宋玉〈九辨〉》'聊逍遥以相羊',一本作'相佯'。又司马相如《上林赋》'招摇乎儴佯',《史》《汉》及李善本,皆作'襄羊'。郭璞曰:'襄羊,犹彷徉也。'《汉书·礼乐志·更定郊祀歌》'周流常羊思所并',师古曰:'常羊,犹逍遥也。'《文选·张衡〈西京赋〉》'儴佯乎五柞之馆',李善本作'相羊',注云:'犹彷羊也。'《后汉书·冯衍显志赋》'乘翠云而相佯',注:'犹逍遥也。'《淮南子·俶真训》'不若尚羊物之终始也',《柳子厚文》'傥荡其心,倡佯其形',《老子指归》作'常翔',《仪礼·觐礼》注:'相翔,待事之处。'《史记·吴王濞传》'彷徉天下',《汉书·濞传》作'方洋',师古曰:'犹翱翔也。'《后汉书·东平宪王苍传》'消摇仿佯',注:'游散之意。'皆徜徉之变也。"后世有权势者(当然也就是有钱人)为淫纵而建"逍遥宫"之类,其本义即出于此。

合"的地方呢？更值得注意的是，长子人说到"交里村"的时候，"里"字不念"里"，而读作"的"（轻音），读若普通话的"交的"。你无论问谁，请他说一下"交里"，凡长子县人都会异口同声地说"交的"，倘若问到本村人："请问你是哪个村的？"他（她）会脱口而出："交的。"但是其它词语中的"里"字则不读"的"音，就在与交里村相连的一个地方叫"八里洼"，大家还是读作"八里洼"，而不读"八的洼"，交里村南面约三公里处，有村名"五里庄"，也不叫"五的庄"，还是叫"五里庄"。这就足以说明，围绕这个"交里村"东南那座常山周边的那么多以"常"命名而读"翔"的村子，来历匪浅。想来，到了文明史时期，大约是人们既要记住那个地方的含义，又觉得有些"不雅"，这就是"讳言"，不然，这个村子的名字怎么会谁也说不清呢？也许其先人明白而不说，后来进入文明时期，正如司马迁所说"不雅训"，"缙绅之士"（有文化的知识分子，知晓其义者）不再说，慢慢淡化，后人也就不得而知了。试把"常山""常羊""交里（的）"这些词语与古籍所载联系起来，你不觉得过于"巧合"了吗？假如不是"巧合"，其中的必然性也就毫不奇怪了：交里村是一个十分古老的村子，很可能就是庆都的故乡，或者可以这样表达：是庆都与神龙"恋爱""交往"的地方。

在东常村西南，有一座远近闻名的奶奶庙，村东有三峻庙（供奉后羿），君安庙（供奉太上老君）。那座奶奶庙供奉一位女神，与交里村的奶奶庙都很有名，远近凡求子者络绎不绝，至今虽然庙宇已经拆毁，但其基础还在，求子者仍然把供奉的泥人、祭品摆放在大庙的地基上，诚心诚意地烧香拜祭；凡拜祭后得子者，还有"还愿"的拜祭（据说是在求子时，拿走一个别人放在那里的一个小泥人，回家放在枕头下。还愿时，得子者要自己做一个泥人放在原先拿走泥人的地方）。如今香火的旺盛程度仍不减从前庙宇庄严时。如果说，全国那么多的奶奶庙，都有其不同的来历，那么，东常村的奶奶庙，则可以毫不含糊地说，那就是祭祀庆都的神庙——与其说交里村的奶奶庙祭祀的是帝尧的母亲庆都的庙宇（详见下文），那么，东常村的奶奶庙，更有理由说是祭祀尧母庆都之庙了。因为那个神奇的生帝尧的传说，就发生在这里。人们在这里求子，不但会得到一个儿子，而且会得到一个不平凡的儿子，甚至可以得到一个伟大的儿子！至于三嵕庙，那无疑是供奉后羿的了。但那座"老爷庙"却不知所供奉的神灵为谁。想"老爷"对应的是"奶奶"，那么，也就是那位神奇而又神秘的"赤龙"或"龙首"所象征的年青人，亦即庆都的恋人了。

东常村奶奶庙遗址

我这样说，并非特意联想。交里村及其周围以"常"命名的村庄之起名绝非后起，其始成村落和定名当非常古老，此有一例来证实——

距离交里村五、六里远近，有个地方叫八里洼，八里洼的中心地带有一块平整的土地，是八里洼与其周围十个村子共同拥有的耕地，面积大约五六十亩。这块地与这十个村子的距离几乎是均等的，每个村子耕种的面积也是均等的，民国以前且不说了，直到中华人民共和国成立以后，经过互助组、合作社、人民公社多少次土地的分分合合，可敬、可爱的农民们，还是坚持着没有把这块地"整合"为八里洼周围某一个村子的土地，直到公社解体、包产到户，直到分田到户，直到现在，仍然如此！这究竟是怎么回事呢？访之老农，谁也说出一个所以然来，这块地"自古以来"就是十个村子的公用土地，人们就是要这么坚持着"先人的定规，谁也不能动！"

于是我们联想到西周井田制——

八里洼公田

地名"八里"（洼只是说明那地方是个洼地，平坦但并不是低洼的湿地即沼泽地，而是最适宜耕种的土地），显然，原来是八户人家，每户耕种百亩之田，中间的百亩是公田，西周八百亩是私田（周代的亩比现在的亩，面积要小得多）。关于井田制，见于《周礼》，古代学者各家的说法略有差异，但无大别，宋·王安石说得简洁明白："田亩有类于井，而公田之中又凿井焉，故谓之井田。一井之田九百亩，八家八百亩。公田居中百亩，除二十亩，八家分之，得二亩半，以为庐舍，合保城之地二亩半，孟子所谓'五亩之宅'是也。公田八十亩，八家耕之，是为彻法。庐舍居中，贵人也。私田环列于公田之外，盖卫王之意。……"[90]班固说："理民之道，地着为本。故

90.《周官新义》卷六。此外读者可参看《十三经注疏》本《周礼·小司徒》《匠人》《尚书注疏》卷四《考证》、宋·林之奇《尚书全解》卷三十八、元·黄镇成《尚书通考》卷五等书，都有详细说明，但我想那也是一种想当然的说法，只求大旨不差而已。

必建步立亩，正其经界。六尺为步，步百为亩，亩百为夫。夫三为屋，屋三为井，井方一里，是为九夫。八家共之，各受私田百亩，公田十亩，是为八百八十亩，余二十亩以为庐舍，出入相友，守望相助，疾病相救。"[91]

也就是说，八里洼那里保存了中国唯一的井田制遗迹，至少历经三千年了。随着人口增殖，家庭变为家族，家族变成里（村）。也许这就是"八里洼"名称的来源。但各村原有的公田还是不变。然而，为什么是十家，而不是八家？我的推测是八家之中有两户分裂为两个家庭，这是随着人口越来越多，而土地则是固定不变的，而且后代井田制已经废弃，大家还是怀念那个制度，而这部分公田还有作公共经费，起互相救济之用（至今那块地所属的十个村子还把其收入作为各村的公共经费使用），也就保存了那块古老的"公田"。请读者注意班固所说井田的作用："出入相友，守望相助，疾病相救"，所以，井田制的时代成为儒家永远向往的时代，也是先秦儒家尤其是孟子着意想要回归的时代。然而，历史前进的车轮早已把儒家的这一向往碾得粉碎。请看这十个村子：交里村、西常村[92]（原为一个村，现在又分为前西常、后西常两个村）、西张堡村、东旺村、西旺村、上霍村、西王内村、鲍庄村、南鲍村、下霍村，其中有明显同字的村子有"旺""霍""鲍"，这三个同字的村子，"鲍""霍"至今都是姓，这两姓村子分割为两个村的可能比较大（其中西常村分为前西常和后西常，就是我推测两个人家庭分裂为四个村子的现实证据）。传说井田制早在少康即夏代时就有了[93]。那么，这些村名的存在也就很早。我想说的是，20世纪60

---

91. 见《汉书·食货志四》。

92. 请读者注意，这个"常村"的"常"当地人仍读"翔 xiáng"，不读尝 cháng。

93.按《尚书》所云大约在帝禹时期已经有了井田的雏形。《尚书·益稷》"浚畎浍距川"，《孔传》："距，至也……一亩之间广尺，深尺，曰畎。方百里之间，广二寻，深二仞，曰浍。浍畎深之至川，亦入海。"（《尚书注疏》卷四）考证云："按三代井田之法，始见于此。《信南山》之诗曰'维禹甸之'，孔子曰'尽力于沟洫'，皆指是文也。《禹贡》提挈大纲，详于决川距海，而每州言'厥田'，则疆理沟洫之制备矣……则一夫之遂，九夫之沟，十里之浍，俱该括也。林之奇曰：'自畎而之遂，自遂而之沟，自沟而之洫，自洫而之浍，自浍而之川，自川而之海，可谓明晰。决九川距海，其大纲天下水之害无不除也。'浚

年代，我初到长子的时候，登记学生籍贯、住址的时候，经常有一种"古风扑面"之感，什么"中汉""西汉""岳阳"，什么"城阳""阳鲁""岚水""大京"……长子县这些村名具有极其远古的来历，其保存的远古文化信息十分丰富。

总之，这些传说与地名似乎都在昭示着一个远古的那段历史：帝尧之母庆都是在交里村东南的常山和羊头山这一代与一位非凡的年青人恋爱，然后生帝尧于丹陵。也就是说，帝尧之母庆都无论其最初在什么地方，她的少女时代最幸福的时期，或者说最令她难忘的时期，是在交里村度过的。她的爱在这里，她的实际的丈夫在这里，她的儿子生在距离这里不远的丹陵（今丹朱岭，详见下文）。那么，她的出生地可能不在这里吗？或者说她的出生地距离这里可能很遥远吗？既然如此，她与她的儿子的主要活动地区也必定在这里——在那个十分荒蛮的时代，很难想象她会远离她的族人，单独到十分遥远的其它地方独自生活。

读者可能会发生疑问：既说帝尧生于丹陵，又说帝尧生于常羊，到底是什么地方呢？文章所论不是自相矛盾吗？非也。常山、羊头山在长子县东南，丹陵（丹朱岭）在长子县南，按山脉相连，如果以丹陵（丹朱岭）为最高峰，则常山、羊头山也可以说就是丹陵（丹朱岭）的一部分，历史传说往往是逐渐扩大和延伸的，有关帝尧的传说散布到全国各地，何况在长子县一县之内？更何况这一带相距并不遥远，比起数千年历史，比起全国上几百万平方公里的地面，长子县内可谓方寸之地，简直算不上什么距离。

有趣的是，全国只有山西有"交里"这个地名，而在山西除了长子县这个交里村以外，名"交里"的还有两处，一处在翼城，一处在曲沃。《山

畎浍距川，其细目。天下水之利无不兴也。此二句括一篇《禹贡》。"（《尚书注疏》卷四）井田始于少康之时，见《周礼·小司徒》："乃经土地而井牧其田野。九夫为井，四井为邑，四邑为丘，四丘为甸，四甸为县，四县为都。以任地事而令贡赋。凡税敛之事。"郑注曰："昔夏少康在虞，思有田一成，有众一旅，一旅之众而田一成，则井牧之法，先古然矣。"（《周礼注疏》卷十一）

西通志》卷六十:"……十里抵翼城界南,由交里村……"可见翼城有一个交里村。《山西通志》卷十八:"曲沃县。浍水在县南二里,发源翼城翔高山,西南流,入县东北东贺境,循平乐卫范吉庄村,至东西吉壁村,踰尉村、舍官村,径徐孝子村,又西径盈村,历常村,上下两裴庄,至交里。绛水挟清水,来清水入绛,在上裴庄西,绛水入浍,在下裴庄西。"在曲沃者更有趣,那里也还有一个"常村"。但这两个县都无"丹陵""丹水"或以"丹"命名的地方,我们是否可以这样推想:两县的"交里村"和"常村",都是帝尧迁移到翼城之后把"交里"带到了那里,另外有一支又南迁到曲沃,并且也把"常村"带到了曲沃,因为不叫常村,就容易把"交里"忘记。不可知者,那里的两个"交里村"至今是否还存在?当地人是否也读"交的",而常村是否也读"翔村"呢?

最后,还要说一点的是,清·沈炳巽《水经注集释订讹》卷九云:"绝水东南与泫水会,水导源县西北泫谷,东流迳一故城南,俗谓之都乡城。又东南径泫氏故城南。世祖建武六年封万普为侯国。而东会绝水,乱流东南入高都县。"这个"都乡城"和"高都"的来历,向来无人给予解说,我以为都应该与尧母庆都有极大的关系——前文已提到,河北唐县的望都山(本来是叫孤山),既然本地人能说是南望庆都而取名的,那么,尧母生于丹陵,(丹岭、丹林)又生了伟大的帝尧,这里是她的故乡,是她生活过一生的地方,这应该就是"都乡城"和"高都"两个地名的来历(下文还要专门讨论)。

5. 后羿"射日"之地

与此相应的传说是后羿的活动,恰好也在这一带,这就更进一步印证了,帝尧的出生地和初期的发祥地也在这一带。我们下面就来探索后羿的活动问题。

围绕八里洼的十个村子还有一个与周边村镇不同的风俗,就是十个村子每年要独立举办庙会(这个庙会的规模很大,是华北四大庙会之一,下

面还要专题讨论），其间唱戏、物质交流场地的安排、安全、巡查之类的费用，由各村分摊，主要来源就是那几十亩"公田"。主办村是交里村，可是常山（请注意，常字一定要跟本地人一样读翔，下面的"常村"之"常"同）之东的东常村不用出钱，年年如此。为什么呢？传说东常村是交里村的舅舅家，也就是丈人（岳父）家，所以不用出钱。可是从什么时候、是哪位姑娘嫁给了交里村的哪一位小伙子，才正式立下这个规矩的呢？那姑娘有什么特殊的地位，以致给全村百姓带来如此殊荣？谁也说不清。然而东常村何以至今还一直享有这份荣耀？

还有一个问题是，这个庙会不但仅仅是这十个村子本身的特殊庙会，表现了这十个村镇与周边其它村镇不同的密切关系，而其组织程序也很特别：庙会所祭祀的神主是"三嶕老爷"（长子人对一切神灵皆称"老爷"，如对屯留的三嶕山，以其山上有著名的三嶕庙，就称那座山为"老爷岭"或"老爷山"）。集会时，各村把自己村子的"老爷"抬到庙会上来，而交里村的"老爷"是最尊贵的，只有交里村的"老爷"到了，其它村的"老爷"才能陆续按固有的次序抬入会场。看来，交里村的这位"老爷"是主神。

交里村既然是东常村的外甥家，那么传说中的这位神灵就应该是东常村的外甥了。这位神灵是谁？传说就是帝尧时射十日的后羿[94]。也就说，

94.《竹书纪年》卷上："帝廑八年，天有祅孽，十日并出，其年陟。"（按：帝廑为夏代帝少康第四代孙。）如此条材料可信，则到夏代少康时亦有羿的传说，其事见于屈原《离骚》："羿淫游以佚畋兮，又好射夫封狐。固乱流其鲜终兮，浞又贪夫厥家。浇身被服强圉兮，纵欲而不忍。日康娱而自忘兮，厥首用夫颠陨。"汉王逸注曰："羿，诸侯也。畋，猎也。一作田。贾逵云：'羿之先祖也。为先王射官，帝喾时有羿，尧时亦有羿，是善射之号。此羿商时诸侯，有穷后也。封狐，大狐也。言羿为诸侯，荒淫游戏，以佚畋猎。又射杀大狐，犯天之孽，以亡其国也。'《天问》云：'帝降夷羿，革孽夏民。冯珧利决，封狶是射。'浞，寒浞，羿相也。妇谓之家，言羿因夏乱，代之为政，娱乐畋猎，不恤民事，信任寒浞，使为国相。浞行媚于内，施略于外，树之诈慝而专其权势，羿畋将归，使家臣逢蒙射而杀之。贪取其家，以为己妻。羿以乱得政，身即灭亡，故言鲜终。浇，寒浞子也。强圉，多力也。浇，一作奡。……纵，放也。言浞取羿妻而生浇，强梁多力，纵放其情，不忍其欲以杀夏后相也。首，头也。自上下曰颠。陨，坠也。言浇既灭杀夏后相，安居无忧，日作淫乐，忘其过恶，卒为相子少康所诛，其头颠陨而坠地。《论语》曰：'羿

在长子县交里村及其周围的十个村子的人们认为,后羿是交里村人,他的舅舅家在东常村,所以东常村的人对十个村的庙会费用不予承担,也可以说,是交里村人为了对东常村人表示敬意,不收东常村人所出的费用,代代相传,也就成为"定规"。

按照前面所记的传说推论,那位给东常村带来殊荣的姑娘如果是庆都,那么,这位"三峻老爷"就是庆都的儿子,也就是说,庆都的丈夫是交里村人,她不但生了帝尧这一位伟大的儿子,还生了后羿这位伟大的英雄,即帝尧和后羿是一对同胞兄弟。

下面我们考察一下有关的历史记载:

《庄子·齐物论》:"昔者,尧问于舜曰:'我欲伐宗、脍、胥敖,南面而不释然,其故何也?'(郭象注曰:"宗、脍、胥敖,三国名也。宗,一也。脍,二也。胥敖,三也。")舜曰:'夫三子者犹存乎蓬艾之间,(郭象注曰:

善射,奡荡舟,俱不得其死然。'自此以上羿、浇、寒浞之事,皆见于《左氏传》。"所以在中原地区的传说,屈原以前时代也传到了楚国。但据王逸之见,则屈原所言之羿乃是射日那个后羿的后代,非尧时的后羿,《竹书纪年》误以为射日之后羿。但据后世史书所载,有人看见两个太阳同时出现的情形(东边一个,西边一个),事见《宋书·福瑞志》。汉·王充《论衡》中有辩说,以为"所谓十日者,殆更自有他物,光质如日之状"(《论衡·说日篇》),王充所论殆如今日所见较大的发光的"不明飞行物"而已,此且不论。又宋·赵彦卫《云麓漫抄》卷九:"《说文》:'羿,帝喾时射官。'《山海经》云:'尧时十日并出,尧命羿射其九。'《商书》曰:'有穷后羿、'则羿是射官。世有其人。非一人也。"就是说,夏代少康时代的羿是帝尧时期后羿的后代,而"羿"并非人名,而是一个官职的名称。我想,大约是帝喾时期一个部族的名称。古称羿创造了弓箭,想来是第一个发明弓箭的部族,后来帝尧统一各个部落之后,这个部族就成为专门制造弓箭的行业性部族了。而其首领则一直称为"羿"。至于少康时期也发生过十个太阳"并出"的事情,可能是沿袭帝尧传说之误。当然也不排除另外的可能,即在少康时代,人们认为那是夏代衰败的时期(事见《诗经·大雅·公刘》)历代对公刘迁徙的辩论,材料甚繁,此不具举)。但后世人们并不认可《竹书纪年》的记载。总之,羿作为一个官职的传说见诸文字记载的始于帝喾,再见于帝尧时期,又见诸夏代少康时期,足见羿的官职传承于上古,也可能到夏代因其功劳而成为诸侯。但是,作为射日的英雄,只有帝尧时期那一个。

"夫物之所安,无陋也。则蓬艾乃三子之妙处也。")若不释然,何哉?昔者十日并出,万物皆照。(郭象注曰:"夫重明登天,六合俱照,无有蓬艾而不光被也。")而况德之进乎日者乎?'"(郭象注曰:"夫日月虽无私于照,犹有所不及;德则无不得也。而今欲夺蓬艾之愿而伐,使从己于至道,岂宏哉?故不释然,神解耳。若乃物畅其性,各安其所,使无远近幽深,付之自若,皆得其极,则彼无不当,而我无不怡也。")

屈原《天问》曰:"羿焉彃(毕)日,乌焉解羽?"[王逸注曰:《淮南》言:尧时十日并出,草木焦枯,尧令羿仰射十日,中其九日。日中九乌,皆死,堕其羽翼。"(汉·王逸《楚辞章句》卷三)][95]

《山海经·海外东经·黑齿国》:"……有汤谷,汤谷上有扶桑,十日所浴。在黑齿北,居水中,有大木,九日居下枝,一日居上枝。"(郭璞注:"庄周云:'昔者十日并出,草木焦枯。'《淮南子》亦云:'尧乃令羿射十日,中其九日,日中乌尽死。'《离骚》所谓'羿焉毕日,乌焉落羽'者也。《归藏·郑母经》云:'昔者羿善射,毕十日,果毕之。'《汲郡竹书》曰:'胤甲即位,居西河。有妖孽,十日并出。'明此自然之异,有自来矣。《传》曰:'天有十日,日之数十。'此云'九日居下枝,一日居上枝',《大荒经》又云:'一日方至,一日方出。'明天地虽有十日,自使以次第迭出运照,而今俱见,为天下妖灾,故羿禀尧之命,洞其灵诚,仰天控弦,而九日潜退也。假令器用可以激水烈火,精盛可以降霜回景,然则羿之铄明离而毙阳乌,未足

95.又《山带阁注楚辞·天问》:"羿焉彃(毕)日,乌焉解羽。"注云:"羿,有穷之君,善射。彃,射也。《世纪》:'大荒中旸谷,上有扶桑,九日居下枝,一日居上枝,皆载乌。'王注《淮南》言:'尧时十日并出,草木焦枯,命羿仰射,中其九日。日中乌尽死,堕其羽翼。'今按:《广舆记》谓:'潞安府三嵕山,即羿射乌处。'然《淮南子》无'乌死堕羽'之文,盖叔师增饰之辞也。又柳子厚云:'乌当作鸟。《大荒北经》:有大泽,方千里,群鸟所解。'则与上句各一事也。又《拾遗记》:'尧时祇支国献重明鸟,状如鸡,音如凤。时解落毛羽,以肉翻飞,能搏逐妖恶兽。'或因射日同在尧时而类问之欤?余按:以上皆举地上之遐异者,以穷之。'焉彃'、'焉解',皆问其地也。"(蒋骥《山带阁注楚辞》卷三)

为难也。")（山海经卷九）

《淮南鸿烈·本经训》："逮至尧之时，十日并出焦禾稼，杀草木，而民无所食。猰貐、凿齿、九婴、大风、封豨、修蛇皆为民害。（高诱注曰："猰貐，兽名，状若龙首。或曰：似狸，善走而食人。凿齿，兽名，齿长三尺，其状如凿，下彻颔下，而持戈盾。九婴，水火之怪，为人害。大风，风伯也，能坏人屋舍。封豕，大豕也，楚人谓豕为豨。修蛇，大蛇也，吞象，三年而出其骨之类。"）尧乃使羿诛凿齿于畴华之野，（高注曰："畴华，南方泽名。"）杀九婴于凶水之上，（高注曰："北狄之地有凶水。"）缴大风于青邱之泽，（高注曰："缴，遮使不为害也。一曰以缴系矢，射杀之。青邱，东方之泽名。"）上射十日而下杀猰貐；断修蛇于洞庭，擒封豨于桑林。（高注曰："洞庭，南方泽名。桑林，汤所祷旱桑山之林。"）万民皆喜，置尧以为天子。于是天下广陕险易远近始有道里。所谓十日者，殆更自有他物，光质如日之状。"（见《淮南鸿烈》卷八，汉高诱注本。谨案：最后一句"所谓十日者，殆更自有他物，光质如日之状"，又见于王充《论衡·说日篇》，疑为后人所加，或者，王充之论出自《淮南子》。）

以上所引著作，《庄子》《天问》和《山海经》都是先秦著作，主要是说古人认为天上确实有十个太阳（"天有十日"），这才有可能发生"十日并出"的情形。《淮南子》则首次记载关于"羿射九日"的传说，此外，宋·刘恕《资治通鉴外纪》卷一、清·马骕《绎史》卷九、卷十、宋·罗泌《路史》卷四十七、《通志》等等诸多古籍，也都不厌其烦地辗转引用。大多数人都说是帝尧时期的事情，但不过是说那时有一场大旱，是帝尧命令后羿射下了九个太阳（当然也除掉了其它危害人民的猛兽），才使百姓过上了稳定的生活，百姓也就拥戴尧做了"天子"。"十个太阳"大约出于夸张，极言其时旱灾之甚，"射日"之事可能出于想象，但大旱和帝尧设法解除了那场毁灭性的灾难，极可能是事实。

既然是因为尧在消除了诸多灾害之后,"万民皆喜,置尧以为天子",就是说,"十日并出"发生在帝尧成为"天子"之前,既然还没有做天子,那么,"羿射十日"的事件也就不可能发生在帝尧定都平阳之后。也就是说,"羿射十日"的时间,是帝尧还没有到达平阳之前。是属于帝尧在做"天子(帝王)"以前的活动事件。

那么,这位能够"射日"的后羿,与帝尧的关系就很清楚了:他是帝尧初期即创业活动时期专门管理弓箭这类当时"远程"武器的武官,而且从帝喾时期就一直担任这一职务[96]。

而帝尧又是帝喾的第二个儿子,不可能在帝喾去世后就接替帝喾为天子。如果从科学历史观的角度思考,帝尧只知其母,不知其父,则传说中帝尧的父亲为帝喾的说法,只能是后儒编造的。按照这个比较真实的历史推论,只能是帝尧经过自己的努力,领导了部分部落或部族,具有了一定的势力,这才可以"使羿诛凿齿于畴华之野,杀九婴于凶水之上,缴大风于青邱之泽,上射十日,而下杀猰貐;断修蛇于洞庭,擒封豨于桑林。"在"万民皆喜"的情况下,得到了最广泛的拥戴,是"万民"直接选举而不是屈原所谓"党人""置尧以为天子"。

96.宋·罗泌《路史》卷十八:"羿以善射服事先王,乃命司衡赐以累矰彤弓蒿矢,羿是以去下地之白难,而民得以佚。(原注:白难,凶顽,为乱之人,如封豕长虵之类,皆其号名尔。)以故,羿死托于宗布。(原注:《鸿烈解》云:羿死,托祀于宗。布布,祭名也。说者以为夏之穷羿,失之。夫穷羿非若蚩尤,仅作兵器,徒能僭叛为盗尔。岂宜有祀?按字书有羿,云古之射人。"《广韵》云:"羿,古诸侯。一云射官。"而《说文》乃云:"羿。喾时射官。少康灭之。"则似以羿为之后矣。故《世纪》以为帝喾之世掌射,加赐弓矢,封之于鉏,为帝司射。历唐及虞。而贾逵云:"喾赐弓矢者,羿之先祖。"皆失所考。)明·孙毅编《古微书》卷十七:"太史公依《世本》《大戴礼》,以黄帝、颛顼、帝喾、唐尧、虞舜为五帝,孔安国《尚书序》、皇甫谧《帝王世纪》并以伏羲、神农、黄帝为三皇,少昊、颛顼、高辛、唐、虞为五帝。"高辛即帝喾,可见古人比较一致地认为帝尧是连续帝喾之后的古代帝王。又《古微书》卷十三引《春秋命历序》云:"炎帝号曰大庭氏,传八世,合五百二十岁。黄帝一曰帝轩辕,传十世,二千五百二十岁。次曰帝宣,曰少昊,一曰金天氏,则穷桑氏传八世,五百岁。次曰颛顼,则高阳氏,传二十世,三百五十岁。次是帝喾,即高辛氏,传十世,四百岁。"而帝尧是帝喾高辛氏的第二个儿子。详见下文。

如果说到帝尧父亲（假设帝尧有父亲）那一代已经是父权制社会了，那就和帝尧"只知其母，不知其父"的历史时期发生冲突；如果说帝尧从他父亲那里继承了"天子"的位置，也与帝尧的禅让制发生冲突。试想，到帝尧时期还是禅让制呢，帝喾怎么可能把最高权力私自传给帝尧呢[97]？让我们坚信帝喾为帝尧之父是后世编造的故事，还是另外一个长子县关于羿射日的传说：

就在帝尧时期，有个叫羿的人，是一个做砂锅的汉子，身材高大，双臂如猿。他就靠做砂锅的手艺养活自己，每天担着砂锅，到邻近的村子里贩卖。那时候，一共有十二个太阳，轮流上班，一天一个太阳出来，从东边到西边，在天上巡视一趟。有一年，十二个太阳同时出现在天上，晒得大地龟裂，河湖干涸，就连羿挑的砂锅都要晒化了。羿大怒，放下一担砂锅，用一根绳子把扁担两头穿起来，在绳子上搭上一支大箭（那支箭大就像后来战场上用的那种红缨枪），他猛然拉开绳子，那扁担就像一张弓一般弯了起来。只见羿右手一松，那支箭直奔一个太阳而去，那个太阳就被射了下来。这样连续射了十一支箭，射下了十一个太阳，留下一个太阳，照亮大地，照耀草木庄稼生长。

在长子县城东边有两个几乎一样的小山包，本地人称作"磕鞋圪堆"，据说就是羿射完太阳后，脱下鞋子，磕掉鞋里的土留下的。

故事流传于长子县东南一个村庄——东常村。

这个传说与流传最广的那个"羿射九日"的传说大不相同，最关键的

97.关于帝尧接替帝喾世传的说法显然是后来儒家编造的历史，大约是在先秦春、战时期，所以司马迁也接受了这一说法，但是司马迁说得比较简单，显然还有保留，后来则越传越"真"了，最典型的是宋·罗泌《路史》卷二十载《陶唐氏》："帝尧，陶唐氏，姬姓，高辛氏之第二子也。母陈丰氏曰庆都……年有十三，佐挚封植，受封于陶。"（今按："年有十三"，当是"年十有三"之误。一本作"尧年十三"。）这当然也不是罗泌的创造，是他采用了前人的传说。

是"十二个太阳",这是关于羿射日这个故事最独特、最具历史真实特征的一种传说。何以云然?就因为帝尧时期还是母权制的晚期,或者是从母权制向父权制过渡的时期,顶多也就是母权制刚刚退出历史舞台的初期阶段,即便是父权制初期,许多风俗习惯也不可能一下子从人们的生活习惯中消除。根据《周易》所言,早起人类发明记忆事物的手段或文字,其原则是"近取诸身,远取诸物",就是说把客观事物的特征和人类自身的某些特征联系起来、对应起来,取其一点易于表达的特征,刻画出来,既便于自己记住,也便于群体理解和记忆。比如"上"字,古文写作"丄",一横上面加一竖、一短横或一点(作"二"),表示"我看见"一物在另外一物之上,同理,"下"做"丅"(古文也写作长横在上、短横在下)。"我能看见"两个事物如此的关系,别人也能看到和我看到的相同的情形。这是普遍的"物我"关系,所以,不但我能记住,别人也同样能理解和记住,这才能起到互相交流的作用。

母权制是以农业生产为主的获取生存物资的历史时期,那么,人类最重要的记忆是一年四季的周期轮回,这与人类主体适应客观自然的运行规律有关,这种适应是为了协调自身的活动,主要是协调人类的生产活动与自然界的四季运行规律相一致。母权制是女性掌权的时期,她们发现月亮的盈亏与自身的生理特征基本是一致的,太阳照耀地面的温度每个月都有一些微小的变化,积累三个月,就有一次大的明显的变化,积累四个变化正好是一年。下一年又重新轮回一次。所以,在她们的印象中,不同温度的太阳当然是不同的太阳,那么,每个月地表的温度都是不同的,那原因就在于天上应该有十二个不同的太阳,她们有十二个不同的温度,每个月在天上替换一次,轮回照耀大地。

女人自身的生理规律与大自然的运行规律是如此一致,才能真正产生"近取诸身,远取诸物"的想象,而男人没有相应的生理规律,所以,当初男人一定非常佩服女人的那种"能力",当然还有女人能够生孩子、延续后代的能力,也是男人不具备的能力,这就是历史上"女性崇拜"或"母亲崇拜"的历史时期。

当巨大的旱灾出现的时候,她们大约想到了是"十二个太阳同时出现在天上了",这才产生了羿射十一日的神话。

由此我们想到闻一多先生把帝尧也看作是女性领袖的说法,是有一定道理的。我们认为,至少帝尧时期是母权制刚刚消退、向完整的父权制过度的历史时期,所以才保留了这样的"羿射日"的神话。

我们这样说,就在于更有值得注意的地方:据文化学和人类学家的考察(文献记载、大量的岩画和地下发掘相印证的材料),弓箭、棍棒、标枪(投枪)、刀斧之类的尖锐武器,与男人的身体结构有相似之处,这些杀伤力很强的武器,也就成为男性的象征。羿射落十二个太阳中的十一个太阳,也就彻底结束了天上"十二个太阳"说,也就是说,"羿射日"这个神话乃是男权社会取代女权社会的一个标志性的事件,是东方人类历史阶段大转移的大事件。这在西方人类文化学家的著作里,可以得到十分吻合的印证[98]。然则我们前面说过,帝尧即使不是女性领袖,也更可能是一个由母权制向父权制过渡时期的领袖。他命令羿射落太阳,又命他杀死那些危害人类的猛兽,帝尧这才得到广泛的拥戴,做了"天子"。那么,帝尧是女性领袖之说,可就值得怀疑了。可是读者不要忘记,历史发展绝不是一刀切,一种社会制度过渡到另一种社会制度,在世界范围内,并不是"齐头并进"地一下子在全世界都立马儿全部地转换了,即使到了今天这样的时代,当

---

98. 读者可以参阅美国学者金芭塔丝《活着的女神》、艾斯勒《圣杯与剑》等著作。历史上确切无疑的存在过母系氏族社会,即以母亲的血统连续为线索论姓氏的那种社会制度,在中国,姜姓、姬姓,都从女字,可见其初始都是女性掌权的部族,且"姓"字本身就从女,还有"始"字也从女,这都说明当初的社会制度都是母权制,这是绝然无疑的。当然其领袖人物肯定是女性,亦即鲁迅先生说的"我们的老祖母颇威风了一个时期"的那个时期。但是,女权制的没落,按西方学者们的考证(主要是地下发掘的铁证),是由于外部势力的入侵,这个外部势力,就是以男性为领袖的游牧民族的入侵,疯狂的杀戮和掠夺,彻底结束了母权制的社会制度。当然,游牧民族使用的武器主要是刀斧、弓箭、长矛之类的猎杀武器。所以,那种尖锐的、具有杀伤力的武器,与男性的生理结构也很一致,也就成为男性的象征。

全世界在父权制体制中过了几千年,全世界似乎根本不可能存在母权制的社会制度了,但是,在中国西南泸沽湖畔,还有一个民族叫摩梭族,仍然过着母权制的社会生活!我要说的是,犬牙交错的历史发展过程中,一些民间传说也呈现出各个历史时期状态的交错混乱的现象。所以,帝尧的形象就混乱了,在他的行为中,既有母权制的特征,也有父权制的特征。比如,禅让制,只有母权制时期才能发生,但尧舜两代"帝王"都实行了禅让制,但是又发生了帝尧命令羿射日这样的象征"男人征服女人"的故事。

所以,我们如果说的比较谨慎些,还是把尧舜时期作为从母权制向父权制过度的一个历史时期来看待,比较稳妥。

在这个历史时期内,自然要保留一些母权制的社会风习,比如最为人们津津乐道的或者争论不休的两个问题:一个"禅让制"的存在与否的问题,一个是帝尧将两个女儿同时嫁给帝舜,目的是为了监视和考验大舜的行为,看他够不够接替自己做"帝王"。前一个问题可以存而不论,后一个问题就存在于母权制和父权制两种制度中(见弗雷泽《金枝》)。我们可以毫不犹豫地说,这些现象都是"过渡时期"的表现——这个制度在母权制时期存在过,到了帝尧时期,帝尧和帝舜这两个过渡时期的领袖分别把自己的帝位"禅让"给了帝舜和帝禹,而帝禹才是彻底结束母权制社会的人物。

我们要强调的是,"羿射日"这么重大的历史事件,与本考论有关的是,无论你怎么看,都离不开帝尧和羿(或后羿)这两个历史人物,而凡是言及"羿射日"的神话的传世古代典籍,都一致地指向屯留的三嵕山。但是,故事的流传却不在屯留县,而在长子县的东常村。

上文说到,传说中东常村是交里村的姥爷家或舅舅家,而交里村又是"三河"交界之处,是尧母庆都与神龙交往之处。那么,我们可以确定的是,古代典籍中屡屡提及的"陶"这个地方,就是长子县这个众多以"陶"命名的地区。但其中心最有可能就是交里村(详细考论见下文)。

关于羿或后羿射日的地点,我们还可以参考古代典籍的有关记载:

《明一统志》卷二十一潞安府三："三嵕山在屯留县西北三十五里，一名麟山，有三峰，高峻。《书》'汤伐三嵕'，又有后羿射九乌之所。"《大清一统志》卷一百三潞安府："三嵕山，在屯留县西北四十五里。《唐书·地理志》：'屯留县有三嵕山。'《县志》：'高三十里，盘踞三十余里，一名徐陵山，一名麟山，一名灵山。按《说文》：峰聚之山曰嵕。今屯留有三嵕山，言三峰聚也。'旧志谓即古三嵕国，引《书序》'汤伐三嵕'为证。然汤所伐者三嵕，在今山东定陶县界，非三嵕也。旧志误。三嵕庙，在屯留县西北四十五里三嵕山巅。旧传，昔大旱，祀之即大雨千里。宋崇宁中，封显应侯。明洪武中，改称三嵕山之神，岁六月六日有司致祭。《府志》：'神最灵显，祠遍州县。'"

《山西通志》卷十九山川三潞安府："长治县，三嵕山二，一在县东南三十里。高二百一丈，盘踞五里。一在县西南五十五里，高二百丈，盘踞五里。羊头山在县东南七十里，高百四十三丈，盘踞四里。南连三嵕山，袤十三里。南坡连高平县界，山下有淘金河。屯留县三嵕山，在县西北四十五里，递高三十里，盘踞三十余里。三峰巍峻，一名徐陵山，一名麟山，一名灵山。相传为羿射九乌之所。下有三嵕水。《唐志》：'屯留有三嵕山。'宋崇宁间，赐庙额，封羿神为灵贶王。岁以六月六日，有司致祭。县旧志：'许慎曰：羿，尧时射官，非有穷后羿也。'《淮南子》：'尧使羿射九乌于三嵕之山，杀九婴于凶水之上，缴大风于青丘之泽，'《疏》：'亿纪唐时，有窫窳、凿齿、九婴、十日、大风、封豕、长蛇之害，民罔攸止。帝于是择兵称旅，屠长蛇于洞庭，射十日，缴大风于青丘，杀窫窳，禽封豕于桑林，诛凿齿于畴华之野，戮九婴于凶水之上，而后万民复生。羲和君之……'龙盘曲折，凤岭纡回。赤霞偕黄鹤齐飞，白云与青松迭峙。旧有庙名三嵕山之神。宋崇宁间，封显应侯。长治志旧志以为汤伐三嵕，非也。"

《山西通志》卷一百六十五祠庙二潞安府屯留县："三嵕庙，在西北四十五里三嵕山巅，旧传羿射九乌于此，其神曰三嵕山之神。又传，昔岁

大旱，祀之，即日大雨千里，故潞境多立祠。宋崇宁二十年封显应侯。赐额'灵贶'。元至元十二年重修，明洪武庚戌改称三嵕山之神，勅有司春秋二仲、季夏致祭。祷辄应。青豫之境，胥严祀焉。明邑令韩复礼葺正殿五楹，寝殿三楹，两廊、舞楼暨斋房山门，约二十四楹。"

这些记载，都说明"羿射九日"之地，就在今屯留县之三嵕山，亦即前文所言之老爷岭。假如帝尧当时不在以长子县为中心的这一地区，为什么羿要到三嵕山射日？如果说三嵕山是高处，离太阳较近，然而附近比三嵕山高得多的山很多，偏偏选择三嵕山，不是很奇怪吗？上文所引《山西通志》说长治县还有两座三嵕山，一坐在县西南，一坐在县东南。不仅如此，还有"闻喜县三嵕山，《上林赋》'凌三嵕之危'，郭璞《三苍》注：'三嵕山，在闻喜。'今县东五十里有焦山，高垲汤寨，疑即三嵕。"都非屯留的三嵕山，也都没有关于羿射日之类的传说。说明先民在确定哪一座三嵕山是羿射日之处，并非随意而为。

但三嵕庙却非只有屯留三嵕山一处：

《山西通志》卷一百六十五祠庙二潞安府长治县："三嵕庙，在西门内。按三嵕，为屯留名山，岁旱祀之辄雨，故潞境多立祠。旧志以为汤伐三嵕者，非。""长子县三嵕庙，在西郭外一里，元延祐六年，达噜噶齐达春重修。明弘治时，又修。邑人阮勤记：'金碧焜耀，冠诸庙。露台下有舞楼五楹。'"

其实这里所记，远非潞安府境内三嵕庙之全貌，据长子县著名诗人申修福先生调查，光长子县境内就有三嵕庙十二座！这是全国其它县市绝无仅有的现象，就笔者所见古籍所载，全国各县，唯一有三嵕庙的地方，也就是潞安府即上党盆地（最可称为盆地的地方），亦即长子县周边各县。这不值得我们深长思之吗？我们还要问，假如帝尧当初不在这里，远在其它地方，他为什么特别命令这位神勇的羿特别来到三嵕山这个地方来"射日"呢？全国何处无高山？高山何处不可"射日"？

下面我们再看看交里村关于后羿的传说。

这个传说很怪，不但与史籍记载迥异，也与长子县东常村的传说不同——须知交里村离东常村只有五华里之遥，而关于同一个历史人物的传说竟然如此不同：说三嵕老爷本是卖砂锅的。就在交里村做砂锅，到周围贩卖，其贩卖的路程估计不会太远。就在离三嵕庙东南约一华里处，有一个土堆，高三四米，直径十来米，传说是三嵕老爷卖砂锅的路上，因鞋里带入了泥土，他脱下鞋，磕打几下，倒掉鞋里的泥土形成的，俗称"磕鞋格堆"。说明他是个担担子步行做买卖的砂锅小贩。与"射日"活动简直风马牛不相及。但我们前文说到《墨子·尚贤下》云："昔者舜耕于历山，陶于河濒，渔于雷泽，灰于常阳。"孙诒让认为"灰于常阳"应该是"贩于常阳"之误。就是说舜在发迹前，是一位做陶器、贩卖陶器的具有工商两重身份的人。他做陶器在"河濒"，贩陶器之地在"常阳"。如果把"河濒"解作"黄河之濒"，"常阳"，孙诒让引毕沅云："疑即恒山之阳。"如果把"常阳"解作"恒山之阳"（西汉避文帝讳，改恒山为常山），其地在山西北部，而"河濒"在山西的西南部，如此遥远的距离，以陶器易碎之物，做如此长途之贩（千里之遥），即便一路毫无损耗，在那么蛮荒的古代，有路可行么？即便一路畅通，其间所耗费的时间想来也非一月、两月不可。那么，舜的买卖可谓得不偿失！合理的解释是，这个"常阳"，应该就是"常羊"。但是，这与史籍所载，相差太远。这个地点与舜的传说之间的关系无法沟通。而后羿的射日与其贩卖砂锅之间也无任何联系，姑且存疑，以待进一步的发现。

也许年代久远，人们把舜的贩卖陶器与后羿错误地联系在一起了。但是羿射九日或十二日实在是一个太大的事件，人们不该忘怀。也许那件事尽人皆知，不必老是挂在嘴边，反而不能忘记后羿年青时的本业，且为了突出交里村是以陶业闻名的这一事实——陶器虽小，可是它的制造却改变了人类的生活方式，它是关乎人类日常生活的大事。由制造一般的陶器到砂锅，可能也是陶业的一大转折。因此人们宁愿记住这位大英雄平凡而更为伟大的功绩：陶器和砂锅的制造者。

据当年亲历多次庙会的王贵明先生说，这位三嵕老爷的塑像是红脸（但

当年年龄还小,神像的穿着已经忘记),那么,就表明他是一位忠诚、勇武的青年。性格与一般小贩截然不同,从形象上看,与射日的后羿倒也有了某种联系。

综合地看,帝尧时期的重要传说羿射日的传说在长子县甚为盛行,羿或后羿与制造陶器有关,这与钱穆先生所言尧与陶、唐的关系至密,陶不必说,就是陶器,而"唐"的本义则是大的陶器。这一切都与长子县有着千丝万缕的联系。

当然这些问题我们将一一予以破解。

6. 白云山庙会——交里村庙会

交里村庙会,长子人简称"交里庙会",也称八里洼庙会,但外省人则称白云山庙会,因交里村地近白云山,且白云山上有一座三峻庙。前文已经说过,交里村庙会祭祀的就是"三峻老爷"后羿。

白云山三峻庙

交里村乃至长子县有一句自古流传至今的三句民谣:"淋尧庙,晒五龙,交里(的)会上刮大风。"说的是尧庙会、求雨和白云山庙会三件事。"淋尧庙",是说尧庙会那天一般要下雨,尧庙会是每年的四月二十八日,主祭帝尧,据说那天是帝尧的生日。"晒龙王",是说每逢天大旱,求雨活动过后还没有下雨,就把龙王庙里面的龙王塑像抬出来晒,目的是让龙王知道天气已经旱到什么地步了,让他也尝尝大旱的滋味,当他被晒到受不了的时候,自然会下雨。而所谓"五龙",自然是管理东、南、西、北、中五方风雨的"五龙"——无论哪个方向发生旱情,经过这么一晒,龙王都会感知需要下雨的信息。"交里会上刮大风",是说交里村庙会每年都要刮风,且风很大。

交里村东——斗维之野

这个庙会与庆都和帝尧关系甚大,何以言之?

我们前面所引《竹书纪年》中讲到,庆都"孕十四月而生尧于丹陵",从某年的二月十二日到次年的四月二十八日,正是十四个月又十六天。联系《周礼》中所记每年的"仲春"即二月份"中春之月令会男女"[99]("司男女之无夫家者而会之"),则常村的庆都与交里村那位"赤龙"会合的时间

---

99. 详见《毛诗·行露》郑玄《笺注》即孔颖达《正义》(疏)。

当在某年的二月份,而这个月正是古代合法的男女自由恋爱的时间。因此,交里村庙会也就非比寻常——当初的"会"很可能并非后来的"庙会",而是男女自由结合的男女大会——从科学历史观的角度看,至少保留了西周时期"中春之月令会男女"的古老的习俗。大约到汉代以后,才演变为后来的"庙会"。而周代的这种"礼",也绝非周人的发明,那是借鉴(或综合)三代之"礼"的结果——从孔子所论夏、商、周三代之礼的损益过程中(《论语·为政篇》),我们可以推想,每一代制礼都是前代礼制的延续和发展。

那么,所谓"交里(的)会上刮大风"的"风"也就不仅仅是自然界的"大风",而是《诗经》中"国风"的"风"(《诗经·国风》部分共160首诗,有125首诗是与恋爱、婚姻、家庭有关的诗歌),或者是《尚书》中"风马牛"的"风"。因为交里村既是"三河"的交汇处,从前在村子周边也是一片沼泽,水特别多,也正好是《诗经·周南·关雎》所谓"关关雎鸠,在河之洲"所在之"河洲",恰是"窈窕淑女,君子好逑"之处。只要我们还懂得"云雨""风雨""云雾"这些词语与男女之事的关联,我们当会了解那句歌谣中"淋尧庙"和"刮大风"的隐喻的内涵,它与庆都的恋爱乃至生帝尧或者生后羿的关系也就不言自明了。

据申修福先生考察,交里村庙会即白云山庙会是华北四大庙会之一:长子白云山庙会,北京妙峰山庙会,山东泰山庙会,河南浚县浮丘山庙会(见申修福编著《长子博览》,中国文化出版社2013年7月版)。届时南北各地商家云集、京广物流汇集,游人如潮。其规模之所以如此盛大,也令我们不得不想到其起源的古老和其当初与"生殖崇拜文化"的密切关系(那座奶奶庙据说十分灵验)。

仲春(二月)"会男女",既然这习俗延续到西周(可能延续到东周即春秋时期,后来改为三月的上巳日,内容也有改变),二月十二日,既然是庆都与赤龙恋爱结合日子,是一个特别值得纪念的日子,那么,中国的"情人节"就应该是夏历的二月十二,而不是七月初七。因为七月里的那一天,在传统的习俗中,主要是妇女活动的"乞巧节",与男人无关。古代在七月初七日是妇女放假的日子，应该是古代的"妇女节"，虽然那也是牛郎和织女会面的日子，但是那可是被强行拆散的一对青年男女的相会之日，难道我们设定的"情人节"只是纪念被拆散的情人吗？我们请年青人记住二月十二日这个"中华文明之祖"的真正的情人之恋的日子。

这里出现一个显然的矛盾：既然交里庙会是祭祀（或纪念）三嵕之神后羿的，而不是祭祀庆都或帝尧的，那么，所谓二月十二这个日子就应该与后羿有关，而不是与庆都或帝尧有关。但是请读者注意，许多关于近现代的大人物的传说，也往往是矛盾的，何况远古的历史和神话的民间传说，更是交互缠夹，难于还原其"真实"或"实在"的确切细节。我们只能从文化史的角度给予文化史进程的说明，至于具体事件的具体细节，那是永远也说不清楚的。换言之，我们的任务只能给予"文化史真实"的说明，而不可能还原远古史人物事件细节的真实。何况还有漫长历史发展过程中，每一个历史时期都有属于其历史时期独特的需要解决的问题，各个历史时期所需要解决的问题不同，改变传说内容的做法，就可能随时发生，流传至今，也就难于"说个明白"。即如交里庙会与庆都、帝尧、后羿的关系，我们只能说，那是一个关于远古婚姻与重要历史人物出生的传说，这是毫无疑义的事实，庆都生帝尧或者生后羿的文化内涵也是"事实"，至于帝尧与后羿的关系，传世文献中的记载已经含混不清。民间的传说自有民间选择的理由，那当是另外一个研究领域的话题了。

需要补充的是，上文已言及：弓箭，尤其是箭，在古代是男性的象征，后羿是射箭最杰出的武官，他本人以及他所持有的"弓箭"，可谓当得起"男人"（东北所谓"纯爷们"）的典型代表和象征。当生育问题提到人们最高的生命价值之后，尤其是在"男祖（且）"崇拜（男人主宰地位确定）之后，在儒家大力宣扬"无后为大"之后，后羿及其弓箭隐喻的内涵及其地位也就大大提高，甚至远远超过其射日的功劳——射日只是解决一时的困难，而人类更需要时时面对的却是更为长久而重大的类族繁衍的大事。这大约就是交里村庙会祭祀后羿的活动备受重视、地位极高的理由——民间

二、关于尧母庆都生帝尧传说及其文化阐释

131

活动更关心的不是政治，而是家庭、家族生命的延续。我在长子县生活十年，一直奇怪，为什么长子人无论男女老少（即使是在校的学生，这当然是四十多年前的情形），只要一开口说话，十之八九以一个令文明人感到羞耻的那个词开头，即以男根的俗语称谓"鸟挫"开始（音 diǎocūo，"挫"字不知写作何字合适，也不知其义，可能是个无意义的词尾），似乎不先说这个词就不能开口说话。如今总算找到根源了，原来如此！如果我们同意周予同先生的见解，儒家的核心价值观是提倡生殖文化，那么，长子人就应该是儒家提倡生殖文化最忠实的保留者[100]！

这也就是交里村庙会何以对后羿的祭祀和崇拜远远超过对帝尧崇拜的根本原因——只要你能够给我一个"大胖小子"，我就把你作为第一崇拜的对象！

假如我们更大胆一些，撇开历代儒家（后儒）编制的远古帝王谱系（其实在尧以前还处于母系氏族社会的情形时，不可能有什么如后代帝王那种宫室和嫔妃之制），独立地分析这些民间传说，从有关庆都的恋爱到帝尧出生，以至于假设交里村那位"赤龙"就是后羿，那么，他的红脸形象，也就更好解释，假如后羿就是庆都的对象，那么，帝尧也就是后羿与庆都的儿子。只是因为那是一个还处于母系氏族社会到父系氏族社会转折时期的事情，不好公开后羿的身份，帝尧也就不知道他与后羿的关系。然而当时乃至后来的相当长的时期内，两个村子的人们一定知晓庆都的所爱就在交里村，而交里村与东常村的翁婿亦即甥舅关系也就保留下来，直到如今。

当然，这里还有一个非常荒唐的问题：既然帝尧只知其母，不知其父，怎么又说是羿呢？这不是胡编乱造吗？我以为，这种荒唐的逻辑完全出于

100.顺便要说一下，我也曾长久地疑惑于"也"字的使用。在古代书面抑或口语里，"也"是作为一句话的结尾的语助词使用的，但是其原始的本义却是"女阴"（见《说文解字》）。为什么要用这个词作一句话结尾的标志呢？只有参照长子话的这种现象，才能得以解决，那就是女性崇拜的余绪，其作用大约也是令人时刻不忘其女祖也。其实长子人的口头语中，对应于男根的不离其口，对女阴的俗称，也是同样经常出现在口语中的，只不过往往是在骂人和不高兴的时候使用。

儒家思想的流毒，亦即父权制社会思想的必然逻辑——人们在父权制社会中生活，已经习惯于用父系氏族社会的逻辑去理解和阐释母权制社会的事情，比如有母必有父，一个没有父亲的人，就是"私生子"，那是一种耻辱，怎么会成为一个伟大的人物？既然主流思想要求帝尧有父亲，那么，民间传闻也一定要给他找到一个父亲，这就是历史传说和神话传递中必然要经历的过程。看看孔子改变了多少神话传说，就知道民间传说有多么的混乱了。

如此看来，原来人们这个假设可以把交里村与东常村来自远古的民间习俗解释得顺顺当当，但是当我们透过历史的真实发展历程，看到了可能发生的与主观愿望相去甚远的情形，我们就不能说此处的假设能够成立，因为这毕竟与传统文献记载相去太远，虽然与儒家思想发展的历史事实更为切近。再说一句，儒家是篡改中国历史尤其是历史传说和神话传说最多的一个学说流派，而历史事件在民间的流传过程中，也必然受到某种思想的干扰，从而改变了历史的真实面目。由此看来，我们识别一个历史传说的真伪，一定要把这个"历史事件"置于某个特定的历史条件下去考察，才能看清其有没有发生该事件的可能；正如判断某种动植物能否存在于某个地区，就要首先考察这个生物的生长条件，如果那个地区不具备那些生存条件，就可以判断那种生物不可能在那个地区存在。这是治中国史的学者应该特别小心和警惕的问题——我们被儒家思想淘洗了两千多年，我们的思维方式很容易被儒家思想"套路"。如今可以肯定地说，帝尧是东亚族群发展的一个划时代的标志，他兼有母权制和父权制两种文化的特征，有关他的传说也就可能具备两种文化的特色，这就使得我们的研究工作陷入两难的状态。但是只要小心谨慎地对待，还是能够在纷繁复杂的头绪中分辨出真真假假。

三、尧的出生地、发祥地和兴旺之地考

以上我们为考论帝尧的出生地这个中心问题做了相关历史背景的考察，梳理了有关古代传世典籍的记载的各种"可能性"，充分注意到材料的真伪问题；也调查了民间传闻，分析清理了民间传说的真伪。其中也提出了"辨伪"的原则问题。有了这个前提，我们要考论的问题也就能够比较顺利的进行。

1. 帝尧生于长子丹陵

从前面所引传世的古代文献中，我们看见，古人不断地重复着这样一个观念：帝尧出生于丹陵，封于陶，再封于唐。关键是丹陵在何处？

前文关于丹朱封于长子、帝尧之母在长子常羊的重要活动两个问题的讨论中，关于帝尧出生于长子县的丹朱岭，即古人公认的丹陵，而丹陵亦即《山海经》所说的丹林，我们已经做过辨析，这里不必赘论。

需要说明的是，人类历史已经一再证明，任何社会群体的强大，经济永远是第一位的因素。没有上好的地理环境，没有发达的农业生产，很难想象一个社会群体能够强大并吸引和统一众多的部族。在古代，一个部族的强大和繁荣，更需要自然环境的优越。从自然地理环境的多样性、日照时间的长短、温度和湿度的高低以及生态的丰富性上讲，地处河北中部的中山唐县，与山西晋南、晋东南地区显然是不能相比的——唐县给人类生产的便利与生存的稳定性，显然远不如晋南和晋东南地区。更有一点不可忽视,在自然资源中,食盐是人类生活不可或缺的重要物资,而晋南运城地区的盐池所产食盐,无疑给那里的部族提供了更为有利的生活条件。正是具备了优越的自然环境,也就具备了强大的吸引力,使这一地区成为传说中的帝尧创业的雄厚基础,使帝尧造就了中国黄河流域各部族的第一次大统一、大稳定、大繁荣的时代。

地下考古亦证明,新石器时代最繁荣的地区,就在河东地区,且民间关于尧舜禹的传说材料更多更集中。下面我们梳理一下关于帝尧出生地的各种说法——除了丹陵以外的种种传说。

关于帝尧生于河北北部的"永平"之说,始见于《畿辅通志》卷一百七所载元代人郝经的《唐帝庙碑》,前此无说。郝经说:"永平,(尧)帝之所生,故有庙焉。而今则弗存。"不知道他的这一说法从何而来——历来古籍所载一致认为唐是帝尧的"再封"之地,或者说是帝尧后裔所封之地,从无言帝尧"生于唐"者;而历来古籍所载皆言帝尧生于"丹陵",对这些古人一致的意见郝氏均不涉及,更无所辨析。他还说:"按《地志》:伊祁山,尧母所居,葬于庆都,曰庆都陵,又曰望都山。望都,尧母之名也,故以名山。"历来说帝尧之母名"庆都",但郝氏却说庆都是尧母所葬之地,说尧母名"望都"。郝经为一代大儒,他的有关天下、国家的观念和思想,要远远超出宋儒之上;他对蒙元帝国的忠诚,较之苏武对西汉王朝的忠贞有过之而无不及;他不可能不知道历代有关帝尧和庆都的文献记载,他的这个说法与通常之说如此矛盾,置两千多年以来的"通说"于不顾,应该是有意为之的,显然与蒙元帝国的"统一天下"有关[101],即为蒙元帝国的入主中原张本。我们

101.郝经在《时务》一文中,开头即言:"尧舜邈矣而不可继也,三代旷矣而不可及也,二汉寂矣而不可见也。"然后,慨叹"故礼乐灭于秦,而中国亡于晋,已矣乎,吾民遂不沾三代、二汉之泽矣乎!"于是,他说:"虽然,天无必与,惟善是与;民无必从,惟德从之。中国而既亡矣,岂必中国之人而后善治哉?圣人有云:'狄而进于中国,则中国之。苟有善者,与之可也,从之可也,何有于中国、于夷?'故苻秦三十年而天下称治,元魏

不妨再复习一下有关古籍的记载：《竹书纪年》卷上云："帝尧陶唐氏，母曰庆都，生于斗维之野，常有黄云覆其上，及长，观于三河，常有龙随之。一旦龙负图而至，其文要曰：'亦受天佑，眉八彩，须发长七尺二寸，面锐上丰下，足履翼宿。'既而阴风四合，赤龙感之，孕十四月而生尧于丹陵，其状如图。及长，身长十尺，有圣德，封于唐。梦攀天而上。高辛氏衰，天下归之。"

《路史》卷二十、《历代纪事年表》卷一、《绎史》卷九等书皆采用此说。徐文靖《竹书统笺》卷二引许慎说尧母庆都"观于河"，那就更明确的是说观于黄河[102]。这一点我们前文已经说得很清楚了，但是郝经之前的众多说

数世而四海几平……"（《陵川文集》卷十九，292页，太原，山西人民出版社，2006年1月版）他在很多文章中都是这般赞美苻秦、元魏和金源的，那目的十分明白，就是要"天下"非"中国"，夷狄进入中国，就要中国化；而善于治理中国的人并非只有"中国人"。当然，他所谓的"中国"乃是"中原之国"，并非现在"中国"的概念。而所谓"善治"，就是效法尧舜、二汉。元帝国南下第一步占领的就是"幽州"，亦即河北地区，在那里他碰到了关于重建帝尧庙的事情，他的兴奋是可以想象的：不过是说蒙古大汗就是帝尧的后裔，是中国亡后最有资格继承帝尧事业的一代明君。

102.清·浦起龙《史通通释》卷五："《淮南·修务训》'尧眉八采'，高诱注：'尧母庆都，出观于河，有赤龙负图而至，奄然阴云，尧生，眉有八采之色。'"清·倪涛《六艺之一录》卷三十五："……本《春秋合成图》，谓庆都生于斗维之野，常在三河东南，天大雷电，则血流润大石之中，生庆都，为黄云覆盖，蔑食不饥。许慎尝为之论曰：'尧亲庆都，盖天帝之女，寄伊长孺家，年二十九，无夫，出观于河，有赤龙负图而至，曰：赤龙受天之图，有人赤衣、光面八采、鬓髯长赤，命帝起诚元宝。及生尧，视如图。故眉有八采之色。'"文中所引许慎之说，明·顾起元《说略》卷七已引，文与此同。但顾氏却认为这是汉人"尚谶纬"的附会之说，且言尧既为帝喾之子，怎么能说尧母庆都到二十九岁无夫而生尧呢？（"尧为帝喾子，岂为无父"）进而认为是汉人为了确认刘邦作为帝王的神圣或神异之地位，编造了这番神话——刘邦亦为赤帝之子，为尧之后代。我们认为，尧作为父系氏族社会阶段的首领，还残留母系氏族社会的习俗，"无夫生子"是完全可能的，因而无父之说，也就不为奇怪。当然，所谓与龙交合而生尧的传说，可能参揉了汉人谶纬之说的虚拟和想象，但也不能排除那是古老传说的遗留，正好为汉人的谶纬之说所利用。这一点可以用司马迁作《史记·高祖本纪》来证实："高祖……父曰太公，母曰刘媪。其先，刘媪尝息大泽之陂，梦与神遇。是时雷电晦暝，太公往视，则见蛟龙于其上。已而有身，遂产高祖。"这与古史关于远古帝王降生包括尧母生尧的传说毫无二致（详下文）。而谶纬之说盛于西汉晚期和东汉，司马迁时尚无所谓"谶纬之说"。这就证明尧时还有母

法无论如何"怪异",毕竟还是把庆都和帝尧的出生地、活动地认定在地理环境可能发生的地方,即"斗维之野"的"三河东南"或者"河南",离真实的帝尧的出生地并不遥远,总还有一定的可信度。

当然,郝经文中所言"庆都陵""望都山"等山名,也并非郝经所编造,他所采用的传说也定然来自民间的古老传闻(见前47条注)。但《畿辅通志》那条记载说得很清楚,那座"望都山"一名"豆山",又曰"头山",我以为,这两个"又名"才有可能是真正原来的即原始的山名,而所谓"庆都陵""庆都山",则应该是因"豆""头"与"都"的谐音,而为好事的文人所改。

从前面我们对大禹关于丹朱的评价中,可以相信古人的一个说法,即唐县可能是帝尧"后裔所封",这个说法很谨慎,并没说那个"后裔"是谁,可能是丹朱,也可能是丹朱其兄弟中的一个,还可能是丹朱或其兄弟的后人。但并没有因为那里有丹朱墓等有关于丹朱的传说,就说是丹朱的封地。最大的可能是丹朱或丹朱的后人(族人)定居之处,时间也可能就在大禹诛灭丹朱的时期。那一支丹朱的后人到了唐县,为了稳定的生存,打出帝尧的旗号,建立庆都庙和尧庙,同时也把种种关于庆都和帝尧的传说带到了那里。

"永平"之外还有汉代许慎的帝尧生于"濮州成阳"说。对于古人而言,虽然已经习惯了对"三河"的普遍理解,但是也有个别学者认为庆都的"观于三河",乃是"观于河",如这位东汉大学者许慎就是。他认为丹陵地在濮州成阳(在今山东济阴曹州交界处),许慎认定所谓"斗维之野"就在濮州成阳这一带。清·倪涛《六艺之一录》卷三十五载《灵台碑》,也认为是

系氏族社会风习的留存。关于男女"野合"问题,在汉初起码在司马迁的心目中,大约并不是什么见不得人的事情,而是一件神异甚至神圣之事,所以关于孔子母亲孕、生孔子,司马迁也毫无忌讳地书于《孔子世家》开头:"野合而生孔子。"至今山东、辽宁(其汉人多从山东迁移者)民间还流传这样一句话:"杂种出好汉。"司马贞《索引》曰:"按:高祖刘累之后。"而刘累则是丹朱之后(见前文所引),则高祖也就正是尧的后代。至于许慎之论,或出于高诱之注和谶纬之书。

尧母庆都之冢，其地又有尧陵。但那里从来就没有所谓叫作"丹""丹陵"的地名。所以许氏之说并不可信。最大的可能是西周建国后封刘累之后封于鲁，刘累的后代又分散于山东各地，立尧祠以祀之。这种情况与上面所说的河北唐县，传说为帝尧的出生地或丹朱的封地之混乱，其由来应是一致的。尧的诸子封于各地，随着他们所封之地的转移，而把"唐"这个地名带到了各地，并皆立尧庙以祭祀祖先。正如东晋南迁，把北方地名带到南方一样，这种情形在商周以前的上古时期尤为突出[103]。

总之，帝尧生于"丹陵"之说，我们并不因为这是古代所有关于帝尧出生地的通常一致的说法，就认为这是唯一真实可靠的，需要的是有力的证据和符合历史发展的逻辑的考论。其中的关键是要说清楚"丹陵"在什么地方。这一点，前文关于丹朱的初封之地与尧母庆都的生地、活动地两部分的论述，想来已经说得够明白了。

下面我们通过对帝尧兴旺之地的考察，对几种关于帝尧和丹朱在山西的几处所谓"封地"，略作辨析。这有助于对帝尧的出生地之谜的理解。

103.古者迁移带走地名的情形，阎若璩《尚书古文疏证》卷六下有一段关于春秋时齐国都城迁移的论述，亦可资证："按蔡传莱、夷，引颜师古曰：莱山之夷，齐有莱侯，莱人即今莱州之地。余因悟《齐世家》'封太公于营邱，营邱边莱，莱侯与之争营邱。莱人，夷也。'则当在今昌乐县东南五十里营邱城。《班志》：'北海郡营陵县下。'应劭注'师尚父所封'，是也。至临淄县西北二里，有营邱城，齐献公所徙。《班志》齐郡临淄县下自注'师尚父所封'，非也。盖地本临淄，亦复谓之营邱者，犹晋迁于新田，而仍谓之绛，楚迁于鄀，而仍谓之郢。班氏又言，临甾名营邱，终属认为一地，亦非。献公先一世胡公，都薄姑，薄姑在今博兴县东南。《括地志》云，青州博昌县东北六十里，则县治徙矣。窃以言齐三都者取征于此。"

《山西通志卷》五十七古迹一："翼城县。唐城，南十五里，唐城村，丹朱所封都也。九门城，尧台，《元丰九域志》：'翼之堂阳有九门城、尧台、姚墟。'朱子《纲目》：舜生于姚墟，因以为氏。在北门外水清镇。晋城故城村，叔虞肇封地，子燮更号晋，即晋故都也。址存。元绛州守宋克笃诗：'分星谁辨是参墟，表里山河古晋都。'"所谓翼城的"丹朱封地"，无疑是丹朱徙封之地而非丹朱的始封之地，或丹朱后代徙封之地，而古晋城的遗址又说明太原的唐叔虞封地的晋，乃是后来迁移的地名。此乃最有说服力者。

2. 帝尧兴旺之地考

也许山西省内关于帝尧及其家族的传说太多了，所以《山西通志》的作者关于山西省内诸多以唐命名的地方的来历之说明，远比郝经谨慎。

《山西通志》卷五十七《古迹一》载："（翼城县）南十五里唐城村，丹朱所封都也。"这个结论当然来自《路史》所引的材料，接着又说："九门城、尧台，《元丰九域志》：'翼之堂阳有九门城、尧台、姚墟。'朱子《纲目》：'舜生于姚墟，因以为氏。'在北门外冰清镇。晋城故城村，叔虞肇封地，子燮更号晋，即晋故都也，址存。元绛州守宋克笃诗：'分星谁辨是参墟，表里山河古晋都。'"宋克笃感慨的正是被后人遗忘了的这个深藏在翼城县偏远的小村子，原来就是历史上有名的叔虞所封之地——唐，后来改为晋的那个地方。如果不是其来有自，一个不起眼的小山村何以要编造这样一个远古的故事？有唐城，有尧台，有姚墟，有晋都。最令宋克笃相信的是晋故都"址存"。我们以为这才是帝尧兴盛的具体地点——唐，全国范围内所有以唐命名的地方，这是有史以来的第一个，即古籍所载帝尧发达后"再封于唐"的那个唐。后来丹朱曾经封于此地，或者曾在这里临时住过，"以奉尧嗣"。但其地无所谓与"丹"有联系的地名，可以肯定的是，那里绝非帝尧的出生地和丹朱的始封之地。

《大清一统志》卷一百《平阳府·古迹》："唐尧城，在岳阳县东北八十里，相传尧时所筑，今有唐城堡。"从下面《寰宇记》所引《宗国都城记》所叙情形看，这个"尧城"或"唐城堡"，当是帝尧和丹朱的后代刘累的孙子的封地，因为他是帝尧的子孙，所以命名为"唐"，绝非帝尧的再封之地的那个唐。至于何以封到那里，应该是帝尧曾经的驻扎地，或者即临时居住的地方。但古代学者叙述还是比较谨慎，只说"相传"，而不说"就是"，而且只说"相传尧时所筑"，而不说"尧所筑"。

同卷又说到"唐城，在翼城县南。"原注曰："《括地志》：'在县西二十里，尧裔子所封。'《寰宇记》引《（宗国）都城记》云：'夏后孔甲时，有刘累者，夏后赐氏曰御龙，封其孙于此。至周武王时，唐作乱，成王灭之而

封其弟太叔虞，更迁唐之子孙于杜。'然则唐是叔虞初封之处。按顾炎武《日知录》：'《左传》昭公元年，迁实沈于大夏。定公四年，命以唐诰而封于夏墟。'服虔曰：'大夏在汾、浍之间。'杜氏则以为太原晋阳县。按晋之始见《春秋》，其都在翼北，距晋阳七百余里，远不相及。又《史记·晋世家》曰：'成王封叔虞于唐，唐在河汾之东，方百里。'翼城正在二水之东，而晋阳在汾水之西，又不相合。窃疑唐叔之封以至侯缗之灭，并在于翼。《史记》屡言'凿龙门'、'通大夏'，所谓大夏者，在今晋、绛、吉、隰之间，当以服氏之说为信。《县志》：'唐城坊，在今县西北隅。'晋城，在翼城县东南十五里，今名故城村。"这里作者辨之甚详。按照《宗国都城记》的考察，翼城县的唐城是刘累亦即丹朱的孙子那一辈人的孙子的封地，与帝尧和丹朱都无关系，到周武王时，因叛乱而被武王所灭，将唐姓即刘累之后迁移到了杜，也就是汉唐两代长安的郊区。

又《大清一统志》卷一百一："阳晋城，在虞乡县西。《史记·魏世家》：'哀王十六年，秦拔我阳晋。'《正义》云：'阳晋，当作晋阳。'《括地志》：'晋阳故城今名晋城，在蒲州虞乡县西三十五里。'胡三省《通鉴注》：'晋阳，《史记》作阳晋，其地当在蒲坂之东、风陵之西，大河之阳。且本晋地，故谓之阳晋。'"

上面这两条材料说明，所谓"唐""尧"之地，遍布天下各地，在山西晋南地区尤多，但其初始所在，从《春秋》《左传》到《史记》所载，周成王封其弟叔虞于"唐"，后为晋国，都在翼城。"唐""晋"相连，也只能在翼城。那么，其余以"唐""晋"命名之地，也只能是帝尧在翼城居住之后，随着帝尧以及帝尧后代足迹所至而命名的，或者简直就是叔虞后代扩大领地之后命名的。

明乎此，则帝尧的出生地长子县丹陵、翼城县唐城和平阳尧都这三者之间的先后关系，应该很明确了。

我们一再强调帝尧封丹朱之地，一定是他的出生之地，而帝尧的出生地一向以为是丹陵，他的兴旺之地也可能让他的儿子丹朱去考察或巡视。

帝尧不可能把他不放心的大儿子丹朱安置到一个对他、对丹朱都非常生疏的地方，那样无论对丹朱还是对整个"天下"（部落联盟）都是不利的。这不但是我们的论证逻辑，也是古代多数学者认同的，是从我们的民族性格和思维方式出发的必然逻辑。

说翼城的"唐"是帝尧的兴旺之地，是因为以翼城县为中心的平阳地区，即古以"唐"命名的这个地区，本因这里有唐水、唐城。按《史记·晋世家》的说法，唐正是这里，而不是晋阳[104]。而且这一带关于帝尧和丹朱

三、尧的出生地、发祥地和兴旺之地考

---

104. 关于"唐"最初是在晋阳，还是在临汾，是从汉代起就有争论的。其中涉及两个问题：一是唐为平阳不可怀疑，而太原晋阳称为唐也不可怀疑，这两者孰先孰后？二是叔虞封于唐是不可怀疑的，可是因何而又改为晋？下面这些材料可以看出古人的不同意见和猜想。

郑玄与臣瓒、应劭的意见就不相同。郑玄《毛诗谱》："唐者，帝尧旧都之地，今曰太原晋阳是。尧始居此，后乃迁河东平阳。成王封母弟叔虞于尧之故墟，曰唐侯。南有晋水，至子燮，改为晋侯。"孔颖达疏曰："成王封母弟于尧之故墟也，地名晋阳是也。南有晋水。《地理志》云：唐有晋水，叔虞子燮为晋侯。是燮以晋水改为晋侯。盖时王命使改之也。皇甫谧云：尧始封于唐，今中山唐县是也。后徙晋阳。及为天子，都平阳。于《诗》为唐国。则唐国为平阳也。《汉书音义》臣瓒案：'唐，今河东永安是也。去晋四百里。'又云：'尧居唐，东于虒十里。'应劭曰：'顺帝改虒曰永安。'则瓒以唐国为永安。此二说《诗》之唐国不在晋阳，燮何须改为晋侯？明唐正晋阳是也。"其中也提到晋皇甫谧以为唐为河北唐县的观点。孔颖达问得好："唐国不在晋阳，燮何须改为晋侯？"古人没有回答，现在可以明确地回答了：就因为平阳地区有晋水，而且还是两条！

宋·王应麟《诗地理考》卷二引曹氏曰："意唐叔受封之始，实在永安，至子燮徙居晋水之阳，后人遂以晋阳为唐之故国欤？"曹氏的推测是对的，但也因他没有找到改为晋的根据，不知道在平阳有晋水这个事实，也就只能是一种推测，当然不能引起学术界的注意。现在我们应当说，"子燮徙居晋水之阳"的那条晋水，是因为子燮迁移到这里以后，为怀念故地而把那条河命名为晋水的。同书同页引《括地志》："故唐城在并州晋阳县北二里"，自注曰："尧筑也。"又引徐才《宗国都城记》（原文为"国都城记"据《史记·五帝本纪》正义补"徐才宗"三字）："燮父徙居晋水傍，唐城即燮父初徙之处。"。以理推之，修建晋水旁唐城的人，可能是子燮，是为了纪念他这一支周王室所封之地；也可能是刘累之后人，而刘累则是丹朱的后代，他或他们修建唐城则是为了纪念他们的祖先帝尧。从下面的材料可以看出，命名晋阳为唐的是刘累之后，改唐为晋的是子燮。

雍正版《山西通志》卷一百七十六："《两汉书》注、《帝王世纪》及《左传》杜注、《通典》等书皆谓晋阳为叔虞封地，且以晋水为证，后人遂沿而不核。按《史记·晋世家》'唐在河汾之东，方百里。'于今翼城为近。"《通志》的这个说法之所以仍然没有引起古

的传说也比较集中:(下引材料见《山西通志》卷五十七、五十八、五十九不再一一注出)

平阳府临汾县有"双阕",传说许由欲观尧之意于双阕之下;有"五府"(杜佑云"唐虞祀五帝于五府"),有"贰宫"(副宫),一名贰室(副宫),《帝王世纪》所谓"帝(尧)见舜,处之贰宫",又曰:"尧以二女妻舜,为筑宫室,封之虞。"有"康衢",《列子》言:"尧理天下五十年,不知天下理与乱,乃微服游于康衢。"有"伊村",在县南十里,以帝尧姓伊祁,相传有茅茨土阶遗址。又城北三里,相传席老(师)击壤处。又城东礼城,相传尧妻舜二女地。有"蓂荚亭",在城西南十里伊村里(尧时蓂荚生于庭,旧志"内有帝尧古像",里人悬阁上祀之)。有"尧井",在尧庙殿前,相传尧建都时所凿。有"演

代学术界的重视,就因为他没有指出平阳地区的晋水。

宋·王应麟《诗地理考》卷二:"《诸侯谱》云:'晋穆侯迁都于绛,孝侯改绛为翼。'"注云:"故翼城一名故绛,在绛州翼城县东南十五里。《左传》注:'翼,晋旧都,在绛邑县东。'"这条材料非常重要,翼城本是绛城,而翼城就有两条河,一为晋水,一为唐水。还有故唐城的遗址。所以,元人宋克笃才认为翼城才是真正的叔虞封地唐,也就是尧的兴旺之地唐。从而也可以说明子燮改唐为晋的最后根据,说明春秋时的晋国为什么把首都一直设在绛。

按:《史记·晋世家》于"唐在河汾之东,方百里"之下,《正义》引《括地志》云:"故唐城在绛州翼城县西二十里,即尧裔子所封。《春秋》云夏孔甲时,有尧苗裔刘累者,以豢龙事孔甲,夏后嘉之,赐氏御龙,以更豕韦之后。龙一雌死,潜醢之以食夏后;既而使求之,惧而迁于鲁县。夏后盖别封刘累之孙于大夏之墟为侯。至周成王时,唐人作乱,成王灭之,而封太叔,更迁唐人子孙于杜,谓之杜伯,即范匄所云'在周为唐杜氏'。按:鲁县,汝州鲁山县是。今随州枣阳县东南一百五十里上唐乡故城即是。后子孙徙于唐。"(引《史记》文俱依中华书局校点本1636页改补)。其中之所谓"大夏之墟",实即太原之别称也。

阎若璩《尚书古文疏证》卷七:"按杜氏《释例》云:'晋、大卤、大原、大夏、参虚、晋阳一地而六名。'余谓尚不止此。昭元年曰'唐',定四年曰'夏虚',《晋语》曰'实沈之虚'襄二十四年曰'陶唐',杜注:'尧所治地,大原晋阳县。'《世本》曰'鄂',宋忠曰:'鄂地,今在大夏。'《诗谱》曰'尧墟',康成曰:'成王封母弟叔虞于尧之故墟,曰唐侯。'又六名皆是也。"就是说,晋、大卤、大原、大夏、参虚、晋阳和唐、夏虚、实沈之虚、陶唐、鄂、尧墟这十二个地名其实都指之太原。但从张守节《正义》所引《括地志》的材料看,晋阳之所以称为唐,并不是因为尧曾经在此建都,而是"夏后别封刘累之孙于大夏之墟"。而刘累所封之鲁,也不是山东之鲁,却是河南、湖北交界处的随州。

马场",在伊村南,相传丹朱演马于此。

这些传说只能证明平阳是帝尧建都之处,而不是最初的兴旺之地——唐。

岳阳县有"唐尧城",在县东八十里,世传尧筑,址存。有"羊獬故墟",南二十五里,相传尧时神羊产此。有"皋陶里",南十三里皋陶村,有冢存。

这个传说也应该是帝尧统一众多部落的时候,即所谓"尧理天下"的情形,并且也不是他晚年传位于舜之时——神羊獬豸是神兽,可以辨别是非善恶,帮助法官判狱。这传说正与皋陶有关[105]。这也正是帝尧建都于平阳之后的事情。因为众多的部落联盟,没有统一的规范,那就没法整齐步调。礼法的作用正是用公平的客观标准来要求每一个人,避免了以帝王个人情感处理问题的嫌疑,免除了帝王个人的许多麻烦。平阳应该是皋陶设置礼法以治理国家这一传说的起源地。既然是"理天下"之时,也就是说,此地决非尧的初始封唐之地。因为帝尧封于唐时,离他统一"天下"还远着呢!

《山西通志》卷十八载:襄陵县有"巢溪",在县东南三十里,一名洗耳河,一名颍水[106],相传巢父洗耳处。有"丹朱泉",在县西南十里景村,相传丹朱插剑得泉。有"娥英泉",在县西南十里薛村里,东入汾。相传娥皇、女英游此。有"平水",在县西北十五里平山下,一名晋水[107]。并且还有一

---

105. 汉·王充《论衡》卷十七《是应篇》:"儒者说云:觟䚦者,一角之羊也。性知有罪,皋陶治狱,其罪疑者,令羊触之。有罪则触,无罪不触。斯盖天生一角圣兽,助狱为验。故皋陶敬羊,起坐事之。此则神奇瑞应之类也。"宋·聂崇义《三礼图集注》卷三:"《唐志》云:法冠一名獬豸冠,以铁为柱,上施珠二枚。或曰:獬豸,神羊,取判曲直。楚王获之,故法以为冠,秦灭楚,以其君服赐执法者,侍御史、廷尉、正监平皆服之。"宋·魏了翁《春秋左传要义》卷二十六:"古有獬豸兽,触不直者。故执宪以其形用为冠,令触人也。"清·惠士奇《礼说》卷十二:"或曰:獬豸,神羊。古者,决狱命触不直。"这大约是古代一种判案的方式,但从《尚书》所记载的情况看,皋陶时至少已经是帝尧的兴盛期。

106. 这个颍水疑即河南颍水之由来:许由洗耳,与巢父到上游饮牛的故事当发生在这一带,盖后来许由或巢父的后人南迁,将水名带到了河南。颍字亦从水为颍。

107. 按《山海经·北次二经》:"又北五十里曰悬瓮之山……晋水出焉,东流,注于汾水。"这个晋水应该是平阳晋水(而且翼城还有一条河也叫晋水)的再现名,即下文我

条河亦名"晋水"在县城屏霍门外,源出姑射山,东流入于汾河。有"九箕山",在县东十三里,东北接霍山之麓,高二里,盘踞三十里有奇,南北袤十里,东西广二十五里,状类箕,南向者九,故名。相传许由居此,下有"洗耳泉""弃瓢池"遗址。有"英山",在县西二十五里圈头村,西望娄山,南连天石,上有娥皇、女英祠,故山以英名。尧让许由,而许由洗耳。

　　无论怎么说,这里正是帝尧"理天下"的鼎盛时期,或者是帝尧晚年时期。有两件事足以证明这个推断。一为"让天下于许由",是帝尧理天下的鼎盛时期。此件事的原始盖出于《庄子·逍遥游篇》:"尧让天下于许由,曰:'日月出矣而爝火不息,其于光也不亦难乎?时雨降矣而犹浸灌,其于泽也不亦劳乎?夫子立而天下治,而我犹尸之,吾自视缺然,请致天下。'许由曰:'子治天下,天下既已治也,而我犹代子,吾将为名乎?名者,实之宾也。吾将为宾乎?鹪鹩巢于深林,不过一枝,偃鼠饮河,不过满腹。

们将要论到的尧从平阳北上,将平阳的晋水之名加到这里从悬瓮山发源的这条河。于是,晋之作为地名就从今晋南地区和晋东南地区扩展为整个山西的总称。我们还可以提出一个更为直接的证据,即春秋时的晋国,它的首都本来一直在绛县和新绛,并不是后来的晋阳和今之太原,何以称为晋?如果晋本来是晋阳或太原,离晋的起家之地不是太远了点吗?司马迁在《晋世家》中的意见我们没有理由改变。

《山西通志》卷四:"(临晋县)汉河东郡解县地。按汉置临晋县……应劭曰:'临晋水,故曰临晋。'臣瓒曰:'晋水在河之间,此县在河之西,不得云临晋水也。旧说曰秦筑高垒以临晋国,故曰临晋。'师古曰:'瓒说是也。'"其实应劭的说法是有道理的。臣瓒说的晋水与应劭说的晋水不是一回事。解之晋水正是平阳之晋水也。这条河在唐代还称为晋水。《山西通志》卷三十:"《唐志》临汾东北十里有高梁堰,武德中引高梁水溉田,入百金泊,贞观三年为水所坏;永徽中,刺史李宽自夏柴堰引滮水溉田,令陶善鼎复治百金泊,亦引滮水溉田;干封二年堰坏,乃西引晋水、涝水,即乌岭下黑水、滮水,即龙角山水,胥至高梁入汾。县志:涝河,唐尝引入百金泊溉田,是合滮、涝为一也。而临汾涝水,源复出帝尧陵山麓,当即唐干封二年所引之晋水耳。"《太平寰宇记》卷四十三:"河东道四、晋州,襄陵县,(州)东南二十六里,五乡,今六乡。本汉旧县也,属(河)东郡。魏正始八年,分河东、汾,北置平阳郡,以襄阳属焉。后以此地擒赫连昌,遂于白马城置擒昌县。高齐天保七年省,周平齐,自临汾县东北二十里白马故城移擒昌于今县焉。亦属平阳。隋初罢郡,置晋州。大业二年,改为襄阳县,以赵襄子、晋襄公俱陵于是邑,因以名县……黑山在县东四十四里,一名牛首,今名乌岭山,黑水出焉,亦名涝水。发源西流,入临汾县界。"

归休乎君,予无所用天下为!庖人虽不治庖,尸祝不越樽俎而代之矣。'"从许由的对话看,应该是帝尧统治已经达到兴旺的时期。而且,有关许由的传说,也不光在临汾地区,郭象注曰:"许由,隐人也,隐于箕山。颍川,阳城槐里人,字仲武。"郭象以为许由是河南颍川人。二为娥皇、女英的故事,这也是帝尧晚年时期发生的事情。

所谓"娥皇、女英祠,故山以英名",假如娥皇、女英还没有嫁给帝舜,不可能把两人放在一起祭祀,即便是姊妹。既然是二人同在一座庙里,同时被礼祭祀,不正显现着帝尧把自己的两个女儿娥皇、女英嫁给舜的事实吗?而帝尧把两个女儿嫁给舜,正是其晚年要禅与舜,为了考察舜的德行,才这么做的,这就是《尚书·尧典》那段话:"帝曰:'咨!四岳,朕在位七十载,汝能庸命,巽朕位?'岳曰:'否德忝帝位。'曰:'明明扬侧陋。'师锡帝曰:'有鳏在下,曰虞舜。'帝曰:'俞!予闻,如何?'岳曰:'瞽子,父顽,母嚚,象傲,克谐以孝,烝烝乂,不格奸。'帝曰:'我其试哉!女于时,观厥刑于二女。'厘降二女于妫汭,嫔于虞。"这也恰好能证明那里也不是丹朱始封之时与地;更为重要的是这里也无世传的与"丹"有联系的地名。

还有一个地名叫浮山,似乎也与帝尧有关系。

浮山县有"尧山",在县东八里,即中条之西麓,上有帝尧祠。有北天坛山,在县东北二十里,一名"北尧山",与"南尧(山)"胥有尧庙,亦中条之别支也。有浮山,在县西四十里,一名卧虎山,属临汾。《金志》:"襄陵有浮山,汾水、滴水。"盖浮山本由襄陵析也。"相传洪水时,山随水消长,故名。"有"丹朱墓",亦传说为丹朱的封地。宋·潘自牧《记纂渊海》卷二十三:"神山,本汉河东郡,唐武德中始析置浮山县,寻改神山县。"有"丹朱邑",所谓"故郭城",在县西南十里故县村,三面险绝,惟东面平坦。旧志"神山县故郭城"是也。《北魏志》(即《魏书·地形志》)擒昌县有郭城,当即此。一名丹朱邑。这个传说与尧时洪水有关,《尚书·尧典》载:"汤汤洪水方割,荡荡怀山襄陵。"由于四岳的推荐,帝尧命鲧治理洪水,但结果是:

"九载,绩用弗成。"(经过九年的努力,鲧治水没有取得成效)后来帝舜命大禹继续完成了治理洪水的任务,可见,命鲧治水当在帝尧晚年,也许正因为这件事没有成功,帝尧才觉得自己老而无用了,于是想到了接班人的问题。但这里没有陶,也没有唐,更没有以"丹"命名的山水村镇。所传丹朱的封地或丹朱墓地,当是丹朱后代所封殖也。

又有霍州似乎也与帝尧有关。

霍州有"陶唐谷",在州东三十里。《汉书》瓒注:"永安唐城,尧所都也。东去垝十里,避暑。""臣瓒"的这个说法被《山西通志》的编者认为"语殊近俚"(卷十八),大约是说帝尧"避暑"的荒诞。但我们不能因为其中一句话"近俚",就否定其全部的真实性。古代学者和我们今天所论述的问题,本质上就是根据俚俗所传的种种说法来判断民间传说的真伪,所以,这里的陶唐谷应看作是尧祭祀霍太山即古人当作"中镇"太岳山的地方,或者是帝尧曾经查看过的地方,而不是帝尧兴盛之地。臣瓒之所以认为永安的唐城为尧都,也因为这里与翼城相去不远,属于唐的地区。所谓"尧所都",或者帝尧曾经临时在那里建立"办公"的地方——我相信,帝尧建都之处在山西南部不可能一次性一劳永逸地定在平阳,在最后定都平阳之前,中间很可能有多次选择建都之地。当然,远古所谓"都城",也不会像后世那么讲究。也许不过是以地区的角度讲的一个笼统的说法。或者是大规模迁移,在一个地方临时驻扎,或者到一处驻扎的时间较长,因而他走后,人们把它临时驻扎地叫作"尧城"或"尧都",这些情况都是可能的。况且既然成为"尧都"或"尧都城",那就肯定不是初期活动地区,而是做了帝王之后的居住地,至少是追随他的部族有了一定规模的时候。为了证实帝尧建都的地方,我们不妨再看一下"唐"所属的这几个县的疆域情况。

《山西通志》卷六《疆域一》载:"临汾县东西广一百四十里,南北袤五十三里。东至浮山县界韩村五十五里,少南至浮山县治八十里;西至吉州蒲县张村岔八十五里,少北至蒲县治一百五十里;南至襄陵县界下靳村二十八里；至曲沃县治一百二十里；北至洪洞县界天井村二十五里，少东至洪洞县治五十五里；东南到翼城县界一百五十里；西南到襄陵县治三十里，到吉州乡宁县治一百八十里，东北到岳阳县界一百二十里，西北到隰州汾西县界一百八十里。""浮山县在府东少南八十里，东西广一百里，南北袤八十里。东至泽州沁水县界贺家岭七十五里，少南至沁水县治一百二十里；西至临汾县界官雀村二十五里，少北至临汾县治八十里；南至翼城县界朱村四十里，翼城县治七十里；北至岳阳县界东池村四十里，岳阳县治一百里；东南到泽州阳城县二百里；西南到太平县一百三十里，东北到岳阳县界旧县村七十里。""翼城县在府东南一百二十里，东西广九十里，南北袤五十里。东至泽州府沁水县界关子门六十五里，沁水县治一百里；西至曲沃县界续村二十五里，少南至曲沃县治五十里；至太平县一百一十里，南至绛县界大交镇二十里；北至浮山县界南坂桥三十里，浮山县治七十里；东南到垣曲县界乐平村七十里，垣曲县治一百五十里；西南到绛县治七十里；少西到闻喜县界东郑镇一百里，闻喜县治一百四十里；东北到浮山县界卢村六十里；到岳阳县界茶房八十里，岳阳县治一百四十里；西北到太平县界门浅沟五十里，太平县治七十里。"

　　这里不厌其烦地抄引这些枯燥的材料，目的在于指出在这一地区内，无论以临汾为中心，还是以翼城为中心，与其周边各县相距最多二百里（与晋东南泽州阳城县的距离）[108]，互相的联系非常紧密。这就在地理环境上

108.清·胡渭《禹贡锥指》卷十一上于"厎柱析城至于王屋"下引孔颖达《正义》曰："《地理志》云：'析城在河东濩泽县西，王屋在河东垣县东北。'……濩泽今为山西泽州之阳城县，其故城在县西三十里。"以次计算，则春秋以前之阳城县治离平阳和翼城等晋南地区还要近三十里，只有一百七十里。

　　清·朱鹤龄《禹贡长笺》卷九："《汉地理志》'弱水……与张掖河合'，《雍大记》'张掖河，俗名黑河，北入亦集，乃海子，即古居延海。'"宋·林之奇《尚书全解》卷十："案《汉西域传》张骞所穷河源云：'河有两源，一出葱岭，一出于阗，于阗在南山下，其河北流，与葱岭河合，东注蒲昌海，一名盐泽，去玉门关三百余里。'"朱鹤龄《尚书埤传》卷六："若夫西北二房，有柏海、青海、蒲类海、蒲昌海、居延海、白亭海、鲜水海，皆并海立称，其实众水汇为大泽，非真海也。李吉甫辨北亭海，而曰河北得水便名海。斯说确也。"

形成了一个稳定的居住带：有山有水，有广阔的平原。

汾河、沁河作为人类生命依赖的天然资源，像血脉一样流贯其间，把这一地区紧密地联系在一起。而小范围内还有平水即晋水滋养着这一块丰饶的土地；且向东与晋东南的泽州、沁水相连；向南则与河南怀庆、温县直到洛阳地区，都有更大的发展余地。这是一个退可保守，进可拓展的较为安全的地区，尤其是离产食盐的运城更近，已故北京师范大学教授著名语言学家俞敏先生曾做过考论，从前黄帝与炎帝争"天下"，其最重要的理由就是因为"食盐"问题，因为那是人类生存的必需品。后世治国者，不断讨论"盐铁之利"，足见其关乎国计民生之要。我们今天当可以理解，不但帝尧把都城建在平阳，接下来的帝舜和帝禹也把都城设在平阳地区，于今想来，这应该是不能排除的一个十分重要的因素。

沁水与长子交界，汾水、平水即晋水、沁水属黄河水系，漳水在古代亦属黄河水系，今属海河水系。晋东南是一个天然的大盆地，北至沁县、武乡，有分水岭与太原地区划界。据《山海经》之《西次二经》《西次三经》多载山西境内之山川，其中有大泽数处：盐贩之泽、长泽、少泽、黄泽、印泽等等。明朱载堉撰《乐律全书》卷二十二附录《羊头山新记》曰："《周礼·职方氏》曰：'冀州，其川漳，其浸潞。'许氏《说文》水部曰：'潞，冀州浸也。上党有潞县。'"何谓"浸"？浸者，大水、湖泽也。《周礼·职方氏》："扬州……其浸五湖。"可证。泽州亦因濩泽而得名。上党盆地原为大泽无疑。这种大泽古亦称为"海"，至今在长治和襄垣之间有一乡名"渔泽"，阳城古称濩泽，都是远古大泽之名的遗留。炎帝神农氏之少女游于"东海"者，非今之东海也，乃是在这片大泽之中"游"（原作"女娃游于东海，溺而不返"，"游"不同于"游"，与《诗经·汉广》"汉有游女"之"游"同，盖亦与"阴礼"之"性隔离"有关，不然是解释不清楚的，参见前文关于尧母庆都传说的文化解读）。那时这里本是一片海一样的沼泽。这传说印证了一个事实，即这里原是最适合于农业生产的地域。那么，从炎帝神农氏再过几百年，尧在整个山西南部包括今晋东南和晋南这一地区继续发展生产，以至兴旺起来，吸引周边众多的部族归附，又最终组成强大的部落联盟，是完全合理的。在强盛之后，寻找更为广大的地区，只有两条出路，一是向晋南发展，一是向北方太原一带发展，从直观的角度讲，晋南既近，又有食盐之利、肥土沃壤，水源丰富，为什么舍弃最重要的食盐之利和在其它地方很难找到的平原、水利资源，而北去太原呢？从炎帝与黄帝争夺食盐之战的先例看，完全有理由说，帝尧当初乃是直奔运城地区而去的，但中途曾经在翼城那里有过一段停留期，然后才定都平阳的。

更可以资为证明的是，这一地区与传说中尧时的洪水有关。而洪水时期，也正是帝尧最为兴旺的时期。让我们重新温习一遍面对那场大洪水，帝尧是如何处理的：

《尚书·尧典篇》曰："帝（尧）曰：'咨！四岳。汤汤洪水方割，荡荡怀山襄陵，浩浩滔天。下民其咨，有能俾乂？'"[109]文中连续用了"汤汤""荡荡""浩浩"几个形容词，足见那场洪水之大。元·吴澄《书纂言》卷一："汤汤，水盛貌；洪，大也。孟子曰：'水逆行谓之洚水；洚水者，洪水也。'盖下流不泄，泛滥上涌而逆行也。割，害也。荡荡，广貌。怀，包其四傍也。襄，驾出其上也。大阜曰陵。浩浩，大貌。滔，漫也。极言其大势若漫天也。"[110]这是远古一场长达数年的大水患，起码有九年——在《尧典》中明确记载了关于帝尧与臣下讨论试命禹之父鲧治水的事，但鲧治水的成绩不佳，"九载，绩用弗成。"这场大水留给后世最深刻、最明显的记忆，就是在山西南部一带留下了一些与洪水有关的地名。请注意：《尚书》所载帝尧在决定彻底治理洪水的时候，他和"四岳"讨论这个问题。既然已经有了"四岳"，那就不是创业初期的光景了，已经是拥有所谓"天下"的时候了。而

109.江灏、钱宗武的译文：尧帝说："啊！四方诸侯之长！滔滔的洪水到处危害人们，水势奔腾，包围了山岭，淹上了山冈，浩浩荡荡，浊浪接天。臣民百姓都在叹息。有谁能使洪水得到治理吗？"

110. 吴澄文中所引《孟子》语见《孟子·告子篇》，详见下文。

其治水绝非简单地在一个有限的地方可办之事,这一伟大工程,牵涉到全国各个地区,牵涉到全国所有的人(部落),何况还有主角鲧和禹的事迹,那当是帝尧在位较晚的时期了。

《尚书》载,帝尧在位七十年,传位给舜。所以,治水时期当在帝尧在位六十年以后——鲧治水九年、大禹治水至少用了三年,所有这些事实,都说明,那次具有世界性的大洪水,应该在帝尧晚年。

《山西通志》卷十八载,洪洞县有"洪崖古洞。洪崖在县南一里,古洞在县北五里。县以洪洞镇名,镇以洞名。"《通志》作者的这个说法大约是对一种附会之辞的照录。因为洪洞县(或洪洞镇)南部土生徒长的人,历来就把自己的县(或镇)名读为"hóngtóng 县"(音"洪同"县),而不是读作"hóngdòng 县"(音"洪动"县)。若按《通志》作者之意,就得读作"洪动",岂不谬哉!这里再强调一次:本地人自己对自己家乡地名的读音真正标志着地名的意义及其由来。崖而曰"洪",洞不读音"动",而读音"同",不是标示着那场大洪水"荡荡怀山襄陵"的水势吗?可能有人会说,古传黄帝时有一洪崖先生[111],到尧时已三千岁了,且名"洪崖古洞",不就是说洪崖先生居住处吗?否。首先,关于洪崖先生的传说虽然与帝尧有点关系,也与许由、巢父有关,但其地在江西,与山西无关;其次,这个洪崖与古洞并不在一起,相距六里之遥,太不合逻辑[112]。

111.《新唐书》卷五十九《艺文志》有张说《洪崖先生传》一卷,《宋史》卷二百三《艺文》同,《通志》卷六十七有《洪崖先生传》一卷(张说撰),《洪崖先生别传》一卷。晋·皇甫谧《高士传·序》云:"洪崖先生创高道于上皇之代。"《江西通志》卷一百三:"洪崖先生得道,居西山洪崖。或曰即黄帝之臣伶伦也。尧时已三千岁。汉武帝时,有卫度世者,入华山寻父叔卿,见父绝壑中,与数人博戏。问为谁,曰洪崖先生与许由巢父也。"这个传说在江西,应与山西无关。

112.《山西通志》卷十八:"洪崖在南门外一里,东西广五十里。壁立百尺,涧水绕其麓,昕夕冲激。少徙而南。""古洞在县北五里北洞里。"

《山西通志》卷十八:"洪崖在南门外一里,东西广五十里。壁立百尺,涧水绕其麓,昕夕冲激。少徙而南。""古洞在县北五里北洞里。"

洪洞岭,《旧唐·地理志》:"洪洞,汉扬县,至隋不改。义宁元年,改为洪洞,取那么，洪洞县人为何把"洪洞"读作"洪同"呢？原来"洪洞"者，澒洞也[113]。《淮南子·精神训》云："澒蒙鸿洞，莫知其门。"高诱注曰："洞，读'同游'之同。"亦作鸿絧、澒洞、虹洞、浲洞。《文选》卷八扬雄《羽猎赋》："徽车轻武，鸿絧綞猎。"李注"鸿絧，相连貌。絧，徒弄切"。李善的注解不能说错，但只是针对扬雄之赋的这句话来注释的。二字从水，显然与水有关（《辞源》"澒洞"条正采李善说，不甚确）。《说文》水部曰："洪，浲水也。从水共声。"段玉裁注曰："户工切。"《尧典·皋陶谟》皆言"洪水"，《释诂》曰："洪，大也。"引申之义也。孟子以洪释"浲"，许以浲释"洪"，是曰转注。凡转注之字都是互相能训释的，也都是同义的。则浲水亦即洪水。《说文》水部曰："浲，水不遵道。一曰下也。从水易声。"段注曰："户工切。"两字皆音"户工切"，是两字读音本来相同[114]。段玉裁接着说："《孟子·滕文公篇》：'《书》曰浲水警予，浲水者，洪水也。'《告子篇》：'水逆行谓之浲水。浲水者，洪水也。''水不遵道'，正谓'逆行'。惟其逆行，是以绝大。浲、洪二字义实相因。"就是说这两个字读音和意义完全相同。正因为如此，

县北岭名。"

《江西通志》卷七："洪崖在西山，距府城四十里，一名伏龙山，乃洪崖先生炼药处，有洞，居水中。宸濠尝峔水见底。有五井，各方广四尺许。洞侧瀑布泉，状如玉帘。欧阳修品为第八泉。徐世溥《游记》云：'由江三十里抵洪崖，两崖石数十寻，皆釜色。时有白绣，纷若叠菊直上，高五六里。西山之水飞鸣而下，从石壁横洒，若疾风吹雨，莫不斜飞。左右有钟磬，两石巨，若轮横，无所倚。水东奔，激之翁然，为钟声。若倚泻西击，则铿然若磬。春夏水弥，不复见，但闻钟磬声也。'"

《江西通志》卷一百三："洪崖先生得道，居西山洪崖，或曰即黄帝之臣伶伦也，尧时已三千岁。汉武帝时有卫度世者，入华山寻父叔卿，见父绝墼中，与数人博戏，问为谁，曰：'洪崖先生与许由、巢父也。'"

113.《集韵》："鸿通作澒。"《尚书注疏》卷十二："淮夷并作难，延洪惟我幼冲人。"传曰："凶害延大，惟累我幼童人。"孔疏云："洪，大也。"宋·蔡沈《书经集传》卷一："洪，大也。"《诗·商颂·长发》："洪水芒芒，禹敷下土方。"《毛传》曰："洪，大也。"《尔雅注疏》卷二《释言》宋·邢昺疏曰："《汉书》云'典客，秦官。太初元年更名大鸿胪。'韦昭曰：'鸿，大也。'"所以，鸿洞、洪洞，其义一也。

114. 许慎文中所谓"一曰下也"，读音 jiàng（降落之降），是此字的另外一个意思。所以段注曰："此别一义，浲与易降音义同。"

宋·蔡沈《尚书集传》才说:"泽水,洪水也……其逝者辄复反流而泛滥决溢,泽洞无涯也。"他直接用"泽洞",也就是"洪洞"。

洞,《说文》水部曰:"疾流也。从水同声。"音"同"。请注意,"洞"的本义是"疾流",也就是说,当本义"疾流"讲的时候,读音"同"。段玉裁注曰:"此与糸部絧、马部𩢷音义同,引申为洞达、为洞壑。"引申义则读音"动"。段注曰:"徒弄切。"与《文选》李善注同。读引申义之音。这就足以证明,"洪洞"是一个叠韵连绵词,所以可以有多种写法:鸿絧、澒洞、虹洞、泽洞。其本义是说大水一望无际,浩荡连天。因而也可以用来形容与大水连天的波涛相类似的事物之外貌,如云气的浩大,山势的连绵不断。因此,就扬雄的赋而言,李注是对的,那是夸张狩猎的队伍铺天盖地,连绵不绝。我们不妨看一下古文中的诸种用法,就会更加明白这个词的本义了:

西汉·枚乘《七发》:"恍兮忽兮,聊兮慄兮,混汩汩兮,忽兮慌兮,俶兮傥兮,浩瀇瀁兮,慌旷旷兮。秉意乎南山,通望乎东海。虹洞兮苍天,极虑乎崖涘。流揽无穷,归神日母。"《文选》卷三十四李善注:"虹洞,相连貌也。"应该说是水天相连,弥望无边。当然也可以说是波涛一排连着一排,直到天际。"虹洞"即澒洞、鸿洞、洪洞、泽洞、鸿絧。

清·秦蕙田《五礼通考》卷四十七引《宋史·乐志》载《绍兴祀岳镇海渎四十三首》,其中《东海位》曰:"澒洞鸿蒙,天与无极。导纳江汉,节宣南北。顺助其功,善下维德。我祀孔时,以介景福。"同书卷二百五曰:"北方土阜,水流迅直。霜降水涸,往往曾不容舠(舠),及伏、秋淫潦,百川灌输,澒洞之势,一泻千里。使不于浅涸无事时预为经理,使深广如一,忽然犇(奔)溃,而后图之,其有济乎?"文中两处提到"澒洞",皆言水势之大。

《畿辅通志》卷一百十八引唐·独孤及《观海》:"北登渤海岛,回首秦东门。谁尸造物功,凿此天地源。澒洞吞百谷,周流无四垠。朗然混茫际,望见天地根……"《江西通志》卷十六:"……然余支流,其始小,其将毕乃巨,章贡自端州北下,合流多。潦久不霁,则涨溢澒洞,飘庐舍畜产,弥野漫树,沿江被其害。"所谓"涨溢澒洞,飘庐舍畜产",这不同样是说洪水之害吗?

《全唐诗》第三函第十册高适《东平路中大水》:"天灾自古有,昏垫弥今秋。霖霪溢川原,澒洞涵田畴……虫蛇拥独树,麋鹿奔行舟。稼穑随波澜,西成不可求……"这又是明确地以"澒洞"形容山东东平一带洪水之大害的。

清·翟均廉撰《海塘录》卷十八引唐·卢肇《海潮赋》:"乃察乎涛之所由生也,骇乎哉,彼其为广也,视之而荡荡矣;彼其为壮也,欲乎其沉沉矣;其增其赢,其难为状矣。当夫巨浸所稽,视无颠倪,汹涌澒洞,穷东极西,浮厚地也。"此亦言乎海潮水势之浩大也。

交里村丹河与漳河交汇处

这种例子在古文中实在是举不胜举。当然,也有用"澒洞"[115]来形容云雾之盛和山势的动态美的——连绵的山峰如波涛连接天边,如浩淼奔腾的波澜。

由此可见,"澒洞"本义就是大水,其它的意义,都是从大水无边之义引申而来。洪洞县名突出地标志着远古的洪水在这里泛滥的史实。《山西通志》卷十八载:"洪洞岭,《旧唐·地理志》:'洪洞,汉扬县,至隋不改。义宁元年,改为洪洞,取县北岭名。'"关键是那座"洪洞岭",其来历大约很古老了,洪洞岭,说明帝尧当年洪水泛滥的确是"滔天"而"怀山襄陵"的。这就是洪洞县里人不断地而且严正地纠正外地人不要把"洪洞"读作"洪动",而应该读作"洪同"的最后原因——那段历史,帝尧和大禹对百姓带来的好处,那个为后世子孙永远向往的稳定而繁荣的时代,实在不能也不应该忘记!至于帝尧和帝舜、帝禹的行为被儒家提升为人类最高道德的典范,而且突出了其中为社会和国家群体担负责任,直到献出生命的人格精神,更是永铭百姓的记忆之中,那就是地名所具有的魅力。而孟子又从洪水的泛滥中提炼出非人类行为和品质的泛滥,对社会国家群体带来的可怕后果,那是一种修辞上的类比,但是任何一种类比如果没有对应的自然和社会现象的存在,是不可能出现的。这正好说明,那场洪水给民族的记忆带来多么深刻的印象。它全方位地影响着这个以农业生产为生存基础的民

---

115. 宋·陈耆卿《赤城志》卷二十五:"白龙潭,在县西二十五里,其上崇岩插空,云气澒洞。"《御选宋诗》卷十五选黄庭坚《岭云》:"吾居半山上,绕屋犹峻岭。举头即见之,坐卧作墙屏。忽复不可求,澒同云万顷……"此言乎云气弥漫无际也。盖云雾之翻涌,与波涛极其相似。

《畿辅通志》卷一百六引唐·张嘉贞《北岳恒山碑铭》:"岂止劈冀魏,截幽燕,拒洪河,撑大海,澒洞合沓,半天下之襟带;嵯峨巉岩,一宇内之标格者也。"此言乎山势之高峻,且接天铺地之势也。盖山峰之连绵不绝,绝类波涛之奔腾汹涌之波涛。

《文选》卷十七王褒《洞箫赋》曰:"风鸿洞而不绝兮,优娆娆以婆娑。"李注曰"鸿洞,相连貌。"此言乎清风与箫声一起,一阵阵连续不绝地吹送,包裹着整个空间,似乎永远也没有尽头。亦与波涛无际相类也。

族,当然,作为人类共同的经验和财富,孟子的提炼是完全必要的,永远值得人类深思——远古的这场人类与洪水斗争的历史之所以不能忘怀,不单是人类精神的弘扬,他昭示着人类文明的进步和精神的提升,永远是在与困难斗争中升华出来的。中华民族的文明及其对人类文明贡献的核心与起点和整个人类文明协调的一致性,并不在于具体的行为(具体的行为方式与其具体的生活地域之自然环境有关),而在于其精神实质;但具体的行为方式又决定其思维方式,多样的思维方式构成了世界民族的多样性……这里无暇讨论,要强调的是,人类童年的记忆,正如一个人童年的经验会影响一辈子那样,永远影响或制约着某个民族的思维方式和情感逻辑,这也许就是我们研究上古史的意义所在。

三、尧的出生地、发祥地和兴旺之地考

标志这一地区生活的人类族群对尧时洪水记忆的另外一个地名就是绛县[116]。为什么这里取名"绛"?清人高士奇认为"绛"与"翼"应该在同一个地方,而且是很古老的地名。他引《汉书·地理志》应劭注曰:"绛水在绛西南。"又《水经注》:"绛水出绛山西,北流注浍。邑以山水得名,则其

116.清·高士奇《春秋地名考略》卷四:"《史记》:'周成王与弟叔虞削桐为珪,曰:以此封若。史佚因请择日立叔虞。于是遂封虞于唐。唐在河汾之东,方百里。故曰唐叔虞。'郑氏《诗谱·唐》曰'太原晋阳',是也。唐叔子燮改为晋侯,燮曾孙成侯南徙曲沃,近平阳,其孙穆侯又徙于绛云。《史记》自成侯至穆侯,传五世。郑氏但曰其孙,略言之耳。《桓二年左传》追序晋事曰:'穆侯太子曰仇,其弟曰成师。惠二十四年,文侯卒,子昭侯封桓叔于曲沃。'文侯即仇,桓叔即成师也。惠三十年,晋潘父弑昭侯而纳桓叔,不克,晋人立孝侯。惠四十五年,曲沃庄伯伐翼,弑孝侯,翼人立其弟鄂侯。隐五年,曲沃庄伯以郑人、邢人伐翼。杜注:'庄伯,成师子。翼,晋旧都,在平阳绛邑县东。'是年秋,王使虢公伐曲沃,而立哀侯于翼。哀侯,鄂侯子也。桓八年春,灭翼。《史记》'晋武公始都晋国',即此。武公,庄伯子也。生献公。《左传》庄二十六年夏,晋士蒍城绛,以深其宫。杜注:'绛,晋所都也。'今平阳绛邑县。时即献公九年矣。按郑氏言绛,不言翼,意即指翼为绛。杜氏绛、翼两注,仍有微分。据《水经注》,浍水出祥高山,亦曰浍山,西经翼城南。《诗谱》言'晋穆侯迁都于绛,孝侯改绛曰翼;献公又北广其城,方二里,命之为绛'是也。依此,则翼、绛为一地矣。杜云翼在绛东,郦云广其城,或者即一城而廓大之乎?劭注曰:'绛水在绛西南。'又《水经注》:'绛水出绛山西,北流注浍。'邑以山水得名,则其来旧矣。"

来旧矣。"[117]但为什么叫绛水呢？绛水即洚水，亦即洪水也。绛、洚、洪三字古音同。上文我们已经讨论了关于洪洞县名的来历，这里的绛县之来历也就不必费言。（还有襄陵县，《山西通志》以为有赵襄子墓，故名"襄陵"，我倒以为这应该是洪水的遗迹，《尚书》讲到那场洪水时说"浩浩怀山襄陵"，详见下文）。因为《尚书·大禹谟》中，帝舜明白地说过："来，禹！降水儆予，成允成功，惟汝贤。"宋·苏轼《书传》卷三："降，当作洚。《孟子》曰：'洚水者，洪水也。'"

值得注意的是，长子县的北邻屯留县也有一条河名曰绛水，一曰洚水[118]。这个河名的这两种写法，更能说明绛、洚、洪三字同义、同音且通用[119]。

---

117. 宋·丁度等《集韵》卷七绛、降、夆、洚同在"四绛"部，宋·吴棫《韵补》卷四降、洚、绛、鸿同在"一送"部，金·韩道昭《五音集韵》卷十绛、虹、洚、洪同在"四绛"部，《钦定叶韵汇辑》卷一"东冬叶韵"收"绛"字，注："《唐韵正》音红。""洪"字注："徒红切。"同书卷三十二"送宋叶韵"部分收同、鸿、虹、绛、降、洚。明·顾炎武《唐韵正》卷十一："绛，古巷切，古音洪。"清·毛奇龄《古今通韵》卷九绛、洚、虹三字同在"三声有入十七部"之中。

今文《尚书·大禹谟》："帝曰：来，禹！洚水儆予，成允成功，惟汝贤。"宋·夏僎《尚书详解》卷三："洚水者，洪水之异名。《说文》洚、洪皆胡公反，二字义同。"又宋·蔡沈《尚书集传》："洚水，洪水也。古文作降。《孟子》曰：'水逆行谓之洚水。'盖山崩水洚，下流淤塞，故其逝者辄复反流而泛滥决溢，洚洞无涯也。"宋·袁燮《絜斋家塾书钞》卷一："孟子曰：'洚水者洪水也。'"宋·陈经《尚书详解》卷二、宋·胡士行《尚书详解》卷二、元·吴澄《书纂言》卷一等等，皆作如是说，今不具举。《孟子注疏》卷十二下《告子章句下》："白圭曰：'丹之治水也愈于禹。'孟子曰：'子过矣。禹之治水，水之道也。是故禹以四海为壑，今吾子以邻国为壑。水逆行谓之洚水，洚水者，洪水也。'"关于帝尧时代的洪水是古人普遍的说法，如《孟子·滕文公章句上》："当尧之时，天下犹未平，洪水横流，泛滥于天下。"其它古籍所载，不俱举。据刘毓庆先生说，洪洞县南北两地读音不同，县南人读同，县北人则读动。那么，县南人还是保留了古音的。

118. 关于屯留县的绛水和漳水以及漳水由入黄河改道为单独入海（现在当入滹沱河入海），诸地志书说得很明白，今录之于下，并见屯留之绛水亦名洚水之不虚也。

119.《明一统志》卷二十一："绛水，源出盘秀山下，流经（屯留）县治北，又东流入州境，合浊漳水。"

《山西通志》卷十九："浊漳水，源出（长子）县西五十里发鸠山，流经刁黄村、石哲镇南李村，至县南五里，东北经交李（里）村、漳河神村，隶境凡五十里。入长治西南三十里，名浊漳。又经屯留，至潞境四十五里交漳村，与绛水合流，名漳水。至襄垣事实上还不止于此,这条河又称"滥水"[120]。更显然地表明为洪水泛滥时留下的印记。当然也更能说明长子、屯留一带在帝尧时代与翼城、绛县(故

西南十里甘村,合沁州所出漳河,又至县东北三十五里,合武乡漳河,东流经黎城县东北二十余里,入河南林县界,与清漳水合。《括地志》:漳水一名浊漳水,源出潞州长子县西刁黄山。《地理志》:浊漳水在长子鹿谷山东,至邺入清漳。《唐奏议》:漳水能独达于海,清以为渎。章怀注《水经》曰:漳水源出上党长子县西发鸠山东,北至昌亭,与滹沱河合清、浊二水下流,至武安县南黍窟谷,合流为交漳口……《水经注》:浊漳水出上党县西发鸠山,东过其县南,又东,经屯留县南,屈经其城东,绛水注之。又东,经壶关县北(注:长治县东南有壶关故城),又东北,经潞县北,又东,经武安县南(注:今彰德府武安县西南有武安故城)。清漳水自涉县东南来注之,谓之交漳口(注:今涉县西北有涉县故城)。又东出山,经邺县西,至斥漳县南。《尚书》所谓'覃怀底绩,至于衡漳'者也。胡渭《锥指》:'河由邺东而北,漳从邺北横流至肥乡、斥漳二县界入河。故郦氏以为《禹贡》之衡漳也。'今漳至涉县与浊漳合流,东经安阳、临漳,又东北经直隶成安县,入肥乡、曲周二县界。《禹贡》之漳、泽,尽于此矣。《水经注》所叙,自平恩以下曰漳、曰绛,皆后起之名,非《禹贡》之漳、泽也。《锥指》:'河自宿胥口至列人、斥章之境,左会衡、漳,《经》所谓北过泽水也。'自此东北入海。及周定王时,河南徙,则衡、漳东出,循河故道而下,至东光县西,与大河合。王莽时,河益徙而南,漳水遂专达于海,故斥章以下《水经》通谓之漳水。东北历平恩、曲周、巨鹿,经县南宫堂阳、扶柳、信都、昌成、西梁、桃县、鄡县下博乐乡、武强、武隧、武邑、东昌、弓高、阜城、乐成、建成、成平、浮阳,至章武、平舒入海。今言为彰德府之安阳,临漳广平府之成安、肥县、曲周、顺德府之平乡、广宗、巨鹿、正定府之南宫、新河、冀州保定府之束鹿,又正定府之深州、衡水、武邑、武强、河间府之阜城、献县、文安、沧州、青县、静海、天津。夫黄河经流,《尔雅》谓之徒骇,然则漳水即徒骇也。王莽始建国三年,河由千乘入海,漳自章武专达于海,而绛水、洹水、淇水、荡水、青水胥入漳。"

120.《禹贡锥指》卷十三中之下:"《水经注》:'浊漳水出上党长子县西发鸠山(原注:《元和志》云在县西南六十五里),东经长长县故城南(原注:城在今县西),屈从县东北流,陶水注之(原注:水自城北东注于漳),又东,经屯留县南,又屈,经其城东,东北流,有绛水注之。绛水西出谷(谷)远县东发鸠之谷,为滥水[原注:发鸠谷一名盘秀岭,又名方山、鹿渎山、盘石山。'后魏《地形志》:蓝水出寄氏县盘秀岭南,北流入浊漳。《元和志》:绛水出屯留县西南方山,去县八十四里。《寰宇记》引《冀州图》,谓之鹿渎山。《屯留新志》:盘秀山在县西南九十里,一名盘石山。按《汉志》:上党有谷(榖)远县,在今屯留界,寄氏故城在县西南七十里。蓝水即滥水,绛水之上源也。或分蓝、绛为二水,谓蓝出其阳,绛出其阴,非是]。东经屯留县故城南,东北流,入于漳。故桑钦云:绛水出屯留西南,东入漳也(原注:《地形志》:屯留县绛水,自寄氏界来,入浊漳,因名交漳。)清·徐文靖《禹贡会笺》卷十一:张洎曰:泽水即浊漳也。字或作绛。《地理志》:上党屯留县,桑钦言,绛水出西南,东入海。郦注引此作入漳,云绛水发源屯留,下乱流漳津,与漳俱得通称也。"

绛)的关系。这条河要么同样是洪水时期的记忆,要么就是帝尧封丹朱之后,丹朱把绛县的水名带到了长子、屯留一带——那是他的父亲兴旺的标志,也是他据以树立自己威信的手段。

记忆那场洪水的地名还有浮山县。浮山县本是汉代襄陵的一块地方,唐初才从襄陵分出来独立为县。以其地有浮山,遂以山名县[121]。这座山为什么叫浮山呢?传说"洪水时,山随水消长,故名。"[122] 所谓"洪水时",即帝尧时的那场洪水。

此外,岳阳县有"洪门岭"[123]。临汾县有漫天岭(漫天,即"滔天")[124]。总之,关于远古洪水的传说,在这一带的地名中还能显示出来——不止作为人类战胜洪水的永久而方便的记忆,更要记住战胜那场洪水的伟大人物

121.《旧唐书》卷三十九《地理二》:"晋州,隋临汾郡。义旗初,改为平阳郡,领临汾、襄陵、岳阳、冀氏、杨五县。其年改杨县为洪洞。武德元年改为晋州,分襄陵,置浮山县;分洪洞,置西河县。三年,置总管府。管晋、绛、沁、吕四州。移治白马城。改浮山为神山县。"又云:"武德二年,分襄陵置浮山县。四年,改为神山。以县东南羊角山神见为名。"《元和郡县志》卷十五:"神山县,本汉襄陵县地也。武德二年,仆射裴寂奏分襄陵县,置浮山县,属晋州。因山为名。至三年,因羊角山神人见,又改为神山县焉。"《旧唐书》卷三十九《地理二》:"晋州,隋临汾郡。义旗初,改为平阳郡,领临汾、襄陵、岳阳、冀氏、杨五县。其年改杨县为洪洞。武德元年改为晋州,分襄陵,置浮山县;分洪洞,置西河县。三年,置总管府。管晋、绛、沁、吕四州。移治白马城。改浮山为神山县。"又云:"武德二年,分襄陵置浮山县。四年,改为神山。以县东南羊角山神见为名。"《元和郡县志》卷十五:"神山县,本汉襄陵县地也。武德二年,仆射裴寂奏分襄陵县,置浮山县,属晋州。因山为名。至三年,因羊角山神人见,又改为神山县焉。"

122.《山西通志》卷十八:"浮山在县西四十里,一名卧虎山,属临汾。《金志》:襄陵有浮山、汾水、滴水,盖浮山本由襄陵析也。相传洪水时,山随水消长,故名。"这座山在帝尧大洪水时,可以想象挽救了多少人的生命。宋·祝穆撰《方舆胜览》卷一:"浮山在钱塘旧治东南四十里。苏子瞻奏状云:潮山东来,势若雷霆,而浮山峙于江中,犬牙错入,以乱潮水。"祝氏说的是钱塘的浮山,但可见"浮山"对付洪水的作用。只不过前者为历史传说,后者是写实。

123.《山西通志》卷十八:"洪门岭在县东八十里。"(《钦定大清一统志·平阳府》同)。

124.《山西通志》卷九:"漫天岭,(临汾县)东北五十里,与浮山县龙角山对峙,山形荒漫。""山形慌漫"之处太多了,而称为"漫天"者殊奇,非高广与天相连,则必广大连接至天边,而这座山并无这个特点,何谓之"漫天"也?只有一个理由,即以此词名此山,记忆着那场可怕的洪水。

帝尧、帝舜和大禹。

还有一点颇值得怀疑的是，历来说"襄陵县"县名的来历时，都说与晋襄公或赵襄子有关："《汉志》襄陵，注：'有班氏乡亭，莽曰干昌。'应劭曰：'襄陵在西北。'师古曰：'晋襄公之陵，因以名县。'《通典》：'有赵襄子墓，又有晋襄公陵，因以为名。'后魏禽赫连昌，又分此县，置禽昌县。"（《山西通志》卷一百七十七）到底是因为有两个带有"襄"字古代重要人物的陵墓而得名，还是因为帝尧时期那场洪水——"荡荡怀山襄陵"而得名？恐怕还是值得进一步考察的问题。"因晋襄公而得名"说，非出自汉代以前（不见于《汉书·地理志》以及其它汉以前古籍），乃是唐人的说法，然而，不但两个唐人说法不同，即杜佑《通典》之说也自相矛盾，明言"有赵襄子墓"，又说"又有晋襄公陵"，陵、墓同义，但不能同用，这是尽人皆知的事情，他的说法已经自相矛盾了。所以，我们宁可相信那是与这一地区其它县城对远古洪水记忆的标志一样，也是对那场洪水的记忆，而且更为直接和有意义。

我们花这么多篇幅来讨论这个问题，目的在于证明帝尧确实是从以翼城、绛为中心的地区兴旺发展起来的，并且以此为中心开始了治理黄河水系伟大的水利工程。

请读者注意《尧典》中记载帝尧打算把女儿嫁给虞舜和计划治理水患的时候，都是与"四岳"商量的，"四岳"，今学者多以为是"四方诸侯之长"，那么，这时候的尧，的确已经是统治四方（或曰"天下"）的"天子"了，也就不可能是初期和其后比较兴旺的时期。

于是，我们可以这样设想，尧在翼城兴盛起来，再沿着平水即晋水向西、向南，占有了今之晋南的整个地区，把"首都"（其实应该是部落联盟中心所在地）设在平水之阳（水之北），称为平阳即今之临汾的那个地方，再向南占有了今之洛阳地区。或者说在尧统一领导下的众多的部落中，本来就有整个山西南部包括今之晋南地区和晋东南地区以及河南洛阳地区的各个较小的部落成员。然后（或者说"同时"，或者也可以说在"南进河南"之

前）沿着汾河北上，占据了太原地区——清·胡渭《禹贡锥指》卷二云："以今舆地言之，静乐、阳曲、太原、清源、交城、文水、祁县（并属山西太原府）、平遥、汾阳、介休、孝义（并属汾州府）、灵石、汾西、霍州、赵城、洪洞、临汾、襄陵、太平、绛州、曲沃、稷山、河津、荣河（并属平阳府）诸州县界中，皆汾水之所经也。"[125]整个汾水流域即今之山西中部以南，成为帝尧统率下的稳定的领域。尧率领部族沿汾河向北发展，无论是出于农业生产的需要，还是出于寻求部族安全稳定的需要，都是必要的。

帝尧占有了这一地区以后，把晋南地区的地名带到了更为广阔的地区。如晋祠即古晋阳一带也有晋水，有唐城，且古祁县有平陶村。今之平遥县，乃是北魏时期为了忌讳太祖拓跋焘之名所改。这个地方之所以称为"平陶"，显然是"平水"与"陶地"的合称——帝尧北上之后，他或他的亲近族人为了永远记住平水和陶、唐那个发祥地和兴旺之地，将其地取名平陶。我们再看古太原县附近诸县有关帝尧的古迹：

古耆国，县志《祁邑源流考》："炎帝姓伊耆氏，盖以初国伊，继国耆也。黄帝之子得姓者十四人。而祁为首。帝尧生于丹陵，徙于祁，故亦姓伊耆。《左》《国》《史》《鉴》《竹书》《开山》等书佥同。伊、祈、祁本一字，今

125.清·胡渭《禹贡锥指》卷二："《水经注》：'汾水出太原汾阳县北管涔山……又南，经平陶县东，文水从西来注之。水出大陵县西山文谷，东到其县，屈南，到平陶县东北，东入于汾。'《元和志》：'文水县本汉大陵县地，汾水经县东十五里，文水在县西。汉平陶县城在县西南二十五里，后魏改为平遥。'"《旧唐书》卷三十九《地理二》："平遥，汉平陶县，后魏庙讳改陶为遥。"《山西通志》卷五十七："今祁北四十里尧城，南五十里平陶，俱称帝尧始封地。相传县东六支村有帝行宫。"同书同卷："文水县平陶城，西南二十五里，尧为唐侯时都此。"《山西通志》卷一百六十四："文水县唐尧庙，在平陶村。旧志：尧为唐侯时都此。"《山西通志》卷一百七十六载李而洵《祁邑源流考》云："昔禅通之叙五帝曰：太昊而后，炎帝继出，姓伊耆氏。盖以祁国伊、继国耆而称名也。黄帝握符，子二十五人，得姓者祁、己、滕、箴、任、荀、嬉、姞、儇、依、二姬、二酉，凡十四。故六一氏曰黄帝之子首食于祁，而世厥土。帝尧生于丹陵，徙于祁，故亦姓伊耆。殆依炎帝之旧与？载考《左》《国》《史》《鉴》《竹书》《开山》等集所载佥同。且谓耆、祈、祁本一字，即太原府祁县。故今祁地北四十里曰尧城，南五十里曰平陶，均称帝尧始封地，则祁之封建，愈明矣。是古帝有五，而祁擅其三也。今祁东六支村，二帝行宫巍然具焉，其即当年遗址与？"

祁北四十里尧城，南五十里平陶，俱称帝尧始封地。相传县东六支村有帝行宫。"（《山西通志》卷五十七）这里又一次说到了帝尧生于"丹陵"这个令人瞩目的地方。祁县很可能是帝尧迁移之地，因为这里无以"平"命名之山水，凭空出现一个"平陶"，就值得我们进一步深思其来由了。

清源县有"陶唐城"，（县）东南三十里。"相传陶唐氏自涿鹿徙居此。又云，陶唐造历之所，今名尧城。"（《山西通志》卷五十七）这个记载把陶唐与河北涿鹿联系在一起，令人想到上文所引郝经等人的说法，而且明白地说这个"陶唐城"是因为陶唐氏从河北涿鹿迁徙到此而命名的，其是否帝尧的初封地也就无须再辩。文中还说"陶唐造历之所"，传达了两条信息：第一，所谓"帝尧造历"，《尚书·尧典》有明确记载：

"乃命羲和，钦若昊天，历象日月星辰，敬授人时。分命羲仲，宅嵎夷，曰旸谷。寅宾出日，平秩东作。日中，星鸟，以殷仲春。厥民析，鸟兽孳尾。申命羲叔，宅南交。平秩南讹，敬致。日永，星火，以正仲夏。厥民因，鸟兽希革。分命和仲，宅西，曰昧谷。寅饯纳日，平秩西成。宵中，星虚，以殷仲秋。厥民夷，鸟兽毛毨。申命和叔，宅朔方，曰幽都。平在朔易，日短，星昴，以正仲冬。厥民隩，鸟兽氄毛。帝曰：'咨！汝羲暨和。朞三百有六旬有六日，以闰月定四时，成岁。允厘百工，庶绩咸熙。'"（《十三经注疏》本《尚书正义》）

【译文：于是命令羲氏与和氏，严肃谨慎地遵循天数，推算日月星辰运行的规律。制定出历法，把天时节令告诉人们。分头命令羲仲，居住在南方的旸谷，恭敬地迎接日出，辨别测定太阳东升的时刻。昼夜长短相等，南方朱雀七宿黄昏时出现在天的正南方，这一天定为春分。这时，人们分散在田野，鸟兽开始生育繁殖。又命令羲叔，居住在南方的交趾，辨别测定太阳往南运行的情况，恭敬地迎接太阳向南回来，白昼时间最长，东方苍龙七宿中的火星黄昏时出现在南方，这一天定为夏至。这时，人们住在

高处，鸟兽的羽毛稀疏。又命令和仲，居住在西方的昧谷，恭敬地送别落日，辨别测定太阳西落的时刻。昼夜长短相等，北方玄武七宿中的虚星黄昏时出现在天的正南方，这一天定为秋分。这时，人们又回到平地上居住，鸟兽换生新毛。又命令和叔，居住在北方的幽都，辨别观察太阳往北运行的情况。白昼时间最短，西方白虎七宿中的昴星黄昏时出现在南方，这一天定为冬至。这时，人们居住在室内，鸟兽长出了柔软的细毛。尧说："啊！你们羲氏与和氏，一周年是三百六十六天，要用加闰月的办法确定秋夏秋冬四季来成岁。由此规定百官的职守，各种事情都兴起了。"】

请看，如果没有统一"天下"，或者没有大部分"中原地区"（黄河流域的河东、河南、河内）的统一，这是绝难办到的事情。而太原，包括河北地区，一直到汉代以后，才成为中原国家政权比较稳定的统治区域（汉代以后太原以北地区仍然是胡汉杂居之地，很不稳定），在帝尧那个时期，不可能成为稳定的农业文明地域。既然如此，那么，这个"历法"就不可能在太原地区"造"，只能在定都平阳之后。与此俱来的第二个信息是，既然在太原时期（如果确有那么一个时期）不可能，那就是帝尧在平阳定都之后的事情，帝尧势力再发展到太原，可能把历法带到了太原地区。也可能在清源县那个尧城对历法进行过地方性的测试——太原地区的节令与临汾地区的四季分立肯定是不同的，临汾的节令要比太原早差不多半个月的样子。于是，清源县那个测试点，就被命名为尧城了。

于是，我们有个更为确定的认识，世传帝尧定都之地很多，如果说太原和平阳都曾经是帝尧的都城，那么，从定都时间上讲，则平阳在前而太原在后。

此外阳曲亦有尧城，"徐沟县西南到清源县界尧城镇一十七里。"（《山西通志》卷六）

我们不妨重复地看一下《山西通志》卷一百七十六载李尔洵《祁邑源流考》的材料："昔禅通之叙五帝曰：太昊而后，炎帝继出，姓伊耆氏。盖以祁国伊继国耆而称名也。黄帝握符，子二十五人，得姓者祁、已、滕、箴、任、荀、嬉、姞、儇、依、二姬、二酉，凡十四，故六一氏曰黄帝之子，首食于祁，而世厥土。帝尧生于丹陵，徙于祁，故亦姓伊耆，殆依炎帝之旧与？考《左》《国》《史》《鉴》《竹书》《开山》等集所载佥同，且谓耆、祈、祁本一字，即太原府祁县，故今祁地北四十里曰尧城，南五十里曰平陶，均称帝尧始封地，则祁之封建愈明矣。是古帝有五，而祁擅其三也。今祁东六支村，二帝行宫巍然具焉，其即当年遗址与？"

这些与尧有关的古迹，重出累见，绝非偶然，更资证这里原非尧之所谓"始封地"，而是后来尧相继占有的地方，为了让人们永久记住这里，于是以原来的地名命名新地。重复地说，中国地名、水名、山名多有异地重出者，在文化发达的时代，地名的重复比较好解释，各地文人都可能对不同地区的山、水，根据同一的古代文化典籍予以命名。但远古时代、区域文化相对封闭情况下的异地重名的现象，则必须仔细考证，以求其最初的来历。

宋·王应麟撰《通鉴地理通释》卷四："《世纪》：'帝尧始封于唐，今中山唐县是也。尧山在焉（《郡县志》："定州唐县，古唐侯国，尧初封于此。今定州北有故唐城。"）唐水在西北，入唐河（南有望都县，山即尧母庆都之所居也。相去五十里。都山，一名亘山。北登尧山，南望都山，故名县曰望都。《地理志》："尧山在唐县南。"张晏以尧山在唐东北，望都北。《史记》："尧作游成阳。"《正义》："濮州雷泽县，是。"）后又徙晋阳，今太原县也。于周在并州之域，及为天子，都平阳。于《诗·风》为唐国。'"宋胡宏撰《皇王大纪》卷二："初封于陶，后封于唐，号曰陶唐氏。"

《历代通鉴辑览》卷二："尧之裔封于唐。"（《寰宇记》："夏后时封刘累之孙于此。"）

马骕撰《绎史》卷九："陶唐，《纪年》：十五而佐帝挚，受封于唐，为诸侯。身长十尺，尝梦天而上之，故二十而登帝位，都平阳。"

比较这两条记载，后两条记载与前一条不同，说明古代传说不一，而

此谓"尧之裔封于唐",而不是"尧封于唐",虽属少数派说法,我们以为更为可靠。原因正在于,今河北唐县一带那么广阔的范围内,没有"庆都生尧于丹陵"这一记载,不但没有记载,连"丹""丹陵"甚至连"丹水"都没有,既不是帝尧的出生之处,不管说多少与"唐"或"庆都"有关的地名,都不能证实河北唐县就是帝尧的出生地。试想,帝尧出生于长子丹陵,然后又在他十五岁(或言十六岁)的时候封于唐,假如就是河北的唐县,则远在数千里之外,在那个人口十分稀少的年代,远离本部族,只身而去一个陌生的地方,何以立足?不管帝尧多么伟大,也不可能让本地的土著人心服。《左传》曰:"非我族类,其心必异。"这是古代人类各民族、各部族之间铁定的关系。只有在帝尧真正强大到"天下无不知"的时候,远离本部族的迁移,才有可能成为现实。因此,我们认为"尧之裔封于唐"之说,更为可信。

宋·郑樵撰《通志》卷二十六《氏族略》第二:"唐氏(祁姓,亦曰伊祁,出陶唐氏之后。尧初封唐侯,其地中山唐县是也。舜封尧之子丹朱为唐侯,至夏时,丹朱裔孙刘累迁于鲁县,累孙犹守故地。至商更号豕韦氏,周复改为唐公。成王灭唐,以封弟叔虞,号曰唐叔。乃迁唐公于杜,降爵为伯。今长安杜城是也。周之季世,又封刘累裔孙在鲁县者,为唐侯,以奉尧嗣。其地今唐州方城是也。《传》曰:'自虞以上为陶唐氏,在夏为御龙氏,在商为豕韦氏,在周为唐杜氏。成王灭唐,故子孙为唐氏。'此晋之唐也。《宣十二年传》:'楚子使唐狡与蔡鸠居告唐惠侯,使潘党率游阙四十乘,从唐侯为左拒。'其地在今随州唐城县。此楚之唐也。定公五年,楚灭唐子孙,亦以唐为氏。在晋者,仕晋,在秦、楚者仕秦、楚。晋有唐雎,为魏大夫,西说秦,不敢加兵于魏。楚有唐狡、唐勒,勒与宋玉、景差俱师屈原,事楚襄王,文章齐名。秦有唐厉,为汉中尉,击黥布有功,封斥邱侯。)臣谨按:《释例》:'唐,姬姓。'又《公子谱》一曰:'成王封叔虞于唐,号曰唐叔,侯其子燮父之后。春秋时国小微弱,遂属为楚邑。'据此,当云'其子燮父之后别封于唐,近于楚,微弱,遂为楚属邑。'又按:尧之后分为六:唐氏、杜氏、范氏、刘氏、韦氏、祁氏，皆为着姓，岂尧泽之不泯欤？"

《通志》卷三十："唐氏有二，尧之后为唐，周以封晋，此晋之唐也，伊祁姓。燮父之后，封于唐，为楚所并，此楚之唐也，姬姓。"

从这两条材料看，唐姓有二，一为帝尧之后，二为唐叔虞之后，叔虞之后与帝尧无关，但后世唐姓者为了抬高自己的地位，每每把自己的祖先与帝尧联系起来，比如唐王朝李氏家族，其祖先本来是西北少数民族，到建立唐王朝之后，为了抬高自己家族的地位，并且密切与中原地区的关系，取得更大主宰中原的信任度（收服民心）把李渊在太原（唐）驻兵、起兵太原（唐）而有天下的原因，推到他们是帝尧的后代，其直系祖先又拉扯上老子李耳（或李聃）。我们认为，即便是太原之"唐姓"，也有帝尧后代与叔虞后代之别！

而对于本论题之"帝尧封唐说"而言，又进一步说明，以"唐"命名的地区"遍天下"，那里是否就是帝尧的初封之地，真的不可一概而论。重复地说，如果没有与之相联系的"丹"和"丹陵"之地，即便"言之凿凿"，也是后人虚拟的故事，目的当然是表现着对帝尧的崇拜或竟是为了提高本地区或某个人及某个家族的威望而已。

《尚史》卷二："尧初生时，其母在三阿之南，寄于伊长孺之家，故从母所居为姓。《宋书·符瑞志》：'庆都观于三河，常有龙随之。一旦龙负图而至，其文要曰：亦受天佑，眉八采，鬓发，长七尺二寸，面锐上丰下，足履翼宿。既而生尧于丹陵，其状如图。'《帝尧碑》：'赤龙负图锐，庆都读之云：亦受天运。其下图人，衣赤衣，鬓须尺余，长七尺二寸，兑下丰上，足履翼星。题曰：赤帝起成大卜宝。'《淮南子》：'尧眉八采，九窍通洞而公正无私，一言而万民齐。'《春秋元命苞》：'尧眉八采，是谓通明。历象日月，璇玑玉衡。'《尚书大传》：'尧八眉，八者，如八字也。年十五而佐帝挚，受封于唐，为诸侯。身长十尺，尝梦天而上之，故二十而登帝位，都平阳。'（《帝王世纪》）其仁如天，其知如神，就之如日，望之如云。"

今按：这条记载中的"其母在三阿之南"，"三阿"，显为"三河"之误。

其中除去神化的说法和对帝尧智能、仁德、才能的夸张之说以外，可以认为是事实的，也就是庆都"观于三河"，"生帝尧于丹陵"这两件事可以看作是历史的真实。而其他说法，我们前面对其文化内涵的阐释中，也对其发生地与民间传说做了对应的说明。

唐·李吉甫《元和郡县志》卷十六："《帝王世纪》曰：帝尧始封于唐，又徙晋阳，及为天子，都平阳。平阳，即今晋州晋阳，即今太原也。"这一条把平阳说成是晋阳即太原，历史上晋阳或太原是否有过亦称作"平阳"的时候呢？"平阳"，因其地在平水之阳而得名，晋阳无平水，何来平阳之称呢？如果晋阳历史上从来没有"平阳"之称谓，那就是李吉甫为了提高唐代帝王李氏家族的声望而编造的。如果确实是李吉甫的编造，那么，所谓传世文献中类似的情形还有多少，是颇值得历史学家注意的事情。

宋·乐史《太平寰宇记》卷四十："并州太原郡，旧理太原、晋阳二县，今理阳曲县。《禹贡》冀州之域，《禹贡》曰'既修太原'，注曰：'高平曰原。'今以为郡名。《舜典》曰：'肇十有二州。'王肃注曰：'舜为冀州之北太广，分置并州，至夏复为九州岛，省并州，合于九州岛。周之九州岛，复置并州。'《职方》曰：'正北曰并州，其山镇曰恒山，薮曰昭余祁。川曰虖池、呕夷。浸曰涞易。'《释名》曰：'并，兼也。言其州或并或设，因以为名。春秋晋荀吴败狄于大卤，即太原晋阳县也。中国曰太原，夷狄曰大卤。'按晋大卤、太原、大夏、夏墟、平阳、晋阳，六名，其实一也。《太康地记》曰：'并州不以卫水为号。又不以恒山为名，而言并者，以其在两谷之间乎？'按今州本高辛氏之子实沈，又金天氏之子台骀之所居也。《左传》曰：'高辛氏有二子，伯曰阏伯，季曰实沈，居于旷林，不相能也，日寻干戈，后帝不臧，迁实沈、大夏，主参。金天氏有裔子曰昧，为元冥师，生胤格、台骀，以处太原。'注曰：'大夏，太原晋阳县也。太原，台骀之所居。'按：今州又为唐国，帝尧为唐侯所封，又为夏禹之所都也。帝尧始封于唐，又徙晋阳，及为天子，都平阳。平阳，即今晋州晋阳，即今太原也。"

此说最后又延续了李吉甫之说，《元和郡县志》向称"核实"，且乐史之《太平寰宇记》也是著名的地理著作，又以平阳为太原，是乐史不加考察而误引呢？还是晋阳真的有个时期也称"平阳"呢？笔者再三考索历代地理著作，均不见此说[126]。

126.《明一统志》卷十九《山西布政司》："山西，古冀州地。汉分冀州西境河东等郡，属司隶，置并州部刺史，察举太原、上党、云中、鴈门等郡，而不常所治。东汉并州治晋阳，唐贞观初置河东道。开元中，置河东采访处置使，治蒲州，后改采访为观察，其治仍旧。"

"太原府（东至直隶真定府井陉县界三百七十五里，南至沁州武乡县界二百一十里，西至陕西延安府吴堡县界五百五里，北至大同府马邑县界三百五十五里。自府治至京师一千二百里，至南京二千四百里。粮五十七万零。）建置沿革：《禹贡》冀州之域，天文参、井分野。舜初以冀州地广，分置并州，后复省入冀。周置并州，成王封弟叔虞于此，为唐国。春秋时为晋国，战国时属赵。秦置太原郡，治晋阳。汉兼置并州，东汉末省并入冀。三国魏复置并州，改太原郡为国。晋为刘渊所据，后没于石勒。后魏仍为太原郡，后周置并州总管府。隋初，郡废。大业初，罢州为太原郡。唐为并州，后置大都督府。开元中，改并州为太原府，属河东道。天宝初，加号北京。五代时，唐为西京，又改北京。宋以榆次县置并州，后徙治阳曲县唐明镇，即今治。嘉祐中，复为太原府，兼河东军节度。金改军曰武勇，后复曰河东。元改置太原路，大德中，改冀宁路。本朝仍为太原府，领州六县二十二。"

阳曲县（附郭，本秦太原郡狼孟县地，汉置阳曲县，在今定襄县境。汉末移治太原县北境，魏又徙于狼孟县南境，后魏以阳曲县属永安郡，隋改曰阳直，属并州，又徙汾阳故城，改曰汾阳，炀帝复曰阳直。唐于故阳曲城置汾阳县，寻省阳直，改汾阳曰阳曲。宋属太原府，金始移置郭下，元仍旧，本朝因之。编户七十八里。）太原县（在府城西南四十五里。周唐叔虞始封之地，春秋、战国皆曰晋阳。秦置晋阳县，为太原郡治所。唐徙县治汾水东，宋初以县为平晋军，寻罢军为县。后又徙治永利监，属太原府。元属太原路，本朝移治汾水西。洪武八年，改为太原县。编户四十五里。）

榆次县（在府治东南六十里。春秋时晋涂水邑，汉置榆次县，属太原郡，晋仍旧。后魏太武时，并入晋阳县，后复置。北齐省入中都县。隋初复置，徙治汉榆次古城，属并州。唐、宋、元仍旧，本朝因之。编户六十六里。）

郡名晋阳（古名），太原（秦名），冀宁（元名）。

《山西通志》卷三："太原府，上古金天氏之裔子曰台骀，肇居太原。"（杜预《左传》注："太原，晋阳也。台骀所居。"）陶唐，为冀州之域。（《禹贡》："既修太原，至于岳阳。"师古曰："太原即今之晋阳。"）虞隶并州，夏、商省入冀，周隶并州。成王封弟叔虞于唐都晋阳，子燮父更号晋。春秋为晋国，战国时属赵。秦置太原郡，汉因之。治晋阳，属并州。东汉仍隶并州，析广武、原平二县属鴈门郡。建安中省，并入冀。魏复隶并州，晋建太原国，治晋阳。惠帝永兴后，为刘渊、石勒所据。北魏仍置太原郡，隶并州，治晋阳。北齐置并州省，建别宫于晋阳。周平齐，置并州六府，后置总管，废六府。隋开皇二年，置河北道行台，九月，改为总管府。大业初，州废为太原郡。唐武德元年，

尽管连帝喾及其子孙也说到了，但是，其异与其误各一：所谓异者，与其它书所言不同，即把帝尧始封之地唐认作太原，并认为也是夏禹的都城。所谓误者，延续李吉甫《元和郡县志》之说，把平阳认作是今晋阳亦即太原。其异说又一次证实了唐的地点历来说法不一，既然这里说是太原，那么帝尧的初封地"唐"，也就有可能是太原，就不可能因为河北有唐县，就认定帝尧之初封之唐只能是河北的唐县。

《畿辅通志》卷一百十二："归有光《跋尧帝碑》：'右《尧帝碑》，元翰林学士江淮等处宣抚副使充国信使郝经撰，世传尧始封于唐，即今唐山县，亦无所据。'而汉之唐县，又在定之新乐，盖古地名称唐者不一，而《帝王世纪》云：'尧都平阳，于《诗》为《唐国》，则非邢之唐山矣。'《寰宇记》云：'邢州尧山县，有宣雾山，一曰虚无山。'《城冢记》云：'尧登此山以望洪水

改为并州总管府。三年，废，四年，复置总管，其年改为上总管。五年又改代石二总管，其年改上总管为大总管。六年又改朔州总管，七年改为都督府。龙朔二年，进为大都督府。天授元年，置北都，兼都督府。开元十一年，又置北都，改并州为太原府。天宝元年，改北都为北京。（《新唐志》："神龙元年，罢北都，开元十一年，复号北都。天宝元年曰北京，上元二年罢，肃宗元年复为。"）

太原县（府城西南四十里）。唐尧始都于此。后迁河东平阳、尧迁实沈于大夏、杜预曰："大夏，今晋阳县。唐人是因，以服事夏商，其季世曰唐叔虞。"周成王封唐叔于夏墟。杜预云："夏墟、大夏，今太原晋阳也。"春秋为晋赵氏食邑，始名晋阳。战国时属赵，秦置晋阳县为太原郡治所，汉因之。后汉并州刺史治晋，建太原国，都晋阳。北魏隶太原郡，真君九年，罢，榆次属焉。北齐河清四年，徙晋阳于汾水东，而于城中置龙山县，带太原郡。隋开皇初，郡废，十年省龙山县，徙晋阳于城中。《旧唐志》："隋文帝于州城内古晋阳城置晋阳县，而于城东置太原县。十六年又析太原，置清源县。大业初，省。十二年，徙太原县入府城。唐（赤）仍隶太原府，贞观十一年，长史李绩筑城于汾水东，遂置太原县于东城。天授元年，建北都暨晋阳，并为赤县。五代不改……"

《明一统志》卷二十《建置沿革》："《禹贡》冀州之域，天文觜、参分野。尧都平阳，即此。以其地在平水之阳，故名。春秋属晋，战国属韩，后属赵。秦、汉皆为河东郡地，三国魏始置平阳郡。晋仍旧，后魏兼置东雍州。孝昌中，改唐州。建义初，又改晋州。隋改郡曰平河，寻废郡为州。大业初，改临汾郡。义宁初，复改平阳郡。唐改为晋州，天宝初改平阳郡。干元初，复为晋州。五代梁置定昌军节度，改建雄军，宋州军仍旧。政和中，升州为平阳府。金属河东南路，元初为平阳路，大德中，改晋宁路。本朝复改平阳府，领州六，县二十九。"

而访贤人。'则初非封国于此。《寰宇志》又云：'纳于大麓。'大麓，在昭庆，即今之巨鹿。郦道元《水经注》：'尧将禅舜，纳之大麓之野。烈风雷雨，不迷，乃致以昭华之玉。'故县巨鹿取名焉。巨鹿、唐山，今皆在邢州之境，因以是名唐，而祀尧，亦不可知。郝伯常独详尧所生，与其封之地，而此庙之建于邢者未之及，岂非阙于所不知也哉！伯常文章节义，当时比之东坡。先友吴纯甫家有《陵川集》，今亦不存矣。余爱重其文，故特录之云。"

归有光这段评说，可谓客观公正之论。他认为郝经的文章确实写得好，但对其内容，则全面否定，一则曰郝经"亦无所据"，再则曰"（河北唐县）则初非封国于此"，三则曰郝经"岂非阙于所不知也哉"，归有光的谨慎和持重可谓至矣！当然，可能有以今之地下考古发掘为据以证之者，然而古代无文字记载，地下发掘的有关上古文物，还不能作为尚无文字记载时期的直接论据，论之者其慎言哉！

《山西通志》卷六十二《封爵》一："实沈，《左传》：'高辛氏二子，伯曰阏伯，季曰实沈，帝尧迁实沈于大夏，主参。唐人是因，以服事夏商。'杜预注：'大夏，今晋阳县。唐人，若刘累之等。'"

所谓"唐人是因，以服事夏商"之"唐人"，是夏商时代的事情了。杜预乃《左传》权威注家，又是一个多么谨慎的学者！

又曰："尧年十三，佐帝挚封植，受封于陶，年十五复封于唐。"

先说封于陶，然后十五岁封于唐。与所谓"二十封于唐"者不同。大约是尽量与后来帝尧践阼"七十载"之说弥缝起来，只能把帝尧封唐的年龄说得小些，又突出了他的非凡的"则天"之伟大。

《山西通志》卷六十四《氏族》一："唐氏有二：尧之后为唐，周以封晋，此晋之唐也。伊祁，姓，燮父之后，封于唐，为楚所并，此楚之唐也。姬姓，尧之后，分为六：唐氏、杜氏、范氏、刘氏、韦氏、祁氏。唐，陶唐氏之后封唐侯，以国为氏。又望出太原，杜甫《敬寄族弟唐十八使君》诗：'与君陶唐后，盛族多其人。'"

《山西通志》的作者在这里把"唐"定为"陶唐氏之后封唐侯，以国

为氏"。也同样地否定了唐为帝尧初封之地,反而认为是"陶唐氏之后封唐侯"。

《山西通志》卷一百七十六:"《通典》:'今之并州,古唐国也。昔帝尧为唐侯所封之国,及夏禹所都之地。博陵界有尧城,为尧始封之国,当是徙于此也。后迁平阳。《帝王世纪》:'尧始封于唐,后徙晋阳,及为天子,都平阳,而封其别子于此,仍为唐国。《史记》注:'唐,本尧后,封在夏墟。'"

对于唐·杜佑《通典》的这段话,《山西通志》作者进行了详细缜密的辩证:

《山西通志》卷一百七十六《辨证》一:"帝尧,帝喾之子,姓伊祁氏。年十五,佐兄挚,封唐侯。二十,即帝位,始封于唐,故号陶唐。今唐县,定州境,以唐水名也。其曰顺德唐山者,讹。《金志》:'汝州鲁山有尧山,宝丰有豢龙城。'荀悦曰:'唐者,帝尧有天下,号陶。发声也。'韦昭曰:'陶、唐,皆国名,犹汤称殷商也。'臣瓒曰:'尧初居于唐,后居陶,故曰陶唐也。'师古曰:'三家之说皆非也。'许慎《说文解字》云:'陶,丘再成也。在济阴。'《夏书》曰:'东至陶丘,有尧城。尧尝居之,后居于唐,故尧号陶唐氏。'斯得之矣。汉延光三年二月庚寅,遣使者祠唐尧于成阳。注:'古城,伯国也。故在今濮州雷泽县北。'《述征记》云:'成阳,南有尧冢。'罗泌《帝尧冢辨》:古今之事绪无穷,而地理之差尤为难于究竟。尧之冢在济阴成阳。尧母灵台在南。汉章帝元和二年,使奉太牢祠尧于成阳,灵台是其处也。今皆在濮之雷泽东南,而王充乃云葬崇山。《墨子》则谓北教八狄,道死南已之市,而葬蛩山之阴。盖仪墓尔。按欧阳《集古录》言:灵台碑,以为《史记》《地志》《水经》诸书皆无尧母葬处,粤稽《地志》,及《范志》,则云'成阳有尧冢、灵台',而此碑云:'尧母葬兹,欲人莫知,名曰灵台。'又郭缘之《述征记》:'成阳城东南九里,有尧陵,陵东有中山夫人祠,在城南二里。盖尧妃也。东南六里,有庆都冢,上有祠庙。'而《水经注》言:'成阳城西二里,有尧陵,陵南一里有庆都陵,于城为西南。称曰灵台,乡曰崇仁,邑号修义。其葬处明白若此,恶得云无邪?'然《述征记》'在成阳东',而今之所识乃在成阳西北四十里榖林，则古今疆场相出入有不同者。郭氏所记乃小成阳，小成阳在成阳西北五十里，于河南有山曰成阳，榖林在其下。小成阳以山得名，乃尧葬所在，有尧之故名焉，即庸俗所谓囚尧城者。抑尝订之：盖其逊位之后，作游于此地。宵人所以得迹其近似而诬焉，何以见之？庄周之书极天下之谲者也，其'让王'之说，至有'尧不慈，舜不孝'等语，而未尝有篡窃之一言。使差有之，周肯不言哉？韩非，战国之从横自贾者也，其《说疑》曰：'奸人之事其君，其讽一而语同，世主说其言而不之辨。'则奸人愈反而说之曰：'古之明王非长幼弱也，皆聚族逼上而求其利也。因曰：舜逼尧，禹逼舜，而自显其名也。田成子，宋子罕，皆是物也。'嗟乎！以韩非辈犹破其说于处士横议之时，而今之学士乃不能驱其惑于圣哲清明之代，可谓智乎？因三思之，是盖魏晋之事，而《竹书》又出于魏晋之间，则其当时逢君之臣，为主分谤而附益之，不言而喻。爰复侦之，燕之慕容，盛晋之伧囊奸义者也。尝称商之太甲，而以伊尹事同夷羿，即敷之徒，虽能初与之较，而终以屈听，更誉其言之当，而今《竹书》果有'伊尹放太甲，太甲潜出杀伊尹'之言，乃知逼于一时，雷同诡随，谓白为黑者众矣。夫治古之事，曲引而说之，何不可哉？知几之妄，泌请得以佐其说，而尽破之。毋俾世迷，得以引戈而议其后。伯禹曰：'毋若丹朱朋滛于家，用殄厥世，予创若是。'而《史记》亦曰'朱绝厥世'摭此附会，则知几之说牢矣。乡使知几援此自证，则将遂信之乎？我无是也。夫殄世者，不继世以有天下也。岂绝灭云乎哉？方尧之逊位也，将逊之，语先闻于岳，荐之前而使嗣之，诚己见于侧微之日，及其出也，然后女于畎畆，试以百为，如慈亲之育其子，含饴褔葆，繇小以高大，岂若凶残鬼类，偈日玩岁，处高据势，怙宠冒权而为偪邪？舜之事官也，以之徽典则必使其从，以之宾门则必使其睦，逮其底绩，然后致自大麓，格于文祖，若蒲轮而赴京，缓辔取程，自迩而之远，非若轻狷少年，不召自至，冲君突跸，蹶坑坠堑，而后息也！虽然。犬豚鼋雁之徒。智不足以知圣人，自昔然矣。而文忠公之跋，亦何足邪？谓俗本多作城阳，独此碑为成阳。夫成阳与城阳，正自二所，成阳、济阴，乃古之成，昔武王

三、尧的出生地、发祥地和兴旺之地考

封母弟于成，后迁于成之阳，遂曰成阳。而城阳乃汉齐悼惠之子章所食之国，今之兖州是矣。不得为一也。其云廷尉某姓名磨灭，据《汉廷尉仲定碑》云：'迁廷尉卿，托病乞归，修尧灵台、黄屋三十余。'而《灵台碑》言：'济阴太守成阳令，各遣大掾，辅仲君。'则知为仲定矣。至言'汉受濡期'，则又以为不知何语，此盖指言汉氏承秦之水运而已。夫君子耻一物之不知，而病圣贤之失世，而公以为久远难明之事，不知不害为君子。君子博学而反约，今也画！顾炎武《尧冢灵台考》：'《汉书·地理志》：济阴成阳有尧冢、灵台。'《后汉书·章帝纪》：'元和二年八月，东巡狩，使使者祠唐尧于成阳灵台。'《安帝纪》：'延光三年二月庚寅，使使者祠唐尧于成阳。'《皇览》云：'尧冢在济阴成阳。'皇甫谧《帝王世纪》云：'尧葬济阴成阳西北四十里，是为谷林。'《水经注》：'城阳西二里有尧陵，陵南一里有尧母庆都陵，于城为西南，称曰灵台。乡曰崇仁，邑号修义。皆立庙，四周列水潭而不流。水泽通泉，泉不耗竭。至丰鱼笋，不敢采捕。庙前并列数碑，栝柏成林。二陵南北列驰道径通，皆以砖砌之。尚修整。尧陵东城西五十余步，中山夫人祠，尧妃也。石壁阶墀仍旧。南西北三面，长栎联荫，扶疏里余。中山夫人祠南有仲山甫冢，冢西有石庙，羊虎破碎略尽。于城为西南，在灵台之东北。'《宋史》：'神宗熙宁元年七月己卯，知濮州韩铎言尧陵在雷泽县东谷林，山陵南有尧母庆都灵台庙，请敕本州岛春秋致祭，置守陵五户，免其租奉，洒扫从之。'（成阳，在汉为济阴属县，北齐废。隋复置为雷泽县，唐宋因之。金复废。今曹州东北六十里，故雷泽城是也。）而《集古录》有汉尧祠及尧母祠碑，是庙与碑宋时犹在也。然开宝之诏，帝尧之祠乃在郓州（今在东平州东北三十里，芦泉山之阳）。意者自石晋开运之初，黄河决于曹濮，尧陵为水所浸，乃移之高地乎？而后代因之，不复考正矣。（《元史·泰定帝纪》："泰定二年四月丁酉，濮州郵城县言城西尧冢上有佛寺，请徙之，不报。"）'虞舜陟方'，见于《书》'禹会诸侯于涂山'，见于《传》，惟尧不闻有巡狩之事，《墨子》曰：'尧北教乎八狄，道死，葬蛩山之阴。舜西教乎七戎，道死，葬南己之市。禹东教乎九夷，道死，葬会稽之山。'此战国时人之说也。自此以后，《吕氏春秋》则曰：'尧葬于谷林。'太史公则曰：'尧作游成阳。'刘向则曰：'舜葬济阴。'《竹书纪年》则曰：'帝尧八十九年，作游宫于陶。九十年，帝游居于陶。一百年，帝陟于陶。'《说文》：'陶，再成丘也。在济阴有尧城，尧尝所居，故尧号陶唐氏。'而尧之冢始定于成阳矣。但尧都平阳，相去甚远，耄期之年，禅位之后，岂复有巡游之事哉？'偃朱'之说，并出《竹书》，而鄄城之迹亦复相近。《括地志》曰：'故尧城在濮州鄄城县东北十五里。'《竹书》云：'昔尧衰为舜所囚也。又有偃朱故城，在县西北十五里。'《竹书》云：'舜囚尧，复偃塞丹朱，使不与父相见也。'按此皆战国人所造之说，或人告燕王，谓'启攻益而夺之天下'，《韩非子》言：'汤使人说务光，自投于河。'大抵类此。《诗》《书》所不载，千世之远，其安能信之？《山海经·海外南经》：'狄山，帝尧葬于阳。'注：'《吕氏春秋》曰：尧葬谷林。'今成阳县西东阿县城次乡中、赭阳县湘亭南，皆有尧冢。《临汾县志》曰：'尧陵在城东七十里，俗谓之神林。高一百五十尺，广二百余步。旁皆山石，惟此地为平土，深丈余。其庙正殿三间，庑十间。山后有洞一道，有金恭和二年碑记。'窃考舜陟方乃死，其陵在九疑；禹会诸侯于江南，计功而崩，其陵在会稽。惟尧之巡狩不见经传，而此其国都之地，则此陵为尧陵无疑也。按《志》所论似为近理，但自汉以来，皆云尧葬济阴成阳，未敢以后人之言为信。"

以上一大段辩证，引书二十多部，可谓辩矣。这是对帝尧出生地、葬身之处的综合考辨。对郝经的说法给予强烈的否定。然其对帝尧葬处却以为山东济阴说谓"是"，结论对于《临汾县志》所载的说法曰："未敢为信。"对于帝尧的葬处，下文笔者还要作专门考辨，此不详述。

明·归有光《跋帝尧碑》又云："宋·王应麟《通鉴地理通释》卷四'《世纪》：帝尧始封于唐，今中山唐县是也。尧山在焉。'（《郡县志》："定州唐县，古唐侯国，尧初封于此。今定州北有故唐城。"）唐水在西，北入唐河。（南有望都县，山即尧母庆都之所居也。相去五十里，都，山一名亘山。北登尧山，南望都山，故名县曰望都。《地理志》："尧山，在唐县南。"张晏以尧山在唐东北望都北。《史记》："尧作游成阳。"《正义》："濮州雷泽县是。"）

后又徙晋阳,今太原县也。于周在并州之域,及为天子,都平阳。于《诗·风》为唐国。"

宋·胡宏《皇王大纪》卷二:"初封于陶,后封于唐,号曰陶唐氏。"

《历代通鉴辑览》卷二:"尧之裔封于唐。"(《寰宇记》:"夏后时封刘累之孙于此。")

又《通志》卷三十:"唐氏有二:尧之后为唐,周以封晋,此晋之唐也,伊祁姓。燮父之后,封于唐,为楚所并,此楚之唐也,姬姓。"

所有这些说法都一致地辗转相引,不断地重复着那个河北唐县为帝尧初封之说,无非是说得太多了,也就习以为常,似乎既成事实,不再深究。可惜人们并没有认真思考过早在春秋时期的一个说法——

"'阏伯,季曰实沈,帝尧迁实沈于大夏,主参,唐人是因,以服事夏商。'杜预注:'大夏,今晋阳县。唐人,若刘累之等。累迁鲁县,此在大夏。'"(昭公元年)《左传》不说帝尧之都,而说"帝尧迁实沈于大夏",杜预说,"大夏"就是"今晋阳",而"唐人"就是"刘累之等",也就是丹朱的后人刘累等人(当然,人们也可以不承认刘累就是丹朱的后人,但说是帝尧的后代总是无误的)。唐·孔颖达疏曰:"谓之唐人,当是陶唐之后。《二十九年传》云:'陶唐氏既衰,其后有刘累。知此唐人是彼刘累之等类也。言"等类"者,谓刘累后世子孙累,虽迁鲁县,子孙仍在大夏,故历夏及商也。'刘曰:'彼称累事孔甲,下云迁于鲁县,此云唐人是因,以服事夏商,则此居于大夏子孙,终商不灭,非累子孙,是其同族等类耳。'服虔以唐人即是刘累,故杜显而异之云:'累迁鲁县,此在大夏。'"说明刘累并非"始封"于鲁县(刘累封于河南鲁县,见前文所引),而是"徙封"于鲁县,而丹朱之后亦非刘累一人。帝尧或丹朱的其它子孙,也包括刘累的子孙中,有些人继续留在唐(晋阳),然后在晋阳周边地区展开活动,并创立了许多以尧命名的地名,当然肯定还有祭祀帝尧的庙宇——农业民族不管到了什么地方,祖宗是不能忘记的。为什么我们不相信《左传》的说法,而坚信后来的许多传闻呢?

四、尧发祥于长子陶乡考

可是问题又出来了：帝尧向来称为"陶唐氏"，无论怎样解释，都不能回避这样一个问题，即何以在"唐"的前面加一"陶"字？整个晋南地区以"陶"或"唐"命名之地屈指可数。古人大多数认为尧先居住于陶，后封于唐，故曰陶唐[127]。说明陶与唐是两个地方。既然太原附近之平陶城，晚于平阳，河北的定陶古人已经予以否定（并见前文引文及所论），而上文所引《清源县志》所说的陶唐城又有人认为是帝尧从河北迁移到那里以后命名的，那么，尽管其说有误，还是说明那里并非原初的"陶"，那么这个原初的"陶"在什么地方呢？虽于古籍无征，但蛛丝马迹仍可寻觅。

在讨论具体问题之前，我们必须重申这样的认识逻辑：关于尧生于丹陵、居于陶、兴于唐、死后葬于谷（榖）林，这些说法，必须作统一的综合的考察，不能单一地拿某地的一种传说或地名作为帝尧或丹朱的"封地"。比如，尧的诞生地与其发祥地相去必不甚远，即便不在同一个地方，他的发祥地与其兴旺地也亦应有一定的联系——我们应该考虑到古代一个部族迁移的艰难性，尤其是农业部落的转移，多年垦殖的土地，甚至是多少代人生命的凝聚，绝不会轻易地放弃，这就是中国古人作为农耕民族"安土重迁""眷恋故土"的根本原因，更何况在远古农业初兴之时，那种开垦的艰难可以想象。所以，我们考察帝尧的生地、发祥地或者考察丹朱的封地，也应该把关键的地名联系起来，做综合性的考察：丹、丹陵（或丹岭）、丹

---

127. 明·陈士元《论语类考》卷七："《路史》云：帝尧姬姓，帝喾之第二子也。母陈丰氏，曰庆都，生尧于丹陵，是曰放勋。年十有三，佐挚封埴，受封于陶，又改封于唐。年十六，以唐侯践帝（位），曰陶唐氏，都于平阳安邑。以火纪德，在位七十载。"这是个较被普遍承认的说法。

水（或丹渊）必须与相关的传说联系起来，这些条件缺一不可。

关于帝尧的出生地丹陵、发祥地陶、兴旺地唐、死后的葬地谷（榖）林，古籍所载涉及的地方计有今山东、河南、河北三省不下十数处。怎样来确定某处的传说更具有可靠性呢？我以为从古人"鸟飞反故乡，狐死必首丘"的习惯看（这种习惯仍然是从农业生产对旧土的留恋而来）[128]。尧之葬地与其生地必不相离。《竹书纪年》卷上言："（尧）八十九年作游宫于陶，九十年帝游居于陶……一百年帝陟于陶。"足见尧对陶这个地方深厚的情感，皇甫谧曰"帝崩曰陟"，就是说尧最后是死在陶这个地方。这也印证了我们的这个认识逻辑。尧让丹朱"出就丹"，最大的可能就是把他安置在自己的发祥地；或言舜或禹封丹朱，既然是为了让丹朱奉祀先人，也必然把他封于尧的葬地。生地、葬地、元子（或长子）之封地，这三者统一起来，才能确认某地是尧的出生地、发祥地和葬地。在山东、河南、河北无论什么地方都不能把三者统一起来，只有长子才是具备这三点一致的地方。

著名国学大师钱穆说到尧的时候指出："陶器有一个时期最盛行，大约相当于古记所说的帝尧陶唐氏、帝舜有虞氏前后。我们从'尧'、'陶'、'唐'三个字看，已明显地看出他和陶业有关。"又说"放勋先封在陶，后封在唐国为诸侯。帝挚不孚众望，势力微弱，他死后，大家推放勋为共主，就是帝尧。国都平阳，在现在的山西临汾县（古时地名是随人迁移的，陶唐和平阳，在山东、山西都有传说的遗址），他的事迹大半发生在那里。"[129]此论相当谨慎，没有确指的结论。还请读者注意钱先生特别指出"古时地名是随人迁移的"这一点。所以，我们今天研究帝尧的遗迹，就要把自古以来以陶、唐命名的山水、村镇等地名联系起来思考。这些地名以其古来如此，还有与地名相伴的远古的传说，往往保留和传递着远古的人文信息。

128.《楚辞集注》卷四《哀郢》："鸟飞返故乡兮，狐死必首丘。信非吾罪而弃逐兮，何日夜而忘之！"屈原的话，表现了古人离乡背井的沉痛观念。看出东西方文明的迥然不同。

129. 钱穆《黄帝》，三联书店2004七月版，41、43页。

四、尧发祥于长子陶乡考

长子县范围内，以"陶"命名的山水和村镇名之多可以说全国各地无与伦比。

首先，这里有陶水，而且是四条。但古籍所载极其混乱，就是1998年新修的县志也还是很模糊。我们现在从长子县东往西，逐次把这四条陶水说明白。

《钦定大清一统志》卷一百三载："陶水，源出长治县南六十里雄山，西北流至长子县界，入漳水，一谓之淘水。"[130]这是发源于长治县的陶水，今统称之陶清河，是长子县与长治县的界河，但这条河进入长子县南漳镇界以后，有一小段是穿过南漳镇的（在镇政府所在地稍东），经北漳村，又沿两县县界流入漳河，其注入漳河处在长子县南漳镇南李末村东一公里左右。康熙四十四年版《长子县志》："陶水，出长治县鸡鸣山东麓，西流至上郝村，入漳水，延袤六十里。"1998年版新县志说："陶清河，位于长治与长子两县交界处，由南向北注入浊漳河南源，属季节性河流。主要支流有西八漳河、东八漳河、鸡鸣河、古城河等季节性河流。"两志中均提到"鸡鸣山"与"鸡鸣河"，这应该就是这条陶清河的真实面目——在长子县境内称"陶河"，在长治境内称"陶清河"，人们误认为它是发源于羊头山的陶水，而不是发源于长治县境内雄山的陶清河。此其一。

《水经注》："淘水，南出南陶，北流至长子城东，西转，经其城北，东注于漳水。"这条河其实就是发源于羊头山北麓的陶水。《魏书·地形志》说："长子县羊头山下谷关，有泉北流至陶乡，名陶水，合羊头山水，北流入浊漳。"此其二。郦道元说的"南陶"、《魏书·地形志》所言"陶乡"，今长子县内已经消失，询问长老，亦蒙然不知。但是，言及陶器的发明者，上文所引有一种说法，是神农氏发明的[131]。若然，则羊头山既然是炎帝活动的中心地带，他不但发现了百谷（穀），也发明了陶器，如此说来，既然陶水

---

130. 该书同卷前载："长治县有雄山，其东坡有泉亦曰陶水。"又云："淘水，在县东南八十里，源出雄山东坡，北流合淘清河，西至长子界，入漳水。"

131. 宋·罗泌《路史》卷十二《后纪三》："炎帝神农氏，姓伊耆，一曰石年……母安

发源于南陶（即羊头山北坡），向北流经陶乡，那么，把长子县羊头山以北的地区称为陶乡，不是合情合理的吗？

仔细地说，《大清一统志》所引《水经注》和《魏书·地形志》的两条材料所传达的信息非常重要：一是长子有水名陶水，清代雍正间所修《山西通志》卷十九："陶水，《地形志》：'有泉北流至陶乡，名陶水，合羊头山水，北流入浊漳。'"编者注云："当即尧水。"今按，陶、尧、唐古音同，这就印证了钱穆先生的说法——"陶""唐"与"尧"本是一回事，同音、同义，在长子县方言中，陶与"窑"不但同音，而且是同一个字。那么，《大清一统志》里所说的"陶水，南出南陶"的"南陶"也就是今长子县南的"南尧"，也写作"南窑"（这是后来的世俗书写之误，或许因为那里一直有窑厂存在，俗称为"南窑"，但窑厂之窑，与尧、陶其实又是一回事，本质上也并不误）。

《水经注》："淘水，南出南陶，北流至长子城东，西转经其城北，至沙河口东，注于漳水。"（按四库本《水经注》馆臣校记以为"南陶"应为"陶"，讹"南"字，他是依照《水经注》所引《魏书·地形志》所记载的"陶乡"之说，而以为"讹"，其实就是上文所说的今长子县南的"南尧"，也许当初就单名"陶"或"尧"）其中"至沙河口"四字不见于《水经注》，当为《山西通志》编者所加。《魏书》的作者魏收与《水经注》的作者郦道元属同时代人，且《水

登，感神于常羊，生神农于列山之石室……初，少典氏取于有蟜氏，是曰安登。生子二人，一为黄帝之先，袭少典氏；一为神农，是为炎帝。长于姜水，成为姜姓。其初，国伊，继国耆，故氏伊耆……谓木器液，金器腥，圣人饮于土而食于土，于是大埏埴以为器，而人寿。"原注曰："陶冶之事，始于燧人，盖有人事则有之。若古圣人每创一事，必尽其变而后已。是故卦立则有贞悔占稽之事，室立则有宫隅门墙之制，谷艺而烹蒸杵铚之用兴，药尝而炮炙佐使之法起，槌轮为大辂之始，兜帽为轩冕之源，燔豕为柴望之滥觞，土鼓乃云门之拳石。理势之来，事有必至。此燧人出火，而陶冶燔炮之事有不待于后世也。《黄帝内传》言，黄帝始作陶，蚩尤作冶；《吕（氏）春秋》言，昆吾始陶冶。盖广之尔。此类尤多，宜考。"明·孙毂编《古微书》卷十七："《古史考》曰，伏羲作网，神农作市，作耒耜，黄帝作弩，作釜甑，舜作瓦棺、土垩，夏少康作箕帚，昆吾作瓦。"说法不一，以理推之（罗泌的推理也是如此），炎帝既发明了火，其用必广。所以，才说燧人氏发明了陶冶之器。然发现火而能利用火的人，应为炎帝神农氏无疑，所以，我们还是把陶冶的发明权算在神农氏的名下。

经注》说得十分详细："流至城东，西转，经其城北"，再注入漳水。倘据此说，则"陶乡"肯定在长子城南。如果此处不是误记，那么长子县在北魏时期的县城地址，当在今交里村附近了，但是那里没发现旧城遗址。不过河流的走向古今往往有比较大的变化，有些小的河流甚至完全干涸。所以，以河流而论，北魏时的地形与今之地形相去甚远，即清代雍正间所修之《山西通志》也与今之地形有较大的差异。如《通志》卷十九《山川三》所叙述的陶清河的流经情况，与现在的情形就极为不同："淘清河自壶关南界入县境，经高河铺，由西南二十里杨暴村流至西北暴河头入漳水。凡长治东南山外及壶关南界之水，胥汇此西流。至雄山北麓，入淘水，土人名淘金河。"（"淘金河"，误，当作"陶清河"。）杨暴村今属长治市，而陶清河入浊漳河处则今在长子县东南李末村附近，杨暴村远在南李末村北至少五公里。用这个比率看，《水经注》之所谓"陶"，《魏书·地形志》之所谓"陶乡"，就应该是今长子县东宋村乡之陶唐村为中心一带，大约在今长子城东北四公里处。这种情形也并不奇怪，随着自然地貌的改变，还有长子县治、长治县治的变迁[132]，这些说法已经很难用现在的长子县的具体村镇的位置来印证了。

第三条陶水，源出潜山主峰（即尧庙山）迤南，今称磨盘山的那座山，属于尧庙山的支脉，其东麓有泉，即陶水的源头。这条陶水新修县志有简单记载："尧水，源出潜山（即尧庙山）东麓，东流至邹村入丹河。"

嘉庆二十一年版县志记载较详：

"尧水，出县西南十三里，发源潜山下，东北流五里，经故城南，入浊漳。"引《水经注》"尧水自西山东北流，经尧庙北；又东，经县故城南，东北流入漳水。"其下有小字注："纪按：《水经》尧水，因尧山得名。《金志》亦称尧水。《明志》作浇水，误。"这里所谓尧山，即嘉庆志之所谓"潜山"，

132.唐代所编的《元和郡县志》所载"丹朱城"遗址，在今县城西南二十里，至少是战国时期的城墙，今尚存部分墙基。而宋以后的县城在今县城东的宋村乡，其地有东郭、西郭、王郭、前小郭、后小郭等村名留存。而《水经注》和《明一统志》所记载的县城多半在那里。

长子人称尧庙山。这条"尧水"也叫"陶水",与流经交里村的陶水不是一条河。

第四条陶水,新县志及长子县行政区划地图上均无标识或记载,已经干涸。其源出于潜山西麓(今属南陈乡,潜山东麓属大堡头),而潜山俗称尧庙山,故其河名尧水,一名陶水。长子县尧文化研究会会长、著名诗人申修福先生和王贵明先生曾经徒步勘察过,根据当地老年人小时候的记忆,还可以找到其源头及其流经地:陶水从潜山西麓出,北流,经十八栈东(其西有西尧村和潜龙庵),逐渐转向东,经小堡头北、南李村南,过南小河南,两水村南,再过南两水北,入浊漳河。

2010年3月6日,笔者应山西农业大学驻太原办事处主任王贵明同志的邀请(王先生就是长子县交里村人),同时邀请了长子县政协副主席王成信先生和《精卫鸟》主编申修福先生,对长子县东的交里村进行了实地考察。惊奇地发现,发源于羊头山的陶水则依然存在,她还在淙淙流淌,虽然水量不大(只是其污染严重)。但是,他现在的源头却在东常和前西常、后西常之间。今年5月初,王贵明先生沿着其原来已经干涸的河床,继续探寻其先前的流经地,一直上溯到紫云山北面的河峪村,再往前便是群山沟壑,十分难行,且不见流水河床的迹象。而紫云山南连羊头山。沿着这条干涸的河床,其原来流经的村子先后有:南张河、南张、新陈村、五里庄、西张堡、东常、寨上、西旺。而现有的水流则流经交里村,注入浊漳河。所以古籍所载的陶水原本应该发源于羊头山北麓。而古籍所载的羊头山水,则今已不见,或许与陶河原本就是一条河。

我们回头再专门讨论发源于羊头山的这条陶河。

这条陶水流经交里村,村人称"陶河"为"陶儿河",这种儿化的称谓,显然带着人们对这条河世代承传的深厚感情。村人说,这条河从来都没有干涸过,虽然水量不大。

前文引《水经注》说"淘水,南出南陶",这个"南陶"正是已经见诸经传而现实生活中并没有被遗忘的"南窑",她就坐落羊头山北面。至于

"尧""陶""窑""唐"为什么相混，还是钱穆先生说的那个原因：与帝尧时期陶器的制作、烧制有关，而长子县的方言中保存了相当多的古音，如"北""白""石""出"等都读入声（喉音），保存于古籍中尧舜时期著名的人物"皋陶"，音"高窑"，就是显证，长子县方言中的陶、尧不分，亦其明证。

我们不妨把这条陶水的古来说法再梳理一次：《水经注》所谓"南出南陶"，《魏书·地形志》认为陶水发源于羊头山下的"谷关"（穀关），并说这个"谷关"（穀关）就是神农氏"尝百谷（穀）处"[133]。陶河或陶水有两个源头，其中一个源头就是发源于羊头山的神农泉："神农泉，位于县城南25公里处羊头山。"[134]但说陶水"一谓之尧水"，并非两个称呼，而是同音、通义字的两种写法，也来源于本地人的语言习惯。

就是说，由于两条河的名称"陶"和"尧"在语言中经常相混，以致造成有关古籍记载的混淆。古籍作者大多没有做实地考察，或只是对本地人做过粗略的了解，加上方言土语，说者、听者都有可能混淆，而有关地理类的著作又互相转述引用，遂至愈来愈乱[135]。明弘治八年《长子县志·山川志》："尧水，在县西南一十三里，东北经故城南，入漳河，按《金史》，长子有尧水。旧谓浇水，恐误。"照理说，修县志者应该是本县的县令或就是本县比较靠得住的文人，但奇怪的是，这里却记载一个含糊的说法："旧

---

133. "谷关"今《长子县志》不载，但在羊头山东有村曰"故关"，我怀疑就是"谷关"的误写。

134. 《长子县志》，北京·海潮出版社1998年9月。下引《水经注》，但对其中所说的"陶乡""陶水"，无半字说明。且其中新志作者之语与《水经注》原话相混。雍正版《山西通志》卷十九，《山川三·潞安府·长子县》："陶水，《地形志》：'有泉北流至陶乡，名陶水，合羊山山水，北流入浊漳。'"下有小字注："当即尧水。"更说明"陶""尧"字自古以来就是混用不分的。

135. 如清代赵一清所纂《水经注笺刊误》卷三引《水经注》"陶水，南出南陶，北流至长子城东"，其"刊误"云："一清案：全祖望：'南陶，当作陶乡。《魏书·地形志》："长子县羊头山下有神农泉，北有谷关，即神农得嘉谷处。有泉北流，至陶乡，名陶水，合羊头山水，北流入浊漳。"是也。'至当作径。"赵一清对《水经注》的"刊误"，引的是全祖望，全祖望引的是《魏书·地形志》，对照雍正版《山西通志》，就更加说明古人看书有时候也并不是那么认真，地方官员（县令、主簿之类）也不一定那么负责。

为浇水，恐误。"所谓"旧谓"，是指明代国家（朝廷）任命专人撰写的《大明一统志》（收入《四库全书》时改为《明一统志》）[136]，《明一统志》肯定是错了的，但那是皇帝认可的著作，只能以"恐误"了之。康熙四十四年版县志所记同，也说明康熙间的修志者的态度也极其马虎——照抄旧志而已（也可能为明朝遗老，有怀念前朝，以前朝所修县志为准的复杂心理）。而嘉庆二十一年版《长子县志记》载则是：

"丹水，出丹朱岭之阳，南流经高平，合沁水……"这个记载马虎得简直太出格了！作为一县之志可以略及临县的山水或人物事迹，但不能不记载长子县的山水，对于这两条丹水，一出山南高平县，南流；一出山北长子县，北流。而作者只记载南流的丹水，却不说北流的丹水，而南流的丹水与长子县可谓毫无关系！1998版《长子县志》说得明白："丹水，发源于本县与高平交界的丹朱岭，源从山阴流出，向东北，经过张店、布村、郭村、柳树村、邹村、韩坊村至交里村，注入浊漳河。全长二十公里……1952年，在大堡头、邹村一带改移河道。"就是说，在丹朱岭南北两侧，各自有河源，且都名为丹水。新志下面又明确地说："属于丹河的支流有三，马户河……尧水，源出潜山东麓……西常河……"

嘉庆版县志又记载："慈林水，出丹朱岭，东经慈林山，西北流至交李（里）村，入浊漳。"这里所说的"慈林水"，其实就是上引新县志说的丹河，所谓"交李村"，也就是现在的交里村——如今丹河确实流经交里村西，注入浊漳河的。很可能是官方为了与流经高平的丹河相区别，故改称慈林水。然而百姓口中的那条河，仍然是"丹河"，世世代代，口口相传，是改不了的。

我们所作的田野实地考察，完全证实了上面所述三条河的真实情况。如此，我们就可以对三条河得出如下的结论：发源于丹朱岭的丹水，历史上可能几经改道，仍然流经交里村西，注入浊漳河；发源于羊头山北麓的那条河（前文所言王贵明先生考察过），与古籍所言神农泉水交汇（神农泉，

136.《四库提要》云："吏部尚书兼翰林院学士李贤等奉勅撰"，"天顺五年四月书成，奏进，赐名《大明一统志》，御制序文冠其首。"

在羊头山北麓,今犹在),古籍称为陶水(百姓口传或称尧水),流经交里村东,注入浊漳河;发源于潜山的那条河,名为尧水(也称陶水),东流注入丹河。

交里村就坐落在三条河的交汇处:村北是浊漳河,村西是丹河,村东是陶河(请读者注意,本文第一部分所考论的丹朱始封之地丹朱岭,与此所说丹河的关系)。

但随着乡镇、村庄区划的改变,现在长子县境内,"陶乡"无论作为乡镇名还是村庄名,都已不复存在。也许撰写《魏书》的时代,那个陶乡确实存在。那么陶乡又在今之长子县何处呢?

交里村村南有地叫"南陶",村北有地叫"北陶",村东北有地叫"小陶",还有尧神南、尧神后(亦作陶神南、陶神后)。

村中建有龙泉寺、玉皇庙,村东有三嵕庙、陶庙(即尧庙)。"文革"前尚存,规模宏大壮丽,远近闻名。而今只残存部分遗址,三十多年过去了,那些被砍伐的庙中大树的根桩,仍扎扎实实地"坐在那里"。

这里的陶庙,祭祀着帝尧,这座陶庙与尧庙山即潜山的尧庙是什么关系呢?潜山的尧庙是山西南部包括河南、河北最大的一座尧庙,是国家(朝廷)规定要按时祭祀的重要庙宇(下文详细讨论),那么交里村的陶庙则很可能是古代所谓的"家庙"。

交里村村东的陶庙

这些以陶、尧命名的地方,在这个两平方公里的村子里及其周围,竟然有如此之多——古籍所载陶水(尧水)流经的"陶乡",大约并非一个村镇的专名,而是众多以"陶"命名的乡间村落。在长子县境内,沿陶水流经之处,这样的地方,就只有这个交里村——这就大约

就是《魏书·地形志》所载陶水流经的"陶乡",当然也就是"尧乡"。

笔者在关于帝尧的诞生地、发祥地的论文中,详细地考察过长子县许多与帝尧相关联的地名、山名、水名。认为帝尧出生于丹陵,即长子县境内,现在称为丹朱陵或丹朱岭的那座山。而古籍所载帝尧"始封于陶"的"陶",究竟在何处,古代学者说法歧出[137],最大的可能就是古称"陶乡",今谓之"交里"的这个地方。当然,长子县以陶(尧、窑)命名的地方还很多,但是没有一个地方像交里村这么密集。陶乡,虽然也可能是整个长子县的称谓,但具体到长子县境内,堪称为"陶乡"的地方,则非今之交里村莫属。

关于交里村村名的来历,前文关于尧母庆都的传说部分已经做过交代,此不赘言。但需要提及的是,还有少数古籍所载有"交李""浇里"之误[138],大约是那些作者以为"交里"无义可寻,于是妄意改变,幸而没有被百姓认可。

在交里村北,过陶河,沿小路上坡二百米左右,陡崖壁立,登其顶,又是一座陶庙,分上下两个院落。由奶奶庙、全神殿等大殿组成(所谓"全神庙",也已拆毁,从其名称可以想象,其所供奉的神灵大约是儒、释、道齐全的一座神庙,这类神庙在山西还有多处,即白云山上的白云观就是一座"全神庙"。此类庙宇的形成可能是儒释道合流所致,大约始于唐代)。下院右侧的崖壁上有一个双层土洞,百姓称为"狐仙洞"。"奶奶庙",传说供奉帝尧之母,远近求子者络绎不绝,香火颇盛。那个"洞庙"始于何时,已不可考。其双层建制,让我们想起《诗经·大雅·绵》中所谓"陶复陶穴"的记载,那时一种古老的窑洞建筑,即窑洞中复有洞穴,其重复的洞穴一般是类似今之"地下室"的作用,用以储物,当然住人亦可,而且更加具有"冬暖夏凉"的作用。想来这种建筑模式并非起源于周人祖先古公亶父,而是起源于更远古的母权制社会。后来,当人类逐渐有了地面的"房子"建

---

137. 清人朱鹤龄撰《尚书埤传》卷七:"《路史》云:'尧受封于陶,改国于唐。陶,今定陶也。'然未必可据。"见前文所论。

138. 见前所引嘉庆版县志。

筑以后，根据"陶复陶穴"的格局，又逐渐建筑了两层或多层的楼房建筑。所以，这个两层建筑的狐仙庙，极有可能是长子县盖房子建有二层阁楼的示范性"制式"之鼻祖。"奶奶庙"传说为帝尧之母，庙碑亦不可见，但百姓祖祖辈辈，口口相传，其来有自。我们认为，与前文所言帝尧之母庆都的活动不无关系。

再往东，曲折而上，又是一个高台，是全村最高处，散落着断砖碎瓦，又是一座废弃的庙宇，是牛王庙，又称"移神庙"。专门祭祀牛王的庙，在全国也不多见。这可不是祭祀《西游记》里的牛魔王，而是真正祭祀耕牛之王的庙宇。不见有关传说，但可以肯定地说，这是牛耕以后的事情了。耕牛给耕作带来的好处真是前所未有——牛是何时驯化的，那种利用耕牛耕地的发明，是既省力又深耕的耕作过程，给农民带来庄稼丰收带来的喜悦，使农耕民族对耕牛怀着无比的感激和崇拜之情，农民说："耕牛就是半个家当"。于是建立庙宇祭拜这种家畜，希望自己的耕牛平安健壮，耕牛健壮了，也就是每年的丰收有了指望（信心）。游牧民族即草原文明区域的牧民，喜爱马匹，认为"马是人类最好的朋友"，但是对于属于农耕文化的民族，对于牛的感情恐怕更甚于马（马在古代属于"军赋"，即战备物资的一部分）。因此对于牛王的祭祀，充分地显示着农业文明的特点。

有的神农（炎帝）庙供奉的炎帝像就是人身牛头，所以，我们有理由说，牛王就是神农氏炎帝。也可以说，炎帝不但是农作物的发现和培育者，也是驯化野牛的始祖。是炎帝把野牛驯化为家畜，而且是最重要的家畜，它是农民的最有力的助手，可以完成人工不可能完成的耕作任务——"深耕"是"细作"的前提，当然是增加产量的最重要的环节。牛还可以拉车负重，完成马不能替代的任务……所以才有"半个家当"的说法。农民对于耕牛的喜爱和依赖，非一二言所能毕也。

更可注意的是，龙的头是牛头的衍化，我们完全可以想象，古人在创造龙的形象的时候，他们不把猛厉、令人望而生畏的虎或者熊的头作为龙头，而是把具有更多的温顺、稳重而又威严，勇猛、多力而又忠厚，吃苦耐

劳而不求回报的牛，作为龙的最重要的部分——龙头（当然有所变化），其中寄托着农耕民族多少希望！它昭示着象征中华民族的龙，是以农业文明为中心、为头脑的一个民族。这个民族有着与牛同样的品质，既有自己的威重和尊严，又是一个勤劳、温和、善良热爱和平的民族，平和、谦恭、友善、大度而不失于威严和力量。牛的品质是我们民族性格的象征。

关于这座庙的废弃，有一段传说（这传说不知起于何时）：有一天，交里村所有的耕牛都一致行动，太阳还没落山，就从地里地回到自己的家，农民们喂牛时发现，牛吃的草料比往常多，吃得很饱。第二天早晨，发现所有的牛都浑身是汗，像淋了大雨一般。山上那座庙一夜之间消失了，但那座庙宇的一面山墙还在。而在与长子县相邻的屯留县则发现一座与交里村牛王庙一模一样的牛王庙，这座庙却没有山墙。也就是说，屯留县的那座庙是从长子县交里村搬过去的，是交里村全村的牛一夜之间搬运过去的，但没有搬完，天就亮了。正因为如此，这座庙又称"移神庙"。

为什么要搬走呢？传言：牛王感到自己受了委屈。因为这座庙的东面是三嵕庙，按古人的说法，东为上、为大，牛王觉得自己应该在三嵕庙之上，所以一怒之下，命令交里村的牛用一夜时间把庙搬走，可惜没能搬完。这个传说让我们又一次体会到了牛的地位，牛应该受到应有的尊崇，其被尊崇的地位应该远在射日的后羿之上。

人类"牛耕"始于何时，尚待地下发掘考证，从交里村的牛王庙以及相关的故事看，尽管传说中牛耕起源于炎帝神农氏，现在可不可以大胆地推测：中国牛耕是不是起于帝尧时期？虽然比炎帝晚了许多年。

站在这里，向东看是一片广阔的原野，数万亩土地尽收眼底，八里洼就在烟雾迷蒙中。令人想到洪水时代，尧率领百姓选择了高地居住，不但躲避了洪水之祸，在那场连续九年之久的洪水中，也为百姓提供了仍能继续从事农业生产的土地资源，他的部落不但没有挨饿，反而更加兴旺发达。在长达九年之中，他继续寻找足以容纳众多部落的归附的地面，于是向西迁移到唐（今翼城，见前文所述），再到平阳，终于得到更大范围乃至"全国"

各个部落的拥戴,做了"天子",也就定都平阳,然后开始了那场宏伟的治水工程。

"尧"字的本字是垚,本义为地势高的土地。《说文》:"垚,高土也。""尧,高也。从垚在兀上,高远也。"

说到"高地",并非高到饮水都困难的地步。在交里村东,有一个长约一公里的山坡,坡上原来终年有清洌的水从土中渗出,并常年不断地流淌到坡下的沟里,形成一条小河。河里还有鱼嬉游其中。这对当年在这片高地的生活的人们应该是有决定性意义的——既避免了洪水的祸患,又不缺乏正常生活所需的干净的饮水。

向北,可以看到朦胧中耸立的白云山,山上也有一座三嵕庙——那里同样供奉着射日的后羿。

长子一个县为什么有这么多的三嵕庙(前文已说到,共有十二座,甚至比屯留还多),我们不禁心存疑问:这些三嵕庙与屯留县的三嵕山、三嵕庙究竟是什么关系呢?"上党天下脊",是中原地区最接近"天"和"日"的地方,又"十年九旱",以种植业为生的先民,在洪水过后、大旱连年的岁月里,渴望能够和谐天地的帝王出现、渴望射日的英雄长留人间,渴望后世再现那位英雄的英姿,是多么合情合理!何况羿很可能就出生在长子县,作为英雄后代的长子人,如此怀念自己的祖先,不是更加合情合理吗?这种"本地独有,外省所无"的现象,不但说明羿与长子的关系密切,更足以证明当年帝尧在长子一代活动的可能——帝尧与羿是一对不可分离的"君臣":没有帝尧,就没有人重用英雄羿;没有羿,也成就不了帝尧的伟业。

回到帝尧"初封于陶,再封于唐"这条古人重复了无数遍的老话,进一步考察"陶"的所在地,跳出古代学者纷纭歧出的说法,我们可以毫不含糊地说,与帝尧的出生地丹陵最近,最有可能是帝尧初期活动的地方,就是长子县的交里村——亦即古籍所载的"陶乡",亦即"尧乡"。

最后,我们再往上联系炎帝神农氏尝百谷(穀)、始造陶器两件关键的历史记载,作一下综合思考:沁源县古称谷(穀)远县,长治有百谷(穀)山,

这一带到处都有与炎帝神农氏尝百谷（穀）的传说。高平县与长子县交界处的羊头山恰是神农氏的发祥之地，这已经为古今学术界所公认，而百谷（穀）之成为食物，是离不开器皿的，所以，农业生产与制造陶器就必然是相伴相随的。既然以炎帝为标志的农业生产的发祥地在晋东南，那么，晋东南的高平、长子、长治这一带，起码是最初生产陶器的地方之一，则陶乡（尧乡）作为地名也就绝非偶然。帝尧的先进技术也应该在于制造陶器和农业生产，这就应该是尧能够兴旺发达并吸引众多部落归附的最大理由。

　　说到这里，还要引一段《山西通志》卷十九记载的又一传说："（长子县）庆云山，在县东南五十里，递高一里半，南至高平界一里，连紫云山。相传尧时五色庆云见此。"可以推想，当初帝尧在长子陶乡之时，真是一派风调雨顺、农业兴旺的景象。问题是，宋·乐史《太平寰宇记》卷四十五载（河东道六·潞州·上党县）引《上党记》曰："庆云山，《上党记》云：'尧之将兴，有五色云出此山，故曰庆云山。'"其中不说"尧时"这个模糊的时间，而是说"尧之将兴"，也就是说，"庆云"出现的时候，帝尧还没有成为天下的"共主"，是"将要兴起"之时。假如此时帝尧不在长子，而在其它地方，即使仅仅距离百里，那一朵"庆云"，即便是一大片"庆云"恐怕也看不到！这又一次证明，帝尧的初期活动就在长子县无疑。当然，还有一种可能，就是尧在别处，而长子县这里的一座山上空出现了一片祥云，好事者奔走相告，然后传到了帝尧所在地，那里的人们说，这就是帝尧即将兴起的预兆，或者，多少年以后，当帝尧做了"天下"的共主以后，人们回忆起老早一年，长子县那里曾经又一片祥云升起，那就是帝尧现在兴起的预兆……可能吗？让我们看一看历来有关"庆云"或者"卿云"或者"五色云"的预兆之情形是怎么样的吧：

　　明·孙瑴所编《古微书》卷十九引《述异记》云："东方朔尝过吴明之墟，是长安东，过扶桑七万里，有及云山。山顶有井，云起井中，若土德王，黄云出；火德王，赤云出；水德王，黑云出；金德王，白云出；木德王，青云出。《瑞应图》云：'景云见者，大平之应也。一曰庆云，非气非烟，五色絪缊，谓之庆云。'"其中所言各种瑞应，我们且不管他，因为确然都是迷信，这里要紧的一句话是"景云""一曰庆云"。

宋·卫湜撰《礼记集说》卷一百十六："金华应氏曰：'古者庆、卿同音，其字同用，故庆云谓之卿云。'"这里说的是"庆云谓之卿云"，即庆云也叫"卿云"。明乎此，我们在阅读古籍的时候，当不至遗漏一些必要的环节。

《律吕正义·后编》卷八十三："《御寇子》云：'师文鼓琴，命宫而总四声，则庆云浮，景风翔。'"所谓"命宫而总四声"者，乃是用宫声统辖商、角、徵、羽四声，也就是说四声在宫声的统帅下，有序地担任其所承受的声部，配合其他音声演奏出和谐的音乐，象征着天下太平，秩序稳定。那么，什么时候可谓"天下太平"呢？在古人看来，一定是有一位圣人出现，让天下人口服心服地接受他的统治，四方归附，没有兵革暴乱发生，百姓真正过着"日出而作，日入而息。凿井而饮，耕田而食"的日子，进一步呢，就如那位唱这首歌的老人所说"帝力于我何有哉"了——哪怕是皇帝那位真龙天子也与我没关系，一种真正自由自在的生活出现了。

《宋书》卷二十七《符瑞志》上："帝舜有虞氏……即帝位，蓂荚生于阶，凤凰巢于庭，击石拊石，百兽率舞。景星出，房地出乘黄之马。西王母献白环、玉玦。舜在位十有四年，奏钟、石、笙、筦，未罢，而天大雷雨，疾风发屋拔木，桴鼓播地，钟磬乱行，舞人顿伏，乐正狂走。舜乃……笑曰：'明哉夫！天下非一人之天下也，亦乃见于钟、石、笙、筦乎？乃荐禹于天，使行天子事。于时和气普应，庆云兴焉。若烟非烟，若云非云，郁郁纷纷，萧索轮囷，百工相和而歌《庆云》。'帝乃倡之曰：'庆云烂兮，糺缦缦兮。日月光华，旦复旦兮。'"帝舜在位第十四个年头，乱了发生了："奏钟、石、笙、筦，未罢，而天大雷雨，疾风发屋拔木，桴鼓播地，钟磬乱行，舞人顿伏，乐正狂走。"，这就是帝舜"德衰"的表现，与上文所言"宫统四声"的情况正好相反，出现一片乱局。帝舜的英明在于，他明白自己已经没有能力在统帅天下了，于是禅让帝位给大禹。在这种情况下，"和气普应，庆云兴焉"。请读者注意，这是大禹还没有继承天子的位置，只是"行天子事"，就出现

了一种瑞应："庆云兴焉"。

但《尚书大传》卷一却说："舜将禅禹，八风修（一作循）通，时俊乂百工相和而歌《卿云》，帝唱之曰：'卿云烂兮，礼（一作糺一作斜李善引大传作体）缦缦兮（一作漫漫）。日月光华，旦复旦兮。'"注意：是"舜将禅禹"，在即将禅位之前，而不是已经禅让了帝位之后，就是说，天出庆云，还是一种预兆，即圣人即位之前，而不是即位的事情事情发生之后。

《史记·项羽本纪》："吾令人望其气，皆为龙虎，成五采，此天子气也。"这是说，当刘邦与项羽在关中对峙的时候，项羽的谋士范增劝说项羽赶紧消灭刘邦，原因是他发现刘邦所在地地方，其上空有五色云，也就是庆云，这是"天子气"，也就是预兆刘邦将来要做天子，所以现在要灭掉刘邦。

《太平御览》卷十五："《汉武故事》曰：上巡狩河间，见紫云青气自地属天，望气者云：下有奇彩女。求之，得拳夫人，后生昭帝。"这是钩弋夫人（那位生了汉昭帝的夫人）在得幸于汉武帝前的预兆。

又《南齐书》卷十八："建元元年，世祖拜皇太子，日有庆云在日边。"这里于是预兆，齐世祖只是确定为皇太子，就有了做皇帝的预兆："庆云在日边"。

又《宋书》卷二十七《符瑞志》上："景平三年四月，有五色云见西方，时文帝为荆州刺史，镇江陵，寻即大位。"

又《南史》卷四《齐本纪》："齐太祖高皇帝讳道成……帝旧茔在武进彭山，冈阜相属，数百里不绝。其上常有五色云，又有龙出焉。上时已贵矣。"

我们看了以上的材料，当有了一个鲜明的印象，就是凡是说到庆云出现在天空的时候，就是预兆一位帝王要出现了，绝不是一位英明的皇帝已经坐了龙庭上天才出现庆云的。这就告诉我们，尧在长子县的时候，长子的庆云山上空出现了庆云，只是预兆尧即将成为天下的共主，而不是已经成为"天子"了。此其一。

第二，那片庆云不会在别的地方出现，只能在那位即将做皇帝的人所在的地方的上空出现。

于此，我们可以肯定，单就这座庆云山出现的庆云的时间和地点，我们可以肯定地说，帝尧在做"天子"之前，肯定在长子这里活动着，或者简直可以说，帝尧就是长子县人。最后要说的是，清·徐文靖《管城硕记》卷四曰："《水经》：河水又南，经陶城西，又南，过蒲坂县西。注曰：陶城在蒲坂城北，城即舜所都也。帝尧倦勤，游居于陶，世以尧为陶唐氏，盖由此也。"表面上看，这说法极有可能，因为这一带正属于帝尧首都平阳地区，离平阳也较近。他放弃了历来"先封于陶，后封于唐"的说法，而是说帝尧晚年对政事感到疲倦，力不从心了，于是来到陶这个地方"游居"。就是自由自在地、随意地住在陶，也就是后来说的"退休养老"了。徐氏向由此证实"世以尧为陶唐氏，盖由此也"。但这里的"陶"与丹陵、丹渊、丹水、丹源等毫无关系，也就不必再论。

五、帝尧生命的归宿——潜山

前文屡次说过，笔者对于尧母的传说、帝尧的生地、发祥地、丹朱的始封之地的考辨，是建立在综合考察基础上的。对于帝尧死后葬地的考察，也是如此。这不只是笔者心血来潮的偶然奇想，而是受到中国古代学者方法论的启发，也受到国外人类学、文化学的启发。所以，考察帝尧的葬处，必须与他的出生地联系起来作综合考察。否则就会出现不可解决的疑问甚至互相矛盾之处，比如，把帝尧的葬地确定为山东济阴之说，一个显然不可解释的问题是，他本来在山西临汾"工作"，死后要千里迢迢地把尸体运到山东的济阴，如果没有充分的理由，那就很难使人相信其真实性。也许有人会说，古传虞舜逼帝尧退位，所以才把帝尧囚禁在城阳（或成阳），于是他就死在山东济阴的城阳（或成阳）了。这样的说法，实质上也就是认可了那条被历代学者驳斥的帝尧非禅让给虞舜，而是虞舜用武力逼迫帝尧退位的结果。如果仅仅为了把帝尧的陵墓说成是在山东济阴城阳，而不顾前后矛盾，那么这种说法还有什么意义呢？

其实说到帝尧的葬处还有几处，不独前文所引的山东济阴谷（榖）林，光在山东就至少有三处[139]，其余见于古籍所载还多：

---

139. 山东另外两处帝尧陵，一见于《资治通鉴后编》卷一百六十八："濮州鄄城县，言城西尧冢，上有佛寺。"又见于宋·乐史《太平寰宇记》卷十三："《十道志》云：'尧冢在曹州界。'"（今按，此说出自郭缘生《述征记》。）但据沈炳巽《水经注集释订讹》引《竹书纪年》以为小成阳（或城阳）乃是舜囚帝尧之处，于是人们就把那里作为帝尧的葬身之处，帝尧陵大约是后人所建。今录其文如下：《水经注集释订讹》卷二十四："《山海经》曰：'尧葬狄山之阳，一名崇山。'二说各殊，以为成阳近是尧冢也。"余按：小成阳在成阳西北（一作南）半里许实牛（疑作中），俗嗲以为囚尧城。《汲冢琐语》："舜放尧于平阳。"《续述征记》云："小成阳在阳城西南半里许，俗云囚尧城。"《括地志》引《竹书

《山海经》卷六《海外南经》:"狄山,帝尧葬于阳,帝喾葬于阴。"

《山海经》卷九《海外东经》:"嗟丘,一曰百果所在,在尧葬东。"

清·徐干学《读礼通考》卷八十九:"魏文帝于首阳东为寿陵,作《终制》,其畧云:'昔尧葬寿陵,因山为体,无封树……。'"

《读礼通考》卷九十五:"《墨子》:昔尧葬蛩山之阴,谷木之棺,葛以缄之。舜葬南已之市,谷木之棺,葛以缄之。"

汉·王充《论衡·书虚篇》(卷四):"夫舜禹之德不能过尧,尧葬于冀州,或言葬于崇山。"

元·陶宗仪《说郛》卷六十五上引范成大《揽辔录》:"……丁卯过东御园,即宜春苑也。颓垣荒草而已。二里,至东京,金改为南京……癸卯过河……甲戌过台城镇,故城延袤数十里,城中有灵台坡陁。邯郸人春时倾城出祭赵王歌舞台上,城傍有廉颇蔺相如墓。三十里至邯郸县墙外,居民以长竿磔白犬,悬其首,别一竿缚茅浸酒,揭于上,云金国人用以祭天祷病。甲子,过河六十里,至柏乡县,县人云:'沙河直东有尧山县,古尧山也。尧葬焉,有放勋庙……'"

明·彭大翼《山堂肆考》卷二百二十九:"《吕氏春秋》'尧葬谷(榖)林',在濮州。"

可见,古人关于帝尧葬处的传说,单就传世文献所记已有七处,这样算起来,全国至少有十处之多。而最令历代重视的两处,一是本文前面所引山东济阴成阳的尧帝陵,二是山西临汾县的帝尧陵:

"古陶唐氏陵,相传在城东七十里郭行里,土人谓之神林,又谓之神临。陵高一百五十尺,广二百余步。旁皆山石,惟此地为平土,深丈余。有金泰和二年碑记。明初访历代帝王陵墓,山东东平州以尧陵闻,载之祀

云》:'昔尧末年,德衰,为舜所囚,故濮州鄄城县东北十五里有囚尧城。')士安盖以是为尧冢也。(今按,士安为晋·皇甫谧字,作《帝王世系》。)《太平御览》卷五百六十又曰:"城阳县城二里,小城南九里,有尧冢,自汉迄于晋,二千石及承尉刊名。尧即位,至永嘉三年,二千七百二十一载。记于尧碑,城东南六里尧母庆都墓,称曰灵台。尧陵,北二里。"

典。浮山县古尧陵,相传在县西北三十五里杨村,陵前有碑记。临汾春秋二祭,今并录。"(《山西通志》卷一百七十二引《临汾县》)《山西通志》卷一百七十六又有类似的记载,但比较详细些:"《临汾县志》曰:尧陵在城东七十里,俗谓之神林。高一百五十尺,广二百余步,旁皆山石,惟此地为平土,深丈余。其庙正殿三间,庑十间,山后有洞一道。有金泰和二年碑记。窃考舜陟方乃死,其陵在九疑。禹会诸侯于江南,计功而崩,其陵在会稽。惟尧之巡狩不见经传,而此其国都之地,则此陵为尧陵无疑也。按《志》所论似为近理,但自汉以来,皆云尧葬济阴成阳,未敢以后人之言为信。"[140]

　　出于前面所说的同样的理由,帝尧的葬地在山东、山西两说之间比较起来,我们宁可相信在山西平阳即今临汾市之说谓更为可靠,虽然历代王朝对山东那个帝尧陵特别重视。重复地说,如果你相信了山东的帝尧陵是真实的,那就等于相信了虞舜武力争夺帝位说。那你就必须把几千年的关于"禅让"说的"铁案"彻底翻转过来,可能吗?

　　不过,我们现在要讨论的是,长子县的潜山也有可能是帝尧的葬地,虽然古来不见于经传记载,也无任何民间传说。我们只想从综合考辨的角度,超越历史的争论,给帝尧的葬地提供另外一个说法,希望在继续讨论中,关于帝尧的葬地会有一个说法更接近历史的真实。在讨论陶水(尧水)的发源地之一时,我们提到过长子县大堡头镇的潜山,山上有尧庙。这个尧庙始建于何时,已不可考。但它肯定是非常古老的,不但古老,而且是天下数不胜数的尧庙中非常重要的尧庙——《魏书·地形志》曰:"乐阳有尧庙,今长子有乐阳城。"这个"乐阳",可能即今长子县西十多公里的"岳阳村"。但岳阳并无尧庙,应为《魏书》作者误记。《山西通志》卷一百五十六又载:"帝尧庙在西南十五里潜山上,金季毁于兵。元至元暨至正间增葺,明成化四年、万历六年暨国朝康熙七年,胥重葺。岁四月二十八日,有司致祭。"为什么选择四曰二十八日?传说这一天是帝尧的生日。长子县至今还流传着一句谚语:"淋尧庙,晒五龙,交里会上刮大风。"就是说,每年的

---

140. 另外《山西通志》卷六、卷三十、卷一百六十四均有简略记载。

四月二十八日都下雨，但是每年这一天必定还要照常地开庙会，人们也必定在这一天风雨不误地来赶庙会。据县志记载和民间口传，每当祭祀之日，晋东南以及周边的县，甚至河北、河南、山东都有大批百姓和文人士子前来参加，外省人士甚至有提前半个月赶到长子的。至今老年人还有鲜活的记忆。看其地位也就仅次于临汾市的尧庙。这个尧庙在人们的心目中为什么这般重要呢？如果没有特殊的意义，这是不可想象的。所谓特殊的意义，就是这里不但属于尧的出生地丹陵地区，也是尧的发祥地，并且是他生命最终的归宿——帝尧的葬地。

新修县志说"潜山"是"俗称"[141]，恰恰相反，"尧庙山"才是俗称，而"潜山"应该是当初的正名。为什么叫潜山？《山海经·北次二经》云："西望大泽，后稷所潜也。"什么叫"潜"？郭璞注曰："后稷生而灵知，及其终，化形遁此泽而为之神，亦犹傅说骑箕尾也。""终""化形""为神""骑箕尾"，都是古代死亡委婉的说法。所以"潜"就是藏，也就是葬，潜山上之所以有尧庙，就是指示着帝尧的葬身之处，也昭示着帝尧已"化形"而为神。正如曹丕所言："夫葬也者，藏也，欲人之不得见也。"更有一层"欲人莫知"的理由（《三国志·魏书·文帝纪》），这也就是潜山上要建立尧庙的原因。

尧庙山

141.《长子县志》卷二："尧庙山，俗名潜山，在县南6.5公里，是磨盘山往北延伸的一条支脉，海拔1061米。山上原有尧帝庙、演教寺，都毁于战争。"北京，海潮出版社，1998年版，98页。

尧庙遗址

尧庙遗址碑

换言之，潜山山名的来历与山上建庙之间，有着一种特殊的联系，这种联系就是与帝尧的最后归宿有关。

《路史》卷三十六云："成阳有尧冢、灵台，而此碑（《灵台碑》）云'尧母葬兹，欲人莫知，名曰灵台。'"这种解释太神秘了。上古之时人死而埋葬，理由极简单，就是不想让人看见尸体而已，以巫术的解释也不过是让灵魂归于地下,或者升(陟)到上天,陪伴在"上帝"(即天帝,非西方之所谓上帝)左右(见《诗经·大雅》《颂》部分所载)。汉·王充《论衡·论死篇》曰:"人死,精神升天,骸骨归土,故谓之鬼。鬼者,归也。神者,荒忽无形者也。或说鬼神,阴阳之名也。阴气逆物而归,故谓之鬼。阳气导物而生,故谓之神。神者,伸也。"[142]在古人看来,死亡不过是灵魂回归老家,而土地就是人类的故居、老宅,所以骨肉归于土,那就必须把死者的尸体深深地埋葬在地下。至今我们看表现抗日战争的电影或描写战争的小说,往往写到农民出身的战士,在与敌人斗争中,把击毙敌人说作:"送你回老家!"这本是极古老的思想和话语。但曹丕所说的"欲人莫知",却是说使后人无法知道尧母的确切的葬地了——也许当初具有什么不可说的意义,而帝尧的葬地可能遵循着同样的逻辑,"欲人莫知"[143],是不是与那个"舜囚尧"的故事有关(前面说过,不是囚帝尧,而是大禹诛灭丹朱)?那么长子的先人虽知之而不敢言之也。遂至长子县城阳村这个本来应该著名的小村子也就被后人逐渐遗忘。然而这里的神秘和那至高无上的地位,却仍然留在人们非同寻常对待它的态度中,留在那非同寻常的祭祀之礼中。

　　然而,为什么"不欲人知"呢?我们既然不同意关于帝舜逼迫帝尧让位之说,而认可尧舜禹三代禅让之说,并非出于对后来儒家理想的尊重,而是出于对原始民主制度的实际存在的尊重,这是对历史事实的严肃态度。

---

　　142. 关于人死曰"归",说法很多,如元·李冶《敬斋古今黈》卷六引《韩诗外传》曰:"人死曰鬼,鬼者,归也。精气归于天,肉归于土,血归于水,脉归于泽,声归于雷,动作归于风,眼归于日月,骨归于木,筋归于山,齿归于石,膏归于露,发归于草,呼吸之气复归于人。"汉·应劭《风俗通义》卷九:"鬼者,归也。精气消越,骨肉归于土也。"宋·卫湜《礼记集说》卷六十七引长乐陈氏曰:"明则有礼乐,幽则有鬼神。鬼者,归也,归之以从地。神者,申也,申之以从天。诏告鬼神于天地之间,舍声音之号,何以哉?"该书卷一百八又引长乐刘氏曰:"鬼者,归也。归其根,复其元。"

　　143.这是一个值得人类学和文化学学者深思的中国古代现象。我粗粗想来,除了正文中说的理由以外,当与母权制消失、父权制的兴起有关:母权制的消亡乃是人类历史的一大转折,为了让母权制彻底消失,那就要人们彻底忘记她的存在,那就要那些关于母权制的传说也不能在民间流传,尤其是最末一代著名人物庆都,因为她是帝尧的母亲,尤其不能让她的事迹在显露于人间。

但我们对于虞舜逼迫帝尧和夏禹逼迫帝舜的传说也不能轻易地否定，因为没有足够的理由。有两个原因不能忽略：一是帝尧晚年禅让帝位之后，怕人们对他的崇拜和怀念影响到对帝舜管理"国家"的实际效应，所以自动消失，即隐匿起来。而百姓还在无限地怀念帝尧，总希望他应该仍然在位，即便不再发号施令，人们心里也是安心的，自然对帝舜有所怀疑甚至不满，于是猜想到帝位转换期间可能发生的事情。第二种可能是发生在夏禹传位给自己的儿子以后，即所谓"家天下"而不是"公天下"以后，经过殷商、西周、春秋、战国，特别是战国时期，思想活跃，一些反对儒家"复古"（"回归古代"）"崇礼"思想的思想家（诸子），他们主张以武力即"霸力"取得天下（事实上，从有文字记载以来的历史看，无论哪一次后一个王朝革前一代王朝的命，都是在血腥的暴力斗争中完成的，只有战国时燕王子哙模仿帝尧，把王位禅让给子之，最后闹得几乎亡国，子哙被杀）[144]，为了给以武力或曰暴力"改朝换代"的思想找到根据，于是创造了这类传说。就其思想本身而言，是符合古人"所见的"历史事实的，其推动历史进步的因素也是显然的，此且不论。但是无视历史事实，则是不可取的。

不过，假如我们设想：帝尧的实际统治区域并没有像先秦古籍所载的那么广大，没有"全国"性的统治范围，而舜也是一个与他同时期的一个强大的部落，在两个部族之间也就谈不上什么"禅让"的问题。我们不妨再仔细地看看那种说法的原文：

明人陈耀文撰《天中记》卷十三说："故尧城在濮洲鄄城县东北十五里。《竹书》云'昔尧末德衰，为舜所囚也'。又有偃朱故城，在县西北十五里，《竹书》云'舜囚尧，复偃丹朱，使不得与父相见也。'小城阳城在城阳西南半里许，俗云囚尧城（原注：《续述征记》）王僧辨《上元帝表》云：'阊阖受白登之辱，象魏致尧城之疑。'"（按王僧辩之语出《梁书·王僧辨传》）说明到南朝时期世间还流传着这种说法。这个具有综合性的记述，不比前文所引的更具体，也就看不出尧、舜是一个部族还是两个部族。只知道"尧

---

144. 事见《孟子·公孙丑下》及《史记·燕世家》。

末德衰"，但是炎帝和黄帝之间的更替也是炎帝"德衰"[145]，假如"尧"作为一个部族的首领，同时也是"尧"部族的代称或统称，即那个居住于高地的部族（垚），因其有先进的农业生产技艺（高地耕种而避免洪水之灾），尤其有先进的制造陶器的技艺（是熟食、装水以及储存食物的绝佳器具），吸引了周边部族而强大起来。到舜出现的时候，情况发生了变化：《史记》载："（舜）陶河滨，作什器于寿丘……舜耕历山，历山之人皆让畔；渔雷泽，雷泽上人皆让居；陶河滨，河滨器皆不苦窳。一年而所居成聚，二年成邑，三年成都。"（《史记》卷一《五帝本纪》）[146]其实，帝舜的强盛也是因为制造陶器出了名，他的能"让"和"孝"也是有名的。于是在短短的三年间，就在他的居住周围形成了都城——他的吸引力实在是太强大了，甚至远远地超过了帝尧。这就是古籍所载的"尧末德衰"的情形，不是某个人"德衰"，而是整个部落的生产力下降了。在这种情形下，尧部族可以有三种选择，一是战争，为了争夺人口流失和有利的地势"河滨"，大约那里的土质更适宜制造陶器，也更适宜耕种。帝尧主动发动战争，而帝尧部族不战而降，将其首领另行安置。二是这个部族的首领率领其部族归附于帝舜，即所谓让位。当然，按传统的说法，帝尧是一个伟大的领袖，不愿意发动战争，主动让位是完全可能的。更有一种可能，那就是帝舜的部落逐渐强大，人心归顺，而帝尧不愿意归附于舜，迫使帝尧部族的人们自己把自己的首领囚禁起来。以上三种猜想，只有第二种属于"禅让"行为，其余两种方式，

145.《史记》卷一："轩辕之时，神农氏世衰，诸侯相侵伐，暴虐百姓，而神农氏弗能征。于是轩辕乃习用干戈，以征不享，诸侯咸来宾从。而蚩尤最为暴，莫能伐。炎帝欲侵陵诸侯，诸侯咸归轩辕，轩辕乃修德振兵，以与炎帝于阪泉之野，三战然后得其志。"所谓"世衰"，也就是"德衰"，看下文"轩辕乃修德"，可明。

146. 关于帝舜之事古籍所载者多，如《元和郡县志》卷十二："《帝王世纪》：'舜陶于河滨。'"《元和郡县志》卷十四："河东县，本汉蒲坂县地也，属河东郡。隋开皇三年，罢郡县，仍属蒲州。十六年，移蒲坂县于城东，仍于今理，别置河东县。大业二年，省蒲坂县，入河东县……妫汭水，源出县南雷首山。《尚书》曰'厘降二女于妫汭'。州城即蒲坂城也。城中有舜庙，城外有舜宅及二妃坛。故陶城在县北四十里。《尚书大传》曰：'舜陶于河滨。'"《太平寰宇记》卷四十六："蒲州，河东县，故陶城在县北三十里。《史记》谓'舜陶于河滨'，即此是。"但都出于《史记》。

都可能衍生出"舜囚尧"的说法。而儒家提倡的是"谦让",所以宁愿接受"禅让说"。也许正是这诸多的可能性,遂使后人也不断重复那个"舜囚尧"说,以致唐代著名史学家刘知几(《史通》的作者)也以为合理。

到明代大学者王世贞还在《弇州四部稿》中表示怀疑,并且重复地说到这个问题:"太白诗有云:'尧幽囚,舜野死。'按《续述征记》云:'小城阳城在阳城西南半里许,俗云囚尧城。'《括地志》云:'故尧城在濮州鄄城县东北十五里。'《竹书》云:'昔尧末德衰,为舜所囚也。'又有偃朱故城,在县西北十五里。《竹书》云:'舜囚尧,复偃丹朱,使不得与父相见也。'万章所谓'尧率诸侯北面而朝之,瞽瞍亦北面而朝'。又《史通》云:'苍梧人风媒(裸)划,地气歊瘴,虽使百金之子犹惮经历其途,况以万乘垂殁之年,而堪巡幸其国?兼复二妃不从,孤魂溘尽,若夏桀放于南巢,赵嘉迁于房陵,周王流彘,楚帝徙郴,语其艰棘,未有如斯之甚也。斯则陟方之死,其殆文命之志乎?'又《述异记》朝歌有狱台,相传为禹囚舜之宫,《韩非子》云:'舜逼尧,禹逼舜。'盖自昔有此种议论矣。"(《弇州四部稿》卷一百五十九)王世贞只说"盖自昔有此种议论矣",并未予以否定,说明他至少是持将信将疑的态度的。

然而,单就"禅让说"而论,帝尧既然那么深得人心,他要稳定帝舜的统治地位,也要主动地"退隐江湖",不再给帝舜的统治造成负面影响。这才是前文所言"莫欲人知"的秘密所在,亦即他要永远地从人们面前消失,让帝舜顺利地治理"国家"。他自动地"潜藏"起来。到什么地方去呢?当然到最安全也是最安心的地方,那就是自己出生地和发祥地。从这个角度讲,长子的潜山为尧晚年的"潜藏"之地,也还是成立的。潜山有潜龙潭,潜龙潭边有潜龙庵。"潜龙",当寓有帝王"潜藏"即埋葬之义。

当然,其结果就是关于帝尧的陵墓在什么地方,给后代留下了诸多猜测和想象的巨大空间。所以,古籍所载帝尧的葬地也很多。各地的说法也都有其理由,也都有不能完全肯定的遗憾。如《山东通志》卷三十五载明·王道《濮州帝尧陵祠碑》文云:"帝尧陵见于山东郡邑者凡三,而史牒事证的然可据者，惟濮之竹林寺为最着。盖《史记》注既以为尧葬济阴成阳矣，吕不韦又云尧葬谷（穀）林，皇甫谧谓谷（穀）林即成阳也。《汉•地志》：济阴郡成阳县有尧塚，雷泽在其西北。"杜佑《通典》："濮阳雷泽县即汉成阳，而郭缘生《述征记》云'尧塚在雷泽东南'，其说皆与《史记》合，则尧陵当在濮境无疑。"（《山东通志》卷三十五之九引明•王道《濮州帝尧陵祠碑》）可是这说法并非司马迁《史记》正文所言，而是裴骃《集解》引诸书所言，而诸书所言各异。如刘向言"尧葬济阴"，《吕氏春秋》言"尧葬谷（穀）林"，并没说谷（穀）林在什么地方。皇甫谧说"谷（穀）林即城阳。尧都平阳，于《诗》为《唐国》。"也没说城阳在什么地方。仔细体会皇甫谧的意思，他所说的城阳应该在平阳一带。而杜佑则认为是濮阳雷泽县。那么，王道凭什么理由就认定"竹林寺本谷（穀）林遗址，其为尧陵也益无疑"呢？

事有凑巧而足可玩味者。就在长子县潜山西不远处有一村子名为"城阳"或为"成阳"，城阳之南又有村曰"阳鲁"。今概不知其村名之来历，焉知古传所谓尧所葬之地成阳或城阳非长子之城阳村也？《今本竹书纪年》曰："（尧）八十九年，作游宫于陶。九十年，帝游居于陶。一百年，帝陟于陶。"所谓"作游宫"之说，未必可信（按照帝尧简朴的德行），但这一系列的"陶"，则可见帝尧对"陶"这个地方是何等的眷恋和怀念。那里绝不是一般的地方，定是他的出生之地或起家之处。何谓"陟"？就是帝王之死的又一婉转的说法[147]。王国维《疏证》又引《史记•货殖传》："昔尧作游（于）成阳。"而不是"作游宫于陶"，如淳注曰："作，起也。成阳，在定陶。"[148]既然是"作

---

147. 今本《竹书纪年》云："帝王之崩皆曰陟。"王国维《疏证》："《韩昌黎集•黄陵庙碑》引《纪年》'帝王之崩曰陟'。"见济南，齐鲁书社 2000 年 5 月版《二十五别史》之《竹书纪年》所附之王国维《今本竹书纪年疏证》，41 页。

148. 今按王国维所引《史记》卷一百二十九《货殖列传》文校之中华书局校点本，游应作于。"作于"，就是"兴起于"（如淳注可证），如果把成阳（或城阳）定为山东济阴的成阳（或城阳），那就大成问题了：任何一部古籍都不曾一语道及尧是从山东某地兴起的。而这个说法更进一步证明，尧起家或发祥于长子的陶。从上文所引材料中，我们看到，一般学者多以为成阳在济阴，而如淳以为在定陶。我倒以为济阴之城阳，乃刘累或其后人封于鲁，为纪念或奉祀祖先而建立的新城阳。山东的定陶，亦当为此例。

于"成阳，也就是"兴起"在城阳，就是说，帝尧兴起于"陶"，晚年游于"陶"，也去世于"陶"。把《史记》和《竹书纪年》合起来看，"陶"又与"城阳（成阳）"是紧密相连的，那就不可能是山东济阴之成阳了——济阴与定陶相去甚远，且任何一部古籍都不曾说帝尧从山东兴起，而且这里也没有与"丹"或"丹渊""丹陵"有关的任何地名。更为重要的是，如淳的注为什么把"陶"和"成阳"自然而紧密地联系在一起？这两个地名也可以说本来是一个地方，既然前文所引古籍所载已经有人把帝尧封于"定陶"的说法否认了，那么，我们就只能从别处寻找，就是长子的潜山左右，一在潜山之西（城阳），一在潜山之东（陶乡），城阳与潜山相距不过十里，而潜山之东可以说就是整个的"陶乡"——既然我们可以把整个长子县甚至高平、屯留、长治、壶关（即上党盆地，亦即尧的出生地和丹朱的封地）作为扩大了的"陶乡"来对待，那么，潜山以东地区，自然可以说是陶乡的中心地带，因此说帝尧"作于成阳"也就十分合理。

值得注意的是，成阳村的山上有一座石棺岭，传说那里有一个用整块石头凿成的石头棺材，如果和"潜龙庵"联系起来，如果你承认帝尧是赤龙的后代，那就也是一条龙，那具石棺是否与帝尧的"潜藏"有关呢？

这座在长子县南值得我们特别关注的潜山（尧庙山），其北有村曰"西尧"，其东有村曰"尧神沟"。既有西尧，当有东尧或尧村，而今从《长子县志》新绘制的地图上看不见尧村的踪迹。当然，我们可以说西尧是因为在尧庙山（即潜山）之西。前文我们屡屡说到尧、陶古音同[149]，所以陶水也叫尧水，

至于刘累或其后代所封之鲁已见前注[23]，但"鲁"之为名，我以为与长子的阳鲁村应该有一定的联系——那一带是尧的起家之处，阳鲁应该与一个称鲁的山或水的地方有关：山之南、水之北曰阳。疑全国各地之所谓鲁者，皆源于此，但这与我们讨论的中心问题无关，可以放下不提，以待博雅君子矣。

149.《古今韵会举要》卷六（元·黄公绍原编、熊忠举要）尧与遥、陶同在平声下二萧韵，注云："尧，倪么切，音与遥同。"《元和姓纂》卷五："陶邱，帝尧子居陶邱，因氏焉。"《山西通志》卷六十四："陶丘，帝尧子丹朱居陶丘，因氏。"《通志》的作者毫无理由地把"帝尧子"改为"帝尧子丹朱"，好像尧就丹朱这么一个儿子。说到帝尧之子就应该是丹朱，岂不谬哉！

那么，西尧也完全可以说是"西陶"。还有一点也值得我们注意：沿潜山及其支脉磨盘山西麓，有一条河名曰苏里河，有村庄名曰苏村。今新修县志言不知村名所由来。按《路史》卷七云："赫苏氏是为赫胥。九洛泰定，爰脱蹝（蹊按：原误为洒）于潜山。"但古籍所载不同，有言在山东者，有言在湖南者[150]，都无确切说明。作为古代帝王之号，"赫胥氏"一词首见于《庄

150.按古籍关于赫苏氏的记载很多，姑录有备于考证者如下：清·吴玉搢《别雅》卷一："古于、疏、胥、苏、皆相通，犹姑苏亦作姑胥。古帝王有赫胥氏，亦作赫苏氏也。"

宋·罗泌《路史》卷七："赫苏氏，是为赫胥（胥，苏也。《传》谓：'赫然之德，为人胥附而号之也。'又以为即炎帝，妄矣。）赫胥氏之治也，尊民而重事。方是之时，人居不知所为，行不知所之。鼓腹而游，含哺而嘻。昼而动，夕而息，渴则求饮，饥则求食，莫知作善而作恶也。出三入一，惝悦如遗，光曜赫奕，而隆名有不居，即以胥而自况。（胥史之义。）九洛泰定，爰脱洒于潜山。（即天柱第十四洞天也。《仙传拾遗》云：'薛伯高之祖传真曰：祝融栖神于衡阜，虞帝登仙于苍梧，赫胥曜迹于潜山，黄帝飞轮于鼎湖。'此也。）葬朝阳。（《寰宇记》：'赫胥氏在临济东，故朝阳城内二里，今章丘。'）后有赫氏、赫胥氏。"

明·张萱《疑耀》卷七："赫胥氏，古有赫胥氏，一曰赫苏氏。古苏、胥通，《传》谓赫然之德为人胥附，故云。是胥为共义。又云：'胥者，胥史之意谓。隆名不居，而以胥史自况也。'未知孰是。"

清·陆陇其《读礼志疑》卷四："《世纪》云：伏羲之后女娲氏，亦风姓也。女娲氏没，次有大庭氏、栢皇氏、中央氏、栗陆氏、骊连氏、赫胥氏、尊卢氏、浑沌氏、昊英氏、有巢氏、朱襄氏、葛天氏、阴康氏、无怀氏，凡十五代，皆袭伏羲之号。然郑玄以大庭氏是神农之别号，《封禅》云：无怀氏在伏羲之前，今在伏羲之后，则《世纪》之文未可信用。"

唐·陆德明《经典释文》卷二十七："赫（本或作荶，呼白反）胥氏，司马云：'赫胥氏，上古帝王也，一云有赫然之德，使民胥附，故曰赫胥。'盖炎帝也。"

宋·乐史《太平寰宇记》卷十九："临济县，赫胥氏墓，在县东故朝阳城内一里。"

《大清一统志》卷一百二十七《陵墓》："古赫胥氏墓（在章邱县西朝阳故城内）。"元·于钦撰《齐乘》卷五、《山东通志》卷八同。

《江南通志》卷四十一："上古赫胥氏陵，在潜山县天柱山朝阳峰左。"

《湖广通志》卷十一："朝日峰，在岳庙左。《仙传拾遗》：'赫胥氏葬于衡山之朝阳峰。'"

《湖广通志》卷二十六："赫胥氏，《路史》赫胥氏之治也，尊民而重事，光耀赫奕而隆名，有所不居，即以胥而自况。九洛泰定，爰脱洒于潜山。注：'即天柱第十四洞天也。'谨按：南岳衡山有天柱峰。"

《湖广通志》卷八十一："上古赫胥氏墓，在南岳朝阳峰。《衡岳志》：'赫胥氏，厥

子·胠箧篇》,可能其传闻在河南南部(古代属楚国)一代较多,故古籍或以为其墓地在湖南衡山之朝阳峰。

但这位帝王既然把辞掉帝位看得像脱掉(扔掉)一双破鞋一般轻易(脱躧,犹脱屣,比喻把某事看得很轻,毫不在乎),后世常作摆脱官位而隐居的决心或态度。这传说也加入了后代隐士一类人的高洁出世之想象,显然也是后代对远古存在禅让制的一种阐释,他受到庄子的赞美,也就理所当然。《湖广通志》卷八十一上:"古赫胥氏墓,在南岳朝阳峰。《衡岳志》:'赫胥氏,厥纪禅通,始于潜山。'《路史》曰:'潜山,即衡岳天柱山。'"其中说到的"潜山",不应该是湖南衡山的潜山,而应该就是长子县南的潜山。《路史》原注曰:"胥,苏也。《传》谓赫然之德,为人胥附而号之也。又以为即炎帝,妄矣。"这个"又以为即炎帝",作者以为其"妄",我倒以为并不"妄"。因为把潜山与炎帝直接联系起来的地方就只能是长子县西南的潜山——这里离炎帝之发祥地羊头山近在咫尺,炎帝的女儿女娃就被淹死在"东海"(所谓"东海",古时晋东南盆地当是一片汪洋大泽,非今之所谓东海。有学者认为是河北平原之大泽,原来可能与东海相连,随着地壳抬升而成为陆地,恐非)。假如是今之东海或河北平原之"海"(沼泽),那么,精卫何以不在太行山"衔木石",而远从太行山西面的发鸠山"衔木石"呢?况且发鸠山的高度和绵延之广度,远不如太行山,就其木石资源而言,也远不如太行山,精卫想必不会那么傻,河北平原的大海,本来就在太行山山脚下,她不就近取材,还要远距离从发鸠山衔来木石,无论如何都是难以想象的。如今长治市北有"渔泽"村名,而那里如今并没有什么可"渔"之处,当是古老的地名(前文已论),女娃的精魂化为精卫鸟,"衔西山之木石以填东海"的西山(《山海经·北山经》),就是长子县西五十里的发鸠

纪禅通,始于潜山。'《路史》曰:'潜山,即衡岳天柱山。'《仙传拾遗》曰:'赫胥尊民而重事,其卒也葬于衡山之朝阳峰。'"今按:今《路史》无此注文。

但是,其中有误说,因安徽怀宁县有天柱山和潜山(后置潜山县),而湖南衡山即南岳亦有天柱山,但无潜山,所以罗泌《路史》遂误以为衡山的天柱山即潜山。此误盖以宋·欧阳忞《舆地广记》卷二十一云:"怀宁县有潜山,一名天柱山。汉武帝尝登此。"

山^[151]。既然炎帝的"少女"在这里，她的家也就必定在这一带，他的父亲炎帝也就一定在这里（羊头山就是明证，这是不争的古代传说）这样，我们就可以理解苏村、苏里河的由来了——那里原本就是赫苏氏亦即神农氏炎帝"脱躧"的地方。这位"脱躧于潜山"的部族首领（帝王），作出了"九洛泰（大）定"的伟大成绩，那也是因为发明了人类赖以稳定生活的农业生产，遍数中国上古帝王，非炎帝莫属。先进的生产经验是需要代代继承和积累的，说帝尧是炎帝的"后代"（事实上可能是原始部落或部族的延续，尤其是农耕部族的继续），从继承炎帝的生产和生活方式的角度讲，完全正确。

因此，潜山和苏里河一山一水联系起来，再加上苏村，就是在提醒人们，不要忘怀那位赫胥氏（赫苏氏）与潜山的关系。

接着的问题就是所谓"尧葬于谷（榖）林"。谷（榖）林在什么地方？且"榖林"一词十分费解，难道榖子（五榖、百榖）可以成"林"吗？《路史》卷三十六广征博引，以为是山东济阴之成阳。但所引先秦著作已有巨大分歧，《墨子》《吕氏春秋》《山海经》，所言各不相同^[152]。尧是继承了炎帝以农业为主的生产和生活方式的一代领袖，这才是晋东南地区长久地流

五、帝尧生命的归宿——潜山

151.《山海经·北山经》："发鸠之山，其上多柘木，有鸟焉，其状如乌，文首白喙赤足，名曰精卫，其鸣自詨。是炎帝之少女，名曰女娃。女娃游于东海，溺而不返，故为精卫。常衔西山之木石，以堙于东海。"

152. 宋·罗泌《路史》卷二十《后纪》十一："墨子曰：'古者圣人制为葬埋之法，曰桐棺三寸，足以朽体，衣衾三领，足以覆恶，尧北教八狄，道死邛邛之山，衣衾三领，满抗（坑）无封。已葬，牛马乘之。舜西教八戎，道死南纪之市，既葬，市人乘之。禹东教于越，葬会稽之山，桐棺三寸，皆下不及泉，上不通臭。三王岂财用不足哉？为葬埋之法也。'云死邛山，妄矣。墨意盖谓尧、舜皆以勤民死，不于家尔。刘向云葬济阴于陇山，《续征记》：'小成阳南九里。'《通典》：'曹州界有尧冢（冢），尧所居。'王充以为尧葬冀州。或云葬崇山，妄之甚。《吕氏春秋》卷十《安死篇》："尧葬于谷（榖）林，通树之。"注曰："通林以为树也。传曰'尧葬成阳'，此云谷（榖）林，成阳山下有谷（榖）林。"清·沈炳巽《水经注集释订讹》卷二十四："《帝王世纪》曰'尧葬济阴成阳西北四十里，是为谷（榖）林。《墨子》以为尧堂高三尺，土阶三等，北教八狄，道死，葬蛩山之阴。'《山海经》曰：'尧葬狄山之阳，一名崇山。'二说各殊，以为成阳近是尧冢也。"

传着神农氏故事的原因。前文说过，这里以谷（穀）命名的地方也特别多。羊头山的南坡为高平县，其北坡为长子县，《山西通志》卷十九引《魏书·地形志》："羊头山下神农泉，北有谷（穀）关，即神农得嘉谷（穀）处，山下有谷（穀）泉。"引章怀注："羊头山在上党郡谷（穀）远县。"这个谷（穀）远县即今长子县西北的沁源县，这是晋东南的另一座羊头山。又引《金志》："（长子县）有羊头山，发鸠山，尧水。"也就是在这座羊头山的北坡有神农氏得嘉谷（穀）处的谷（穀）关。长治县有百谷（穀）山，在县东北十三里，昔神农尝百谷（穀）于此；有百谷（穀）泉，在百谷（穀）山神农庙前（《山西通志》卷十九），山下有百谷（穀）寺（《山西通志》卷一百六十九）；泽州府（今晋城市）高平县有谷（穀）远山，在县东北二十里（《山西通志》卷二十三），又长子县宋村乡有谷（穀）村，疑原来当作"穀村"……那么，所谓"谷（穀）林"，就不是一个具体的地点，而是一个众多的以谷（穀）命名的地区（林，众多之义也）。所谓"谷（穀）林"这个地区除了以晋东南以羊头山为中心的长子、高平、长治、壶关、沁源一带以外，别无他求。

由此，我们可以有比较充分的理由说，帝尧的葬地应该在长子县的潜山即尧庙山。虽然古籍从未记载，长子县也无任何有关传说。当然，我们不是说帝尧的葬地"只此一家"，也不是断然否定山东城阳（成阳）尧陵说和临汾市的尧陵说，只是我们发现长子县的潜山也有成为帝尧葬地之可能。材料摆在那里，读者可以做出自己的判断。同时更是为了给尧文化的发掘和探索提供一点菲薄的可供后来者继续研究的资料而已。

六、长子有关水名地名考

任何地名都应该有其来历。前文说过，长子县有些地名，听起来总令人有一种古朴之感，也觉得十分地"雅"。对一个地名的阐释，或者根据其自古以来的传闻，或者根据古籍的记载，或者从字面上考察其初期起名的时间及其意义。当然，要真正地发掘其文化内涵，也必须根据我们这个以农业生产为立足之道的民族的特性，即农耕民族的文化特点，还有几千年传世文献中的有关资料，几方面结合起来，而且要结合得好，还有方法论的问题，先进的方法论会让我们在解决问题的时候，有某种"发蒙"的感觉。只有如此，才有可能给予一个地名以合理的解释。这种阐释是一项细致的工作，一旦与某种既定目的联系起来，就会受到来自某个方面的干扰，尤其是主观目的性的强烈冲击，从而陷入造作和勉强，也就非常危险。要为后世子孙负责，要为民族的前途负责，要经得起时间的考验。所以，我心怀惴惴，总是希望见到长子县"有识之士"的批评和帮助。

1. "天下孤陶唐"——陶唐村考略

自古以来，凡说到"陶唐"的时候，无不以为指帝尧的那个时代，或者以为就是帝尧的代称。所以，"陶唐"这个村名毫无疑问地与帝尧有着某种直接或间接的关系。最显然的例子是《左传》。《左传·襄公二十九年》载季札到鲁国观乐："为之歌《唐》，曰：'思深哉！其有陶唐氏之遗民乎？不然，何忧之远也。'"（注：晋本唐国，故有尧之遗风。忧深思远，情发于声，非令德之后，谁能若是？）这里季札说的"陶唐氏"，显指帝尧的时代，绝无他意。

帝尧生于长子考

长子县陶唐村

长子县城东的宋村镇有个陶唐村，在新修的县志上有记载，作者解释其村名的来历说："相传古时此地生产陶器，汤王曾在此巡游避暑数日，故名陶汤，后改为陶唐。"但是村里人讲述了另一个与此完全不同的世代传说，也许这个传说更接近远古事实：当年尧王巡查到此，在这里休息，所以叫陶唐村。其村子大门的门楣上大书"尧栖地"三个字。看来陶唐村人对新县志的记载并不认可，他们的传说与新修《长子县志》的说法相去甚远。县志所说的那个传说，有极重的后代想当然的阐释的味道，不知出于何处。

且陶和汤是不能联系在一起的。尧在前，汤在后，古人说"新鬼大，故鬼小"[153]，是说刚刚去世的人的地位要比此前去世的先人（先祖）的地位高，这是从活着的人对死去的人的态度说的：因为远古的祖先的影响远不及后来者对活着的人的影响大，所以，其祭祀的规模以及人们的心态肯定都是有区别的。渐渐的，那些时代很古的远祖会被人们遗忘。而且，我们经常看见一种现象，由于坟墓土地有限，远代子孙的坟墓逐渐没有适当的地方埋葬了，或者以为得利的风水到某一辈后代埋葬时，那个好风水已尽，于是要迁移到新的地方去。这就要重新立祖——从某一代祖先新立一个祖先（选择较近的一代，从其生前地位名声影响较大的一位确认）。那么，那些更久远的祖先也就从此脱离了人们的视野。除非具有"国家级"身份的人，一般都随着时间的推移连坟墓都消失了。

　　当然，对一些重要人物而言，由于后代子孙的敬仰或者出于有利于自己社会活动的目的[154]，对祖先中的某一位人物的传说，不断地添加新的朝代和新的"足以致圣""致神"的故事，也是可以理解的。但这个传说中所谓"生产陶器"是真，这个生产陶器的始祖传说中就是炎帝神农氏。据钱穆先生的说法，陶器生产最发达的时期应该是帝尧和虞舜那个时代。从科学的历史观而言，陶器始于新石器时代，传说中的炎帝当属于旧石器时代。但是，一种器物的产生，绝非一朝一夕之事，亦非一代两代之事，当有一个相当长的历史演进过程，从其初期的偶然性，到真正成为定型的体制，可能要经过漫长的历史过程。所以还不能否定其最早的发现就不是炎帝即旧石器时期。我们完全可以设想：当初的某个下雨天，人们生火烧烤食物，偶然的一块湿泥被火烧硬了，而且很硬，于是有心者便琢磨起来，把湿泥做成一定的形状，用火烧烤而定型，然后这个偶然的想法就开启了陶器制

153.《左传》文公二年："秋，八月，丁卯，大事于大（太）庙，跻僖公，逆祀也……尊僖公，且明见曰：'吾见新鬼大，故鬼小。'"

154.这种例子可以说数不胜数。我们看大约从汉代开始，各个学派的继承人都把自己的祖师抬得很高，目的不在于那位"开山祖师"有多么重要，而是可以借着抬高祖师爷的地位，把自己的学术地位抬上去，这种例子可谓连绵不绝！

作业的巨大空间。以长子、高平、长治三县交界处的羊头山为中心,关于炎帝神农氏密集的传说,说明这一带是中华农业文明的发祥地,也应该是陶器最初的发明地之一[155]。那么,帝尧这位"神农氏之后",当然要继承炎帝的事业,继续发展农业和陶器业,并且也因此兴旺起来,是合情合理的——粮食生产和陶器制造业,是农耕民族日常生活最为重要的两项大事,是关系到生存与发展的不可或缺之物。而任何时期,经济发达的地区总是具有极大的吸引力,帝尧以这两项决定人类命运的生活和生产用品的先进生产征服了周边地区的部族,而非用武力征服他们,所以他的仁慈和温暖也就成为人们歌颂的主要内容。《史记》载:"帝尧者,放勋,其仁如天,其知如神。就之如日,望之如云。(《索隐》:'如云之覆渥,言德化广大而浸润生人。人咸仰望之,故曰如百谷之仰膏雨也。')"[156]当周边部族越聚越多,人口繁庶,长子及其周边之长治、高平、屯留等处不能够容纳这些人口的时候,必然要扩大其领域,而上党盆地狭小,只有寻找更为广阔的平原地区,那就只有到后来以"唐"为中心的地域去了。这是帝尧迁移到翼城之"唐",又继续迁移到今临汾的理由。

古籍所称"初封于陶""再封于唐"之说,那绝对是历史进入分封制以后,人们以封建制社会的情形衡量上古时期社会的想法,但说帝尧开始创业于"陶",那应该是没有问题的——这里所说的"陶",其初应该不是一个地名,而是一种事业,即陶器制造业。因为有了这种对人类最重要的发明,所以也就把当初制造陶器的地方叫作"陶"。正如现在有的村子把一个地方叫"砖窑""砖窑前""砖窑后""砖窑东""砖窑西"那样,因为那里开了一座砖窑,所以,人们问起某件东西在什么地方的时候,就只能说"砖窑那儿",或者"砖窑前""砖窑后"之类。当然,如果制砖的场地离村子稍微远些,后来在那里工作的外乡工人,就地成家盖屋,久而久之,成

---

155. 山西大学文学院刘毓庆先生曾撰论,专门论述过这问题,有详尽的考察,并且认为"五千年文明的曙光从晋东南升起"。其结论应该可信——别处拿不出真正的证据来系统论证。

156.《史记》卷一五《帝本纪》。

为村落，那地方也就叫"砖窑前""砖窑后"……再简化一点，就叫"窑前村""窑后村"……那么，长子县的这个陶唐村，就不简单了。它与帝尧肯定有着极其密切的关联。

查《说文》口部："唐，大言也。从口，庚声。"段玉裁注曰："引申为大也。如说《尚书》者云：'唐为言荡荡也。'见《论衡》。又为空也……凡'陂塘'字，古皆作唐，取虚而多受之意。阝部曰堤，唐也。"那么，从陶、唐古音同而通用的角度看，唐也就是陶，如此，唐也可以说是大的陶器，其容量多，故曰唐。也就是说，帝尧初起之时，他的善于作陶器，而且善于作容量大的陶器。大的陶器想来当初是难做的，比如大的缸、罐子之类，那可是装粮食最好的器皿，既占地少，还可以长期储存。在那个不容易保存粮食的时代，那是多么重要！至今，上党地区的大缸还是很有名的，唐山大地震时，壶关产的大缸曾被一列列火车运往唐山灾区救灾。

所以，在这里留下以"陶唐"命名的村名，也就肯定不是偶然的。

大约在2005年前后，有一天，我忽然接到一个电话，对方在问我是否"李老师"之后，立刻就说："我是晋南的，我们这里就有一个陶唐村，我就是陶唐村人。"说完就挂了。本想打电话问问，但对方既然如此不愿意说下去，我也就不必勉强。他的意思很明白，他看了我的文章，不同意我对长子县陶唐村的分析，所以特意打电话来拨正我的说法。也就是说，他认为长子县的那个陶唐村不足为奇，他的村子也叫陶唐村。当时，我就很惊讶，后来再仔细地查找全国各省的地名，终于在山东某地又查到一个"陶唐村"。这说明，在全国远不止一个"陶唐村"。我对这位不知名的先生，真的从内心里深怀感激。他提醒我，看问题万万不可武断。

不过我在这里还要给读者提供一个信息，即长子县陶唐村的人们祖辈流传的一句话："天下孤陶唐。"[157]询之乡人，皆不得其解，谁也说不明白，

---

157. 这个说法真正很久了，我在20世纪60年代到长子县教书，有个学生就曾经问过我，说宋村公社有个陶唐村，村里人传说一句古话"天下孤陶唐"，问我是什么意思，就我当时的处境而言，哪里敢考虑这样的问题！

反正祖辈相传，就这么一句话。思考好久，我只能说，从字面上看，"孤"，有"独此一个"之义[158]，还有帝王、诸侯国君自称"孤"者，但那是后世的事情了。如此说来，"孤陶唐"，也就是说天下只有此处的"陶唐"是真正的陶唐，是天下诸多"陶唐"之始，别处的"陶唐"乃是此处陶唐的分支或派生者。虽然这个说法可能很容易得罪人，但它是实事，只能这么说了。

陶唐村最令人不可思议的是，原来村头有一个土地庙（现在已毁，地址犹存），这座庙与众不同，一般的土地庙都只供奉着一位土地老爷（土地神），顶多还有一位土地奶奶陪着。而陶唐村的土地庙里面竟然是三间屋子，供着三位神像。尽管本村人总是对外村的人夸耀自己村里的土地庙是绝无仅有的，但无论问什么人，谁都不知道是为什么，谁也说不清这三位神灵究竟每一位是什么神灵，只知道都是土地神。真是百思不得其解。假如泥土有三色的话，那还勉强说是各司其色，然而土地向来说是"五色土"，如何是三位神？有一天忽然想到，帝尧的尧字可以写作"垚"，是三个"土"字，是否暗示着那是代表三个"土"字呢？是不是三位土地神就是"垚"的本字的形象化？但是用三位神灵来表示，似乎也太令人费解了。可是又实在想不出其它的意思，姑且作如是解吧。假如真是如此，那么，塑造三位神主也就是暗示人们，陶唐村原本就是帝尧之乡。可是，帝尧又不是土地之神，供奉帝尧完全可以像其它地方那样，盖一座堂皇的尧庙，为什么要采取这种方式呢？要么，当初真的有那么一场争夺帝位的凶险事件，陶唐村的人们不能公开地祭祀帝尧，然而又不能放弃对帝尧的怀念，于是想到了这样的办法。然也？非也？果然如此，则这座庙宇的建筑当在十分遥远的古代，当然，是在有文字之后的一种聪明的做法——似乎在暗喻此地的主人，那位令人向往的远古帝王，永驻此地。

不知道全国其它地方可有同样的土地庙？此处姑且提出来存疑，十分期望后来的君子贤哲为之一解困惑。

158.此事我在一次学术会议的空闲时间，曾经请教过山西大学的刘毓庆先生，他给我的回答正是"孤，独此一个之义"。

这个以"陶唐"命名的村子真可谓"天下孤陶唐"了!

2. 漳水河名的文化考略

漳水,是清漳与浊漳两河的并称,最早出现在《尚书·禹贡》篇:"覃怀厎绩,至于衡漳。"说明漳水之称谓,远在大禹之前。

历来注家都一致认为,清漳至邺县与浊漳合,所谓"衡漳"即漳水"横流"的那一段。宋·林之奇《尚书全解》卷七云:"孔、郑诸儒亦谓漳水横流入河,当从孔氏之说。清漳水出上党沾县大黾谷,东北至渤海阜城县入河。浊漳水出长子县,东至邺县入清漳。盖此二水相合,横流而入河也。曾氏曰:河自大伾折而北流,漳水东流而注之。地之形南北为纵,东西为横。河北流而漳东流,则河纵而漳横矣。"[159]

浊漳水发源于长子县发鸠山,那里流传着产生于炎帝时代"精卫填海"的神话,就人文地理的历史历程而言(可以称为"自然地理的人化过程"或"自然向人生成史"),"漳水"最早的称呼当为发源于那里的那条浊漳河——长子本地人说到浊漳水的时候,一般只称"漳河",就是说浊漳河原本就只称为"漳水",后来以其与另一条河流汇合,就把这两条河分为两条支流,一清一浊,清者为清,浊者为浊漳。两水合流后,又总称为"漳水"。

---

159. 本文所引资料除注释中标明者外,皆采自四库本,不再一一注明。《尚书》孔颖达疏曰:"《地理志》:'河内郡有怀县,在河之北。'盖覃、怀二字共为一地,故云近河。地名衡,即古横字。漳水横流入河,故云横漳。漳在怀北五百余里,从覃、怀致功而北,至横漳也。《地理志》云:'清漳水出上党沾县大黾谷,东北至渤海阜城县入河。过郡五,行千六百八十里。此沾县因水为名。'《志》又云:'沾水出壶关。'《志》又云:'浊漳水出长子县东,至邺县入清漳。'郑玄亦云:'横漳,漳水横流。'王肃云:'衡、漳,二水名。'"

明·方以智《通雅》卷十五:"漳有十一:以清浊合流而名。赵晋之间有清漳、浊漳。沮水径当阳麦城,与漳水合。巩昌有漳县,瀼上有漳水,过豫章郡,为章江。漳州有漳浦。亳州有漳水。安州有漳水,即德安府大洪山之漳水,此地汉称豫章。陈留灈水,径城父县,沙水枝分注之,世谓之漳水。宜章有大、小二章水。存中以清浊相踩者为漳,章者文也,别也。漳,谓两物相合有文章,且可别也。清漳、浊漳合于上党。当阳即沮、漳合流瀼上,即漳、沮合流,漳州,予未曾目见。章郡即西江合流。亳漳则漳、涡合流。云梦则漳、郧合流。此数处皆清浊合流,色理如蟠蜥,数十里方混。"

那么，这条古老的漳水为什么命名为"漳"？宋·沈括《梦溪笔谈》卷三说其原由曰：

水以漳名、洛名者最多，今略举数处。赵、晋之间有清漳、浊漳，当阳有漳水，灞上有漳水，鄀郡有漳江，漳州有漳浦，亳州有漳水，安州有漳水……予考其义，乃清浊相蹂者为漳，章者，文也，别也。漳谓两物相合有文章，且可别也。清漳、浊漳合于上党，当阳即沮、漳合流……此数处皆清浊合流，色理如螮蝀，数十里方混。如璋亦从章，璋，王之左右之臣所执，《诗》云："济济辟王，左右趣之"，"济济辟王，左右奉璋。"璋，圭之半体也，合之则成圭。王左右之臣，合体一心，趣乎王者也。又诸侯以聘女，取其判合也。有事于山川，以其杀宗庙礼之半也。又牙璋，以起军旅，先儒谓有鉏牙之饰于剡侧，不然也，牙璋，判合之器也，当于合处为牙，如今之合契。牙璋，牝契也，以起军旅，则其牝宜在军中，即虎符之法也……

沈括为著名学者，其后，古代学者多有从之者，如方以智（《通雅》）、顾起元（《说略》），这种从字义上推原其由来的做法（"章者，文也，别也。"）及其结论，自有其合理的一面，除了对漳水的分析以外，他所举的许多例证到底是否合理，姑且不论，可是沈括似乎完全忘记了古代学者都熟悉的《诗经·大雅·公刘》"陟则在巘"句中的"巘"，《毛传》云："巘，小山别大山也。"不曰"嶂"而曰"巘"。还有《皇矣》"度其鲜原"句中的"鲜"，《毛传》曰："小山别大山曰鲜。"也不曰"嶂"而曰"鲜"，此何谓也欤？他说"漳谓两物相合有文章，且可别也"，两水相合而有别曰"漳"，那么两山相合而有别为什么就不叫"嶂"呢？他举了那么多的以"漳"命名的河水和各种"器物"例证，试图来证实他的推理，却显然"忘记"了这两个更为重要的例证，以沈括之博学，不可能忘记这么重要的例子，然而他不举此例，反而举了那么多的所谓"判合"之器。更为严重的是，沈括忘了一个最显然的例子，那就是陕西的泾水、渭水两条河，清浊是那么地分明，合流以后，有很长一段流程都清浊分明，以至后世成为一个成语曰"泾渭分明"（盖源于《诗经·卫风·氓》"泾以渭浊"），泾和渭为什么不称"漳水"？特别是合流以后为什么还不称"漳水"？自然界和人工合成而又有分别之物多矣，安可一律称之为"章"？否则人类的语言就太贫乏了，不知大学者沈括想到了没有？

不过沈括的这个说法（"章者，文也"）还是启发了我们，就是"章"与"文"的关系。他所说的那些"漳水"命名即便有道理，但能不能换一个角度，进一步从文化史的角度考察"章"的文化内涵？从而推考"漳水"命名之所在？

按先秦典籍中最早出现"文章"一词的著作是《论语》。《论语》中"文章"凡两见，一在《公冶长》篇，一在《泰伯》篇，一为子贡称扬孔子之"文章可得而闻也"，一为孔子赞美帝尧德行的伟大："子曰：'大哉！尧之为君也，巍巍乎，唯天为大，唯尧则之。荡荡乎，民无能名焉；巍巍乎，其有成功也；焕乎，其有文章！'"何晏注曰："焕，明也。其立文垂制又着明也。"显然，孔子赞美帝尧的伟大，不是说他会写文章，是说"文德彰明"[160]，是就帝尧的"文德"上说的[161]。《尚书·尧典》说尧："帝尧曰放勋，钦明文思安安。"马融注曰："威仪表备谓之钦，照临四方谓之明，经纬天地谓之文，道德纯备谓之思。"郑玄曰："敬事节用谓之钦，照临四方谓之明，经纬天地谓之文，虑事通敏谓之思。"《尚书》原文"思"一作"塞"，"安"一作"晏"，《考灵耀》郑玄注曰："道德纯备谓之塞，宽容覆载谓之晏。"[162]对于帝尧之"五德"，注家所解有所异同，如何晏注曰："焕，明也。其立文垂制又着明也。"马融所谓"威仪表备谓之钦"，就都有礼义制度之义，而郑玄则说"敬事节用谓之钦"然于"文"之"经纬天地"一解绝无不同。而所谓"经纬天地"，也就是孔子所说的"则天"，《说文》："文，错划也。"也就是事物交错而成文（彣）。每一划，都代表一种抽象的事物，而天地间每一种事物都有一定的色彩（白也是一种色），事物交错起来就组成无比丰富的彣彩，亦即

---

160. 此说向无人说，古今学者都说孔子所赞美帝尧的"文章"，是说他制了各种典章制度。笔者曾经专门撰文论述《论语》之"文章"即"文德彰明"。

161. 《国语·周语下》韦昭注："文，德之总名也。"

162. 以上马、郑之解俱引之周秉钧《尚书易解》，岳麓书社1984年11月第一版第二页。

"文采"。所以,"经天纬地之文"也就具有容纳天地万物的容量,并使之成为有序的"文"之义,帝尧的文德彰明,故谓之"焕乎其有文章"。所以刘勰说:"文之为德也大矣!与天地并生者,何哉?夫玄黄色杂,方圆体分。日月迭璧,以垂丽天之象;山川焕绮,以铺理地之形。此盖道之文也。仰观吐曜,俯察含章。高卑定位,故两仪既生矣。惟人参之,性灵所钟,是谓三才,为五行之秀。人实天地之心。心生而言立,言立而文明。自然之道也。傍及万品,动植皆文。龙凤以藻绘呈瑞,虎豹以炳蔚凝姿。云霞雕色,有踰画工之妙;草木贲华,无待锦匠之奇。夫岂外饰,盖自然耳。至于林籁结响,调如竽瑟;泉石激韵,和若球锽。故形立则章成矣,声发则文生矣。夫以无识之物,郁然有彩,有心之器,其无文欤?……唐虞文章,则焕乎始盛。"(《文心雕龙》卷一《原道》第一)按照刘勰的说法,"文"就是"德",这一说法来自吴·韦昭注《周语》下:"文者,德之摁(总)名。"(见吴·韦昭注《国语》卷三周语下)刘勰也延续了孔子的说法,认为"唐虞文章,则焕乎始盛",就是说,到了"唐虞"之世,"文章"才开始兴盛起来——文德日渐章明(彰明),其章明(彰明)的表现(今谓之"载体")就是礼乐,因此,历代把孔子赞美帝尧的"文章",解释为礼仪制度,那是有道理的,只是历代学者没有把"文章"与"礼乐制度"的连接点说清楚。

可见,"文""章""文章"与帝尧的关系紧密。还有一显然的例证,《礼记·乐记》:"《大章》,章之也。"郑玄注曰:"《大章》,尧乐名也。言尧德章明也。"孔颖达疏曰:"此一节论六代之乐也。'《大章》,章之也'者,章,明也。尧乐谓之'大章'者,言尧之德章明于天下也。"[163]这个解释恰好与我们上述观念一致。但帝尧之乐还有一曲曰《云门》,宋·陈旸《乐书》卷一百六十六:"《周官·大司乐》:'舞《云门》以祀天神。'传曰:'云出天气,雨出地气,则尧之乐以"云门"名之,以天气所由出入故也。盖云之为物,出则散以成章而其仁显;入则聚以为卷而其智藏。尧之俊德,就之如日,

---

163.郑玄的注解、孔颖达的进一步解说,都证明了我们在这里所说的孔子评价帝尧的所谓"文章",就是说帝尧"文德章明(彰明)"。

望之如云,《云门》之实也。其仁如天,焕乎其文章,《大章》之实也。'"[164]"云之为物,出则散以成章",也还是把《云门》的意义归之于"章",并以孔子"焕乎其有文章"的评价予以阐释。

这些材料都在表明,在中国文明发展史上,在西周以前的上古帝王中,最有资格名之曰"文""章""文章"的,除了帝尧,无人可以当之。也可以说,人们在说到往古的"文""章"或"文章"最辉煌的时代,想到的只能是帝尧。当然,帝尧之后,以"文""章"为谥号的帝王,一般都是社会秩序比较稳定、经济繁荣的时期,而且比较重视文化建设,并且做出了重大贡献,这似乎成为一个惯例,《史记》所附《帝王谥号解》曰:"经纬天地谓之文。"历数古代帝王,如周文王,晋文公、汉文帝……莫不如此。当然,文王之后,只能是一种人臣对帝王功德的向往或"具体而微"的表现,其实际的业绩离儒家理想的"文"或"章"还远得很。

我们再检讨一下先秦其它典籍中有关"文"和"文章"一词的使用内涵,就知道"文章"一般指礼仪制度周备[165]。就是说,孔子赞美帝尧"焕乎其有文章",是指人类社会所需要的各种典章制度,在帝尧那个时期已经具备;换句话说,帝尧的伟大正表现在他把自己的德行,化作可见的人们必须遵守的各种社会规范,以典章制度、礼仪文明的形式确定下来,让全体社会成员了了分明。按历史事实说,帝尧所制定的完备的礼仪制度,并非他自己从脑子里主观想出来的,是漫长的农业生产经验的总结——遵循天地四

164.《史记·五帝本纪》:"帝尧者,放勋,其仁如天,其知如神,就之如日,望之如云。"《索隐》:"如日之照临,人咸依就之,若葵藿倾心以向日也。""如云之覆渥。言德化广大而浸润生人,人咸仰望之,故曰如百谷之仰膏雨也。"

165.《礼记注疏》卷三十四《大传》注:"文章,礼法也。"《乐记》:"故钟、鼓、管、磬、羽、钥、干、戚,乐之器也;屈、伸、俯、仰、缀、兆、舒、疾,乐之文也;簠、簋、俎、豆、制度、文章,礼之器也;升降、上下、周还、裼袭,礼之文也。"《左传·隐公五年》"昭文章",注:"车,服,旌,旗。"

《桓二年》:"火龙黼黻,昭其文也。"注:"以文章明贵贱。"《宣十四年》:"于是有容貌采章嘉淑,而有加货。"注:"容貌,威仪容颜也;采章,车服文章也。"《昭十五年》:"明之以文章。"注:"旌旗。"各种音乐、服饰、器物的规定,都有一定的内涵,包括等级、德行的一系列规定,都不是随意而为的。这种规定制度就是"礼法"。

时运行规律来规定人类社会的基本行为（主要是生产方式和生活方式），然后再从组织生产劳动的基本方式和适应这种生产方式的生活方式，总结出一整套礼仪典章制度。所以孔子称赞其"则天"，后人称之为"经纬天地"。这些说法肯定有后人特别是后世儒家的"添枝加叶"，因为完备的礼乐制度是从西周周公"制礼作乐"时开始的，也就是说，这些说法有些夸大其词。然而中华民族最早的国家形态肯定是帝尧时期开始初具规模的[166]。从山西襄汾县陶寺乡发掘的上古遗址出土的大量器物中，我们大致可以肯定，在相当于帝尧的那个历史时期，礼仪制度已经完成了其初创期的任务了。特别是数量可观的各种玉制品礼器，更有此前以为只有到商代才产生的铜器。更出乎意外的是，竟然发现了陶扁壶上的两个类似文字的符号，有人以为一为"文"，一为"尧"。果然如此，就更使我们惊讶，这与《尧典》所言帝尧"五德"之一相对应的"文"字，难道是巧合吗？再把那里发现的世界最早的观象台，与《尧典》上的帝尧命羲、和掌管四时农作的记载（"历象日月星辰，敬授人时"）联系起来，与遗址所在的地名"尧都城"联系起来，做统一考虑，难道有这么多的巧合吗？我们能不能把这个"尧都城"看作是帝尧曾经的都城？数量可观的礼器、巨大的王陵、观象台，加上到目前为止所发现的最早的文字，都说明《尧典》所记绝非伪造。

那么，帝尧的"文德"就更不可怀疑了。这样，我们就可以回到本文开头所说的问题：漳水何以命名为"漳（章）"？

既然在尧、舜、禹三代时期，说到"文""章""文章"（"大章"），就只能是指帝尧，那么这条出现在《尚书·禹贡》篇中，明确为大禹治理过的河流——漳水——的命名，就只能令后人想到，她的名称是在彰显帝尧那无以名状、"不可方物"的伟大。

---

166. 陶寺的上古遗址其时间与传说中的帝尧时期大体是一致的。从陶寺考古发掘的情况看，苏秉琦先生认为是"迄今中原地区考古发现唯一较早近似社会分化达到国家（古国）规模的大遗址。"见《中国文明起源新探》，第159页，三联书店1999年版。

六、长子有关水名地名考

长子县出土的陶鬲、石斧、石镰

　　发源于发鸠山下的漳河，是一个时代的标记，她在时时提醒这里的人们，是帝尧继承和发展了炎帝的事业（农业生产和陶业），这里是帝尧出生和初期活动过的地方，他的伟大事业和无量功德，是从这里开始的。可惜后人逐渐地遗忘了那原初的意义。

　　当帝尧的事业再继续发展，当他的德行影响扩大，"克明俊德，以亲九族。九族既睦，平章百姓。百姓昭明，协和万邦，黎民于变时雍"，这里的人们把那条养育了帝尧子民的河流命名为"漳"，也就是为了永久地彰显帝尧的"文德"或"文章"——漳水之命名既彰显着帝尧的"文德"，更直接地表现了帝尧之乐《大章》内涵的延伸。因为帝尧之乐不但有《大章》，还

219

有《云门》和《咸池》（亦称《大咸》）[167]，这个说法盖来源于《庄子·天运》篇[168]，宋人王与之曰："咸，言其德之感民；池，言其润泽之久。"（《周礼订义》卷三十八）明·丘浚也说："《大咸》，尧乐。咸，言其德之遍及；池，言其润泽也。"（《大学衍义补》卷六十八）显然，以"章"名河，也是"彰显"这条河"润泽之久"的具体表现。

至于全国其它地方的漳水，以其不载《禹贡》，或大禹治水时未及其地，与帝尧还看不到有什么直接的关系，这里存而不论。

如此，让我想到一个问题：丹朱岭，这是长子县人普遍的称谓，但长子县东部靠近长治县一带地方，人们又称丹朱岭为"章朱岭"。这个称谓，我以为比"丹朱岭"似乎又有一层深意——显示着丹朱初封于长子县的证据，它直接告诉人们，帝尧之子名"朱"，这和我们前面反复强调的"丹朱"是因为"朱"封于"丹"之后才称"丹朱"的意见完全一致。因为从字面上可以看出，"章朱"，就是为了"彰（章）显"这位帝尧之子"朱"封在这里，同时也把这里与"漳河"联系了起来。

3. 关于长子县雍水河名的文化内涵

长子县的山水大都有其深厚的历史渊源，这与其深厚的历史文化背景有着直接的联系。在探索漳河文化来源的时候，我曾经说过，漳河的文献记载远自《尚书·禹贡》，就是说在大禹那个时代，已经有了"漳水"这条

---

167. 宋·王与之《周礼订义》卷三十八："以乐舞教国子舞《云门》《大卷》《大咸》《大磬》《大夏》《大濩》《大武》。"郑锷曰："尧之乐名曰《咸池》，咸，言其德之感民，池，言其润泽之久。"宋·卫湜《礼记集说》卷九十五引郑玄曰："（《大章》）《周礼》阙之，或作《大卷》《咸池》，黄帝所作乐名也，尧增修而用之。咸，皆也。池之言施也，言德之无不施也。"宋·陈旸《乐书》卷四十："尧命瞽瞍作《大章》，以其焕乎其有文章也。黄帝命营援作《咸池》，以其感物而润泽之也。盖五帝之乐莫盛于黄帝，至尧修而用之，然后一代之乐备。"《大章》《云门》和《咸池》（《大咸》）三乐，可以看作是一曲三段（后世之所谓《诗》所谓"章"，词之所谓"阕""片"），从历代注家所解释的意义看，其意义是逐段延伸的。

168.《庄子·天运》："北门成问于黄帝曰：帝张《咸池》之乐于洞庭之野，吾始闻之惧……"《庄子》一书保存了大量战国以前的传闻，其说可信。

河的河名，而且大禹直接治理过这条著名的河。查《山西通志》卷十九，其"山川"条记载：平顺县有大禹泉："大禹泉，在三池南里。'相传大禹经此'，相地穿井得泉云。"就是说，大禹治水的时候，也曾勘察和治理过这里的水系，先民没有忘记他的伟大功劳，在口传中保留着这位伟大君王的业绩。

长子县还有一条名为"雍水"的河，是漳河的支流。这条河在《大清一统志》和《山西通志》两书中均有记载。《山西通志》卷十九"潞安府长子县"条载："白佛头山，在县西二十五里，高二里，盘踞一里半。西至发鸠山二十五里，有雍水。巅有白石，形似佛头。"又说："雍水，在县北一里，源出佛头山，东流三十里，经坡底村、李庄村、董村，至长治，合浊漳。"

查全国各地，陕西省还有一条名为"雍水"的河流，比长子县的雍水要有名得多。在解释其得名的时候，《明一统志》卷三十四说："雍山，在府城西北三十里，雍水所出。盖四面积高曰雍，又四面不见四方，故谓之雍。"这个解释令我们想起"瓮（瓮）"，即大缸。四面高，中间低，里面储满了水，像个大缸。凡是从"雍"或"雍"声的字，都有四面环绕之义，如"拥（拥）护"，原义为四面围住，保护其安全之义。"拥（拥）堵"，也是因为人车过多，像把路口四面包裹住一样，也用以说明水道白泥土砂石堵住的情形。"壅土"，也是把禾苗根部四面用土堆垒起来。因为水流、人流（车流）被堵住，流动很慢，所以声音的和缓也称"噰噰（喁喁、雝雝）"，引而申之，人体皮肤上有包裹脓水的肿块也称"痈（痈）疽"……中国古代称西部为"雍州"，应为西部多山，地势较高，群山环绕，故称雍州。"雍山"因山顶四周高中间低洼而得名，而雍水出自雍山，水名从山名而来。《尚书·禹贡》所言之"灉沮会同"宋·毛晃《禹贡指南》卷一引《尔雅》："水自河出为灉"，又云"河有灉"，又云："灉，反入。"引郭注："河水决出，复还入者，河之有灉，犹江之有沱。"出去又绕一圈回来，有环绕义，故称"灉"。"《汉地理志》作'雍、沮'，沮水出常山元氏县，入河；雍水不言出入。"那么，雍水（或写作灉水），当然，还可以解释为黄河的河岔子——在河水因地势

分出一个支岔后,又流回黄河。显然与"壅堵"之"壅"有关,与陕西的雍水得名具有同样的意义——因黄河流经此地,为地形所阻,故分出一部分,然后聚集于地势低洼处,待灌满低洼之地,又流回黄河。

由"缓慢""和缓"引申出"雍和""雍容"这类词语,都是形容人的性情、文化修养的雅致或雅化带来的神态或精神状态。

但是这种种解释对于长子县的雍河而言,都是不通的。就其所发源的白佛头山说,没有什么"四面积高"或"四面不见四方"的状态,恰好相反,因其峰顶似佛头,山以得名,按理说,发源于这座山的这条"雍河",应该称为"佛头水"或"白佛头水",但竟称为"雍水",其何以故?

中国人尤其是古代的中国人,山水的命名、人的命名,绝不是简单的事情。多半以其特点而名,前面提到的对陕西雍水的命名就是以其山势的特点命名的——以所出之山命名,而那座山的特点是"四面积高"或"四面不见四方",是说四面高中间低,像个天然的大瓮;站在中间,看不见四方,是视线被"壅堵"的意思;而写作"灉水"的那个说法,也是说黄河流经到这里被一个高地所"壅堵"而使少部分水流分出来,流了一段路程之后,又流回到黄河中了。那被夹在水流中的部分高地,也就明显地看出是壅堵的作用了。所以,"雍"的一个意义除了前文说的四面环山之外,就是"高"的意思。西北的"雍州"就以其高而又四面环山而得名,汉人一直称那一带为"上雍"[169]。那么,长子县的这条"雍河"的"雍"又当如何解释呢?

既没有堵塞的意思,应该别寻他途以释之。在阐释漳水名称由来的文章中,我们认为,漳水之"漳"乃是孔子所说的帝尧"焕乎其有文章"的记忆和纪念,这里,还可以补充一点资料:宋人乐史的《太平寰宇记》中引述《上党记》的记载:"尧之将兴,有五色云出此山,故曰庆云山。"前文说过,我们要特别注意其中"尧之将兴"那句话。这个传说非常明确地告诉后人,帝尧是这里兴起的——假如帝尧不是在长子县,而是在别的什么地方,那

169.《史记》卷一百九"无何,敢从上雍",《索隐》:"雍地形高,故云上。"

么，这里庆云山出现的五色云又有什么作用呢？而且说的是"将兴"，而不是"已兴"，或者是一般的记载"帝尧时"。五色云彰显的是帝尧即将成为帝王的征兆，而不是已经成为帝王的吉兆，尧之为帝是后来的事情。这个传说与漳水之命名为"漳"，一致地证实着帝尧在长子县的初期活动：具有明确的"彰（章）显"之意。

而"雍"的另外一个意义，乃是"和"。但是在古代典籍中多用作"雝"字（见段玉裁《说文解字》注，隹部"雝"字释义注），"雍"，是隶定后简化的写法。从现存古籍中查考起来，最早出现这个字的是《尚书·尧典》，其文曰："曰若稽古，帝尧曰放勋，钦明文思安安，允恭克让，光被四表，格于上下。克明俊德，以亲九族。九族既睦，平章百姓。百姓昭明，协和万邦，黎民於变时雍。"[170]《孔传》曰："雍，和也。"如此说来，这是赞美帝尧统一天下之后的美好景象：天下所有的诸侯国都谐调和顺，天下所有的人民大众也都变得善良，和谐相处了。这就启发我们，长子县的这条雍水，同样是为了纪念帝尧活动及其丰功伟绩的一个标记，一个与漳水具有同样意义的永恒的记忆——帝尧的事业，他的品德，他给百姓人民带来的恩泽，如日月经天，江河行地。

问题也就在于，全国各地的山水，比庆云山大的山脉不知有多少，比漳水、雍水长的也同样屈指难数，为什么偏偏把这条河称为"雍"？这就值得我们深长思之。

雍河是漳河的一条支流，既然漳河是为了彰显和标记帝尧的"文德"（"文章"就是文德彰明），那么，为了更明确地记忆，在帝尧统一天下，建都平阳的时候，他不会忘记长子这个他出生地和初期活动、创业的地方，这是他的事业的起点，那上天出五色云的昭示，那祥瑞的预兆之地；而长子地区的人民百姓更不会忘记这位伟大的君王，于是就把长子县这第二大的河流命名为"雍水"。

事情绝非偶然。在上面我们引录的《尚书·尧典》那段文字中，"平章

---

170. 文中"於"字不可简化为"于"，《释诂》："于，代也。""於变"，犹言递变。

百姓"之"章"与"黎民于时雍"的"雍"是一气紧连的,"平章"[171],平,是辨别的意思;章,是明、明白、明显之义。因此,"平章百姓"即是辨别分明了百官的族姓[172],万邦和顺了,也就改变了风俗,这才有了"黎民于变时雍"的效果(即百姓因此而变而文明,能够和睦相处)。

这就是说,帝尧公平地辨明了百官诸侯的姓氏族别,各有其位、各司其职,上下等级分明。那就需要各项制度的完备,包括各种礼仪和赏罚制度的制定。于是,各种典章制度、礼仪文物逐渐齐备,《尧典》所说命"羲和"分司东南西北、春夏秋冬,掌管天时地利等等,"敬授民时"(农作的准确时间),就是明显的事实(襄汾县陶寺乡尧都城和大型地下遗址的发现,以及古观象太的发现,更有陶扁壶上"文尧"文字的出土,进一步证实了这一历史记载的真实性)。而德教的普及,辅之以这些典章制度的完善,帝尧时作为第一个统一的国家形态在中国的出现,昭示着中国新文明时代的开始,奠定了中国以农业生产方式和生活方式为基础的社会的雏形。而天下各个部族的统一和稳定也就达到了空前的范围和程度,没有战争和杀戮,各诸侯国(部族)、各部族内部上下级、百姓与百姓之间,呈现一派和谐景象。这给人民百姓带来了从未有过的兴旺、繁荣及和谐的局面。这就是孔子赞叹的帝尧"则天"的实质——顺应天时运行的生产和生活规律,规定

171.《史记》引作"便章",司马迁每每把古书的文字翻译成汉代人语言。司马贞《索引》作"辩章",《后汉书·刘恺传》引作"辨章",郑注:"辨,别也。"看来"便"即"辨",音同义同。

172. 百姓,历来注解皆以为就是"百官",也没错,其实"百姓"和"百官"之间还有一个中间环节,没说明白(古人很明白,但今人自以为也明白,其实未必然)。我以为,百姓,是指众多的部族,一个部族一个姓,每一个姓的部族都有一位自己的头领,他姓什么,那个部族的人就都姓什么。作为总头领的帝尧,他只要认识了各个姓氏,也就等于认识了各个部族。某个部族在大联盟中地位,不是随意确定的,而是由其部族的人数的多少、占有土地面积的大小来确定的。那当然要有一番考察和确认的过程,这就是"平章"的过程。这在当年似一件了不起的大事,各个部族的矛盾以至于流血斗争,就因为互相之间有"倚强凌弱"和"以众暴寡"的事情经常发生。只有分别清楚各个部族各自的地位和拥有的土地面积,同时确认了在大联盟中的地位,才能比较长久地和平共处,以至于天下太平。"和睦相处",不是一件容易的事情,所以这里才特别记录强调一番。

农业生产的季节和活动内容；而所谓"焕乎其有文章"，则既指其文物礼仪的完备，准确地说，是指完美的道德以遵守（即可见的）典章制度和可见的礼仪形式固定下来——德是属于精神的人的内在的世界，是不可见的，如今用这些明明白白可见的、人们可以遵循的形式固定下来，所以谓之"焕乎"。这一切在中国文明史上都具有开创性的意义，这也是儒家为什么动辄称"三代"，口不离"尧舜禹"，并且把帝尧尊奉为第一个最崇高的典范之原因。

因此，"雍"是一个形容某个历史的时期或王朝最和谐稳定、最繁荣兴盛的社会状态，在上古，也只有尧、舜、禹、汤、文、武时期才可以当之。

《诗经·沔水》云："沔彼流水，朝宗于海。"那是对周宣王时期西周中兴景象的比喻，郑玄注云："水流而入海，小就大也。喻诸侯朝天子，亦犹是也。"那么，雍水之归于漳水，也就像天下万民景仰帝尧的"文章"（文德彰明）并归顺于帝尧那样。其象征的意义是十分明显的。后世孔子说："远人不服，则修文德以来之。"其源盖亦在于此也。漳水既已命名为"漳"，则因而想到了"雍"，这是顺理成章的事情。

最后，我们看一下《诗经·周颂·雝》这篇诗的内容，就知道用"雍"来命名一条河，是不简单的事情。

《诗序》曰："《雝》，禘大祖也。"《笺》（郑玄笺注）云："禘，大祭也。"就是说，这首诗是祭祀大祖的诗。大祖，指周文王。

该诗原文：

有来雝雝，至止肃肃。相维辟公，天子穆穆。于荐广牡，相予肆祀。

《毛传》："相，助；广，大也。"《郑笺》云："雝雝，和也。肃肃，敬也。有是来时雝雝然，既至止而肃肃然者，乃助王禘祭，百辟与诸侯也。天子是时则穆穆然，于进大牡之牲，百辟与诸侯又助我陈祭祀之馔，言得天下之欢心。"

首句"雝雝（雍雍）"是周天子用来祭祀周文王的，描写诸侯和百官前来助祭，他们迈着缓缓的步伐，雍容尔雅，气度从容，创造了一派和谐的

氛围。这当然是天下太平的表现,是中原地区人民梦寐以求的景象。

那么,在这么一个县的范围内、一条小河却起了一个"平天下"的大名,难道不奇怪吗?解决这个疑问,就只有追寻远古的历史,就只有帝尧时期"协和万邦,黎民于变时雍"的"雍"才能担得起这个称号。这名称当然也是长子人向往那一去不返却总是盼望着还能回来的那个时代。

山恒在,水长流。帝尧之在人心,亦犹是也。长子人代代相传,那条昭示着人们应该和睦相处的雍水,亦恒久地告诫后世人们的相处之道。这也证实了我们中华民族是一个爱好和平的民族,是一个性格温和与人为善的民族。

4. 长子县庆云山山名来源考略

地处长子县南部的庆云山,有其命名的来源,也颇值得一说。《山西通志》卷十九载:"庆云山,在县东南五十里,递高一里半,南至高平界一里,连紫云山。相传尧时五色庆云见此(李蹊按:见读现)。"这就是前文所引宋·陈旸《乐书》所言的实证:"云出天气,雨出地气,则尧之乐以'云门'名之,以天气所由出入故也。盖云之为物,出则散以成章……"这无疑是为了彰显帝尧在长子遗迹的又一个证明。或者以为,《史记·天官书》曰:"凡望云气,仰而望之,三四百里。平望,在桑榆上,千余二千里。登高而望之,下属地者三千里。"好像云气在天,可以在几百里或数千里都可以望见。然而这不过是古人的想象,以今之天文学常识而论,就是观察日蚀或月蚀在几百里之遥也会有很大的差异,更何况是云气!

中国历史上天现"庆云"比较大的瑞兆,即伟大的帝王即将统一天下的预兆有三次:一是黄帝统一天下时(见《初学记》等书载)[173],二是帝尧

173.《初学记》卷九:"黄帝有熊氏,《帝王世纪》曰:黄帝,少典之子,姬姓也。母曰附宝,见大电光绕北斗,枢星照野,感附宝而生黄帝于寿丘。龙颜有圣德,受国于有熊,居轩辕之丘,故因以为名。得宝鼎,兴封禅,有景云之瑞,故以云纪官。"所谓"景云"亦即庆云(卿云)。

将成为天下共主的时（即本文所论次者），三是刘邦与项羽争天下时（见《史记·项羽本纪》载）。汉以后见于载记者不可胜数[174]。统计古籍所载全国以"庆云"命名的山有如下几处：潞安府长子县庆云山[175]，严州府分县有庆云山[176]，重庆府荣昌县有庆云山[177]，今内蒙古科尔沁右翼有庆云山[178]，今内蒙古阿霸哈纳尔旗有庆云山[179]，上京庆州有庆云山[180]，这六座山除长子县的庆云山，其余诸山于得名皆无说。

关于长子县的这座庆云山，多种古籍都有记载。可以推想，当初帝尧在长子陶乡之时，真是一派风调雨顺、农业兴旺的景象。问题是，焉知《山西通志》或另外诸书的记载就不是长子县以外的地区呢？请看宋·乐史《太平寰宇记》卷四十五载（河东道六·潞州·上党县）引《上党记》曰："庆云山，《上党记》云：'尧之将兴，有五色云出此山，故曰庆云山。'"其中不

174.《宋书》卷二十七："景平三年四月，有五色云见西方，时文帝为荆州刺史，镇江陵，寻即大位。"

《南史》卷四《齐本纪上》："始帝年十七时，尝梦乘青龙上天，西行逐日。帝旧茔在武进彭山，冈阜相属，数百里不绝，其上常有五色云，又有龙出焉。上时已贵矣。"

《山西通志》卷十九《长治县》："五龙山，《十六国春秋》：西燕慕容永时，有五色云见于此。"

《山西通志》卷一百六十五："五龙庙，在南五龙山，慕容永据长子时，山有五色云见，作龙形，因立祠祀之。"慕容永即以此山而称帝。

175.《明一统志》卷二十一："庆云山，在长子县东南五十里。相传尧时，五色庆云见于此。"《大清一统志》卷一百三《潞安府》条同。

176.《明一统志》卷四十一："严州府（东至杭州府富阳县界二百里，西至直隶徽州府歙县界二百三十里，南至金华府兰溪县界五十里，北至杭州府于潜县界一百二十里。）庆云山，在分水县治东南。唐长庭中山上有五色云现，故名。"

177.《大清一统志》卷二百九十五："重庆府。庆云山，在荣昌县东南六十里。"

178.《大清一统志》卷四百六："阿噜科尔沁，庆云山在右翼西一百十五里，蒙古名墨尔根。"

179.《大清一统志》卷四百七："阿霸哈纳尔二旗，庆云山在张家口东北六百四十里，东西距一百八十里，南北距四百三十六里，东至蒿齐忒界，西至阿霸垓右翼界，南至正蓝旗察哈尔界，北至瀚海。蒙古名吉尔巴。"

180.《钦定盛京通志》卷二十八："庆云山，《辽史·地理志》上京庆州庆云山，本黑岭也。在州西二十里有黑山、赤山、太保山、老翁岭、馒头山。按黑岭在今吉林界内，余则古今异名。"

说"尧时"这个模糊的时间,而是说"尧之将兴",也就是说,"庆云"出现的时候,帝尧还没有兴起,是"将要兴起"之时。假如此时帝尧不在长子,而在其它地方,即使仅仅距离百里,那一朵"庆云"或者一片"庆云",无论如何也很难看到!请注意,乐史所记并非出自他自己的想象,而是出自《上党记》那本书,这就足资证明,其地、其事、其时并非别地、别事和别时,今按:庆云,首见于《竹书纪年》卷上:"帝舜有虞氏,十四年,卿云见。命禹代虞事,于时和气普应,庆云兴焉。若烟非烟,若云非云,郁郁纷纷,萧索轮囷,百工相和而歌《庆云》,帝乃倡之曰:'庆云烂兮,糺缦缦兮。日月光华,旦复旦兮!'"因为帝舜要禅位于大禹,预兆天下又当兴起新一轮的太平景象,所以庆云出现了。

这是为什么呢?《史记》卷二十七《天官书》:"云气各象其山川人民所聚积(《正义》:'《淮南子》云:土地各以类生人,是故山气多勇,泽气多瘖,风气多聋,林气多躄,木气多伛,石气多力,险阻气多寿,谷气多痹,丘气多狂,庙气多仁,陵气多贪,轻土多利足,重土多迟。清水音小,浊水音大,湍水人重,中土多圣人。皆象其气,皆应其类也。')故候息耗者,入国邑,视封疆田畴之正治,(《集解》:'如淳曰:蔡邕云麻田曰畴。')城郭室屋门户之润泽,次至车服畜产精华,实息者吉,虚耗者凶。若烟非烟,若云非云,郁郁纷纷,萧索轮囷,是谓卿云。(《正义》:'卿音庆。')卿云见,喜气也。"《史记》这段话颇值得玩味,也符合现代人文地理学的观念,即一个民族的风俗习惯,一个民族的性格,甚至一个民族的文化特质,都与其所处地域的特征有着千丝万缕的关联。但所谓庆云出现是"瑞兆"之说,似乎有迷信的嫌疑。不过从云气形成的规律而言,也许庆云的出现与"人气"即人类的行为对大自然的影响有关。看现在的严重的大气污染,不可能出现所谓"庆云"。而天灾频发,是不是大自然对人类肆无忌惮的"妄行"之报复呢?

那么,"庆云"到底是什么样的云气呢?所谓"五色"[181],又是哪五色

---

181. 关于"庆云"五色的记载较多,如清·归安·沈炳巽所撰《水经注集释订讹》卷

呢？明孙毂编《古微书》卷十九引《礼斗威仪》《述异记》："东方朔尝过吴明之墟，是长安东，过扶桑七万里，有及云山，山顶有井，云起井中。若土德王，黄云出；火德王，赤云出；水德王，黑云出；金德王，白云出；木德王，青云出。《瑞应图》云：'景云见者，大平之应也，一曰庆云。非气非烟，五色絪缊谓之庆云。'"其中言及庆云又曰卿云，所说的五色乃是黄、赤、黑、白、青。就是说，一旦庆云出现，也就是能够统一"五行"所代表的最伟大的帝王将要出世了，五行和谐地凝聚在一起，代表着万方归顺。

又说，每一种色彩象征一种德行的帝王的出现，其实是以五行学说、天人感应之道来阐释人间帝王出现的征兆。汉高祖自以为是赤帝之子，应该兴起而灭白帝之子，而白帝象征西方秦王朝的秦王。但是，史书或以为秦尚黑色，是水德的代表。其说汗漫难明，殆亦不能自圆其说者也。然而无论如何，庆云的出现，总是吉祥之兆[182]。庆云出现，预兆一代新的帝王的出现，而这位新的帝王又是能够给百姓带来幸福的、具有仁爱精神之天子。《魏志》卷十九《陈思王植传》："四年，徙封雍丘王。其年朝京都，上疏曰：'臣自抱衅归藩，刻肌刻骨，追思罪戾，昼分而食，夜分而寝。诚以天网不可重离，圣恩难可再恃。'窃感《相鼠》之篇'无礼遄死'之义，形影相吊，五情愧赧，以罪弃生，则违古贤夕改之劝；忍活苟全，则犯诗人'胡颜'之讥。伏惟陛下德象天地，恩隆父母。施畅春风，泽如时雨。是以不别荆棘者，庆云之惠也；七子均养者，尸鸠之仁也……"文中所言"不别荆

二十七："汉水又东，得长柳渡……义熙十五年，城上有密云细雨，五色昭章，人相与谓之庆云。"亦有三色者，但三色者又称为"矞"或"雟"。《集韵》："卿云谓之雟，《西京杂记》：'云三色为雟。'"明·赵撝谦《六书本义》卷十二："卿云三色为矞，作雟，非。"清·仇兆鳌撰《杜诗详注》卷十六："《往在》诗注，引沈约《宋书》：'庆云，五色者。太平之应。'董仲舒《雨雹对》：'云五色而为庆，三色而为矞。'"

182. 宋·罗泌《路史》卷十四《后纪五》："《宋书》：'庆云五色，太平之应。'"元·马端临《文献通考》卷二百八十五："五色云为庆云，太平之应，见则国有庆。"

宋·郭知达编《九家集注杜诗》卷十七："《重经昭陵》：'再窥松柏路，还见五云飞。'《孝经援神契》曰：'王者德至山陵，则庆云出。五云者，乃五色之庆云也。'沈约《宋书》云：'庆云，五色是已。'"

棘者，庆云之惠也"，是阐释庆云对天下万物的滋养毫无偏颇，泽利均沾，无所不覆，人类甚至动植物都会广被其泽。曹植显然是对魏文帝的歌颂。

当然更为普遍的说法是，"庆云"的出现，不一定是王朝革命的征兆，也是出现时那个王朝的"瑞应"，就是说上天"垂象"，告诉天下，这是一个兴旺发达的年代，是在位帝王英明或仁爱的"昭示"。上举大舜、大禹即将嬗代之时出现庆云，即是此意。所以历史上，每当出现"庆云"报告的时候，那也就是帝王和群臣（统治集团）最高兴的时候。于是，有关"庆云"的文章、诗词、歌赋、图画就会大量涌现。而出现"庆云"之地，也会随时更换和新造一些与"庆云"有关的地名，甚至楼台殿阁、亭榭山水以"庆云"命名者，全国各地层出不穷，什么"庆云县""庆云乡""庆云村""庆云楼""庆云寺""庆云阁""庆云门""庆云殿"……请读者注意，这也并非只是统治阶层或上层社会的意愿或主流意识的表现，那种盼望风调雨顺、五谷丰登、和平安详、衣食无忧的心理，乃是全社会普遍的企求，老实说，不但是在帝尧的时代，就是整个封建社会，如果说统治集团只是为了粉饰太平的需要，而老百姓可是真真切切、实实在在地在祈祷着那种年景的不断出现，丰年绵绵不绝——那是一种全社会、整个民族的梦想！

如此，我们就能够比较充分地理解，帝尧将要兴起的那次"庆云"的出现，它所具有的非凡的意义。回到我们的论题，就是，"帝尧将兴"所出现的庆云，只能说明他正在长子县为中心的上党地区活动，他的仁爱精神和行为感动了天地，他也即将成为继承帝喾[183]的一代超越前古的伟大帝王——庆云山的传说，进一步证实了帝尧的初期活动在长子县。

183.这里姑且这么说，事实上，帝尧时期乃是一个由母权制到父权制时期的过渡时期。帝尧之父是帝喾云云，纯属后世儒生的虚构，目的是为了坐实帝尧是有父亲的，亦即历史上从来没有什么母权制社会。

附 考

晋城市高平地区关于尧母庆都的遗迹

关于尧母庆都在长子县的活动，前文已做过详细的考论，说明其生育帝尧在丹陵，她的一些活动与长子县常山、羊头山亦即交里村村名的来历有关。但是在河北和山东也有相关的记载。

前文言及《畿辅通志》所引郝经所著《帝尧碑》以及其所言"望都山"等记载，还有《山东通志》有关帝尧陵、尧母葬地的记载中，都明显地表明，那些著作的作者对尧母庆都在河北和山东的活动，是肯定的。此外，在河北涿县（古涿州）有地名都乡城。如《明一统志》卷一："京师西乡城，在涿州，西北又名都乡城，汉旧县也。"《大清一统志》卷六："顺天府三西乡故城，在涿州西北，汉初元五年，封广阳顷王子容为侯国，属涿郡。后汉省。《水经注》：'侠河，东径西乡县故城北，世谓之都乡城。'按《地理志》：'涿郡有西乡城。'无都乡城，盖世传之非也。《旧唐书·地理志》：'慎州逢龙县、黎州新黎县，神龙初，皆寄治良乡之故都乡城。'《太平寰宇记》：'西乡故城在范阳县西北二十五里。'按《太平寰宇记》又云：'广阳故城在县西南，州志在县西南十五里，皆误。'"宋·乐史《太平寰宇记》卷七十一："（河北道二十）逢龙县，契丹陷营州后，南迁，寄治良乡县之故都乡城，为逢龙县州所治。"这些记载虽无尧母庆都的传说，但与"望都山"等传说联系起来，其地名之来历，应该与河北某些与庆都有关系的传说有关（比如前文所言丹朱或丹朱后人曾经被排挤到此地，打出庆都、帝尧的旗号以求安定）。但《山西通志》卷二十三《山川七》也有一个都乡城："泽州府凤台县绝水，东南与洰水会,水导源县西北泫谷,东流迳一故城南,俗谓之都乡城。"这个都乡城与庆都的关系可能更为密切,因为凤台县就是今之晋城,古曰高都。如果说河北的"望都山"与庆都有关,那么,山西晋东南即上党的"高都"(今属晋城市之高平)之"都乡城"更有理由说与庆都有关。请注意《山西通志》所言"俗谓之都乡城",而不是"又名""或名",那就是自古以来民俗所传的地名,非后人造作。

高都本为西汉上党郡的一个县。《汉书》卷二十八上《地理志》第八上:"上党郡。高都,莞谷丹水所出,东南入洰水,有天井关。"师古曰:"莞音丸。"其历代变革延续情况,见《山西通志·卷四·沿革二》:"泽州府,禹贡冀州之域。春秋属晋,战国属韩,后属赵。秦为上党郡高都县地,汉为上党、河东二郡地。晋属上党、平阳二郡。慕容永析上党,置建兴郡。北魏真君九年省,和平五年复。永安中,罢郡置建州,治高都城,领高都、长平、安平、泰宁四郡、北齐仍为建州,废安平、泰宁,祗领长平、高都二郡。隋开皇初,改建州为泽州,治长平郡丹川县。唐为上郡,武德元年,置建州,治丹川县,改长平郡为盖州,领高明、丹川、陵川及盖城,凡四县。三年,析丹川,置晋城县。"

《山西通志》同卷又曰:"凤台县,汉高都县,属上党郡。北魏永安中,置高都郡,领高都、阳阿二县,治高都县,又置建州于此。北齐置长平、高都二郡,后周并为高平郡。隋开皇初,郡废,改为丹川县。大业初,置长平郡,治丹川县。唐武德元年,移丹川于源泽水北,属盖州。三年,于古高郡城置晋城县,属建州。六年,建州废,属盖州。九年,省丹川,入晋城。贞观元年,废盖州,徙泽州来治。《新书》武德元年,置建州。六年,州废,徙盖州来治。九年,省丹川,并盖州入晋城。天佑二年,更名丹川。五代、宋为晋城县。金、元、明洪武初,省晋城县,入州。国朝雍正六年,设凤台县于泽州府治。"

《山西通志》卷七"凤台县,总铺"一条内,有高都。

说明这个高都到了清代,已成为一个村镇了。然而这个"高都"却是一个很古老的地名。可能因"都乡城"而得名，其名称远在秦以前。

《史记》卷四《周本纪》："韩征甲与粟于东周，东周君恐，召苏代而告之。代曰：'君何患于是？臣能使韩毋征甲与粟于周，又能为君得高都。'"裴骃《史记集解》："徐广曰：'今河南新城县高都城也。'"司马贞《史记索隐》："高诱曰：'高都，韩邑，今属上党也。'"张守节《史记正义》："《括地志》云：'高都，故城，一名郜都城，在洛州伊阙县北三十五里。'"苏代所言明为韩国之"高都"，所以司马贞引高诱的说法是正确的，而裴骃引徐广说，张守节《正义》说得明白，那个"高都"乃是河南的郜都城，并非韩国的高都。如此说来，上党的"高都"，乃来源于那个小地名"都乡城"。而庆都活动的地区就在上党范围之内，因而可以说，今晋城的"都乡城"应该就是庆都所属远古的一个部落居住过的地方。

我热切地盼望全国各地的文化工作者都来做这项文化考察工作，把各地的山水命名的由来实事求是地、有根有据地考察出来，把我们民族自上古以来铭刻在山水中的遥远记忆都发掘出来，虽不必引以为骄傲或自豪，但是让后代子孙知道自己所从来，了解自己本地文化的特征，明确尔后的走向，也是完全必要的。至于可否增强民族的自信力，重建我们民族的辉煌。那还要看我们如何对待这些文化遗产。关于如何继承古代文化遗产，鲁迅以后的先贤们有过精辟的论述，此不赘述。至于对古代历史的真实性有争论，那是很好的事情——越是激烈的争论，发掘的材料会越多，越扎实。我希望大家沉静下来，拿出有关材料，还要经过小心冷静的考辨，而不是毫无意义的"一言以蔽之"的空话。因为历史流程确如流水，而不是飘风。流水可能干涸，而那扎实的河床还会留下，而飘风过后，留下的只能是轻浮的尘埃或沙尘。

简短的申论

首先,我要强调民间传说对上古史考察的意义。

在考察帝尧和丹朱事迹时,我认为对古籍所载之上古传说,应该持审慎的态度,不可一律抹杀,也不可一律认可,须进行认真的鉴别。比如关于帝尧之母庆都生帝尧的事迹,历史上有两种记载:一种是"正史"式的,把帝尧的家世从黄帝一代一代地排下来,一种是纯粹民间传说,即我们前文所引的《竹书纪年》的记载。看起来,后者很荒诞,但是只要我们与帝尧同时代的后稷比较一下,就会豁然明白,正是这个看起来十分怪诞的传说比那个一代又一代似乎排得十分明确的帝王谱系,更其真实。后稷的母亲姜嫄"履帝武敏",即踩了上帝的大脚印的大拇指印记,就怀了孕,从而生了后稷。此事见于《诗经·大雅·生民》,是周人当作自己祖先真实的历史记载下来的。而后稷是帝尧管农业的"农官"。我们相信,那是个但知其母,不知其父的时代。至于传说中的帝尧之母与赤龙交,姜嫄"履帝武敏",不过是为了说明圣人出生的不平凡而已(其实"敏"为脚的大拇指,人类文化学多位学者已经指出,中国民间的"脚"是男性的象征,脚的大拇指,更是男性的象征。所以,中国民间女子爱上了某个青年,往往给他做一双鞋,表示自己接受他的爱,愿意与他成亲。而民间把淫荡的女子比做"破鞋",也来源于此。可见《诗经》关于姜嫄怀孕的传说,从后来文明的社会行为的角度讲,实际上并不雅,但说得比较隐晦而已。)凡是传说,中间的神化部分可以是虚的,但主要的人物、地点绝不会假。这是我们对待历史传说的基本观念。这一点,司马迁在写《史记》的时候,已经明白其中的难处。他说:"百家言黄帝,其文不雅驯,荐绅先生难言之……书缺有间,其轶乃时时见于他说。非好学深思,心知其意,固难为浅见寡闻道也。余并论次,择其言尤雅者,故着为《本纪》书首。"(《史记·五帝本纪》)所谓"其文不雅驯",就是指传说中"与龙交"之类的说法;所谓"荐绅先生难言之",也指那些传说中的"不雅驯"的话,知识分子难于说出口,只有在百姓中间流传。他说"非好学深思,心知其意,固难为浅见寡闻道也",就是说,他明明知道那些传说中,存在着历史的真实性,但又不好写,在知识分子中也难于被接受,只能"心知其意",在没有办法的情况下,他只有选择那些"言尤雅者",即知识分子能够认可的资料。司马迁在这里隐晦地指出,他所选择的这些资料,并非确凿无疑的信史,因为"书缺有间";在可信度上,放弃民间传说是多么可惜,然而那些看起来"不雅驯"的传说,又"固难为浅见寡闻道也"。但是在《周本纪》中,他直接把《诗经·大雅·生民》的第一章翻译为汉代通行的书面语言。一方面因为是《诗经》所载,一方面因为关于姜嫄怀孕的经过,在《诗经》原文中还没有那么"不雅"。《殷本纪》也同样记载了有娀氏女简狄吞燕卵而生契的传说,也因为这个传说表面上不涉及"性"的问题(其实也指的是"交"的意思,不过也同样说得比较隐晦:至今民间把男性的生殖器官称作"卵"或"蛋"或"球",就是明证——我们既然在严肃地讨论问题,也就不能不把真相直白地说出来。诚如鲁迅所说,病菌很可恶,但我们要研究它,也就必须把它放在显微镜下面仔细观察。所以,说简狄吞燕卵,等于隐晦地说性交)[184]。但这些传说一致地讲了一个远古知其母而不知其父的时代,一个圣人降生的古怪而又真实的历史——既是圣人,他的出生肯定是不同寻常的。既然殷和周的祖先的出生都这么古怪或荒诞(这当然是今天的看法,在古代这不但不

---

184. 用食欲来表现性欲,用吃饭来表现性交,用吃饱了饭来表现性欲的满足,在《诗经》中有相当数量的遗留。比如《诗经·周南·汝坟》:"未见君子,惄如调饥。"惄,音逆 nì,如,形容词词尾,犹然,相容一种情感状态,即性饥渴的心理状态(感觉)。调饥,先秦文献一般做朝,朝饥,指性欲的饥饿状态。相反,性欲得到满足,则谓之"朝饱"。此意见首为闻一多先生发现,详见闻一多《说鱼》一文。同样的表现,在《诗经》的《曹风·候人》《陈风·株林》《陈风·衡门》等篇中,都有例证。

怪,而且是以其不同寻常的情形,昭示人们,这就是伟大人物应该有的经历。这样,才能使他的权威地位更其稳定)。但事实上,这正是远古母权制社会的真实情形。司马迁把它当作信史记载下来,为什么关于帝尧的出生不可以当作信史呢?司马迁在《五帝本纪》结尾的"太史公曰"中那段话,实在值得后世考察上古史的人们深思。但司马迁所记五帝的世系,也还有可考察的必要,我的初步想法是,帝喾以上,大约只是部落的名称,庞朴先生曾撰文考察"黄帝"。他的结论是,"黄帝"的初义,不过是我们今天还能见到的渡河用的羊皮筏子(《传统文化与现代化》1992年)。推想起来,发明羊皮筏子的人,在那个时代是多么了不起啊!所以帝喾以上的一代又一代帝王,应该是远古部落的名称。司马迁当年在特定的历史条件下撰史,对表面看起来荒诞或怪异的故事,其实并不怪,他是明白的,然而他只能以"非好学深思,心知其意,固难为浅见寡闻道也"这个隐晦的说法,间接地告诉读者,他的抉择是不得已的,也不无深深的遗憾。

其次,就帝尧与丹朱的考察而言,我的另外一个想法是,必须把尧的出生地、丹朱的封地、尧的发祥地和尧的葬地联系起来。这个想法也不是我的发明,而是受到古代一些学者的启发,他们在论述帝尧与丹朱的关系时,经常地把尧庙的建立与丹朱的封地联系在一起,把帝尧的最后归宿与陶即帝尧的"初封地"联系在一起。

因为出生地对于一个人来说,显然是非常重要的,而他的发祥地与出生地必然相去不远。一个人,或一个部族,在其出生地的基础上是容易生存的,尤其是以农业为基本生产和生活方式的部族,离开多年开垦的土地,在那个时代是多么不易。既然帝尧生于丹陵,那么,那里肯定有其祖先生活的基础。长子、高平、晋城一带在晋东南盆地那片丰饶的土地上,靠西部的地区是越来越高的高山地带,地处盆地(远古大泽)的边缘,对农业生产是最有利的。尧不可能离开这么好的土地,率领部族远走河北或贸然向别处安家。待他兴盛之后,才可能向周边扩张。而丹朱的"封地"最大的可能,也是最合理的安排,是"封"在尧的发祥地或出生地。而帝尧的结局无论如何，他晚年的归宿，合理的想法就是回到他的故乡——屈原说："鸟飞返故乡兮，狐死必守丘。"这是农业部族对故土留恋的必然思维方式。所以，帝尧的葬地，最为合理的推测也是他的出生地、他的故乡丹陵。

这就是我在本书的《序言》中为什么要从长子县的那个传统的"社约""长子不出门"说起的重要原因。

第三，为什么要对这个远古似乎说不清楚的事情大费笔墨？

《尚书》是简练的，从《尧典》不惜笔墨，两次提到丹朱的情形，我们可以感受到问题的严重性，不妨称之为"丹朱事件"。而丹朱事件的中心即古人（儒家）所强调的乃是其政治的、道德的意义。我们今天研究丹朱的封地，目的也不仅仅在于证实这段上古传说的真实性，也不是简单地从传统的观念出发，论证帝尧有多么伟大，而在于透过这段原本真实的历史，可以把握到更多的更为重要的民族史奠基之初的一些一直流传到现在的重要文化信息。

首先是稳定的观念。从帝尧不传"天下"于其子丹朱，而传舜，舜亦不传其子而传禹的事实中，无论是古代的禅让制度，还是后来儒家所强调的核心价值观（仁义忠孝），都出于稳定的社会秩序的需要。但这种稳定的政治思想显然来源于农业生产所必需的稳定的自然环境和稳定的生产秩序，或者说，是从稳定的农业生产和生活秩序中自然生发和提炼出来的一种政治观念。但是，真正稳定的前提或基础是什么？不是强大的武力（武力也是必需的），而是人心。历史上任何靠武力稳定的帝王，都很快地垮掉了，秦王朝的迅速灭亡就是铁证。贾谊所谓"仁义不施"（详见《过秦论》），强大的秦王朝的武装力量也就必然地一朝土崩瓦解。历代儒家呶呶不休地说了那么多话，其实可以归结到一句话，就是为了稳固的帝王江山，给百姓一点公正和尊严吧！但是到了一个王朝的末路，帝王及其统治集团，明明知道这一点，可是他们那辆刹车失灵的破车，在下坡路上有如坠落般地狂奔，已经无法煞住，直至落入谷底！

中国古代政治思想家所向往和不断回忆的历史的辉煌中，帝尧总是第

简短的申论

一个（当然，像庄子那样反对儒家的学者，第一个否定的也是帝尧）。所谓尧、舜、禹、汤、文、武……就因为帝尧是第一个以稳定的农业生产为基础的大一统的时代，是他继承和发展了炎帝神农氏开创的伟大事业，真正地奠定了中国古代以农业立国建邦的牢不可破的生活模式。农业生产最基本的因素是稳定——稳定的自然环境，稳定的社会秩序。而要达到最大的稳定，就要实现最大的统一，一直统一到与天地合一的程度，使主体所处的环境和主体的一切行为都与天地一致起来，乃是中国古人最高的理想。这就是孔子为什么要把帝尧的伟大说到不知道用什么语言来形容的地步："大哉，尧之为君也！巍巍乎，唯天为大，唯尧则之"，"荡荡乎民不能名"（《论语·泰伯篇》）这个"则天法地"的理想最终只能在国家大一统的汉代得以实现，这就是"天人合一"的观念产生于汉代的原因。说到底，农民有了稳定的土地资源，有了固定的生产和生活秩序，有了能够抵抗自然灾害的条件或能力，"正常地生活秩序"才可以得到保证。这是常识，也是治国的经典。

中国古代所有的政治、伦理、道德观念，所有的哲学、史学、文学、美学思想，所有的关于人的生命价值的观念，都从此生发出来，并最终指向这个最大的稳定——儒家（孔、孟）的"则天法地"思想，道家（老、庄）的"顺乎自然"的思想，看起来似乎与儒家的主张相反，但他们的根基也都在于主体生命赖以存在的农业生产顺应自然环境的经验，而且都是从这个最基本的经验中升华出来的两种生命的价值观，两种哲学和美学观，他们的核心也都在于稳定。只是儒家强调主体的能动性，通过主动的修养，琢磨如何自觉地尽主体的自然本性，增强社会性，与天地同律；而道家强调客体的不可知性，通过主动的修养，回归自然本性，雕琢尽社会性，才能与天地取得最大的协调。儒、道两家的不同只在于达到那最大稳定的手段不同而已。我们只要仔细研究和分析一下司马谈《论六家要旨》就会明白他所说的"百家殊途同归"的古代各家思想的纲领。这也是宋代以后儒、道、佛三家能够最终融和的根据（中土佛学是古老的印度佛教吸收了儒、道思想所产生的新的佛学，此亦常识）。美国著名美学家阿恩海姆在《艺术与视知觉》一书中说过，人类所有的追求（运动），都趋向于平衡。看来，中西方文化的终点是一致的。只是那争取终极理想的手段和方式不同而已。而这些人类的基本需求，在帝尧那里已经解决得非常好了，或者说，我们都能够从那里得到正确而又确切的答案。

"天地之大德曰生"，生命、生殖、生长、生活（陶行知所谓"生动地活着"）……稳定平稳地"生"，其本身就是目的，也就是最高的价值。泰卦的要义就是天地之合和，象征着人类农业生产的合和，男女之合和、家庭之合和，生产条件的合和、生活环境的合和、人事关系的合和……"和"就是最大的稳定。其直接的表象就是天地容纳万物。所以，和、中和、和谐，就是容纳多种天地之生物于天地之中——举凡天地之所生，都必须承认其合理性。就人类社会而言，那就是承认每一个单个个体存在的合理性，给每一个单个的个体以充分存在的空间，因此，"和"的观念可能蕴含着人类最美好的普遍追求。所以，"和"就是充分地尊重万物，而不是一方打倒或灭绝另一方、一方吃掉另一方，这就是中国古人对天生之物心存爱惜和敬畏之意的原因。古人屡屡教诫不要"暴殄天物"，并最终形成一种品德和博大的心胸。因为只有达到了真正的"和"，也才能实现最大的稳定——今天的环境保护意识，不客气地说，远在西周时期周公制礼作乐之时，已经有了明确的规定（见《孟子》说）[185]，对于中国人文而言，并非什么新鲜的思想。而这些也都在帝尧那里能够找到正确而确切的答案。

其次是与此直接相联系的个体与群体的关系。社会秩序能否和谐，人心能否稳定，端赖于调整好个体与群体的关系，个别民族和其它民族的关系，个别国家与世界其它国家的关系。帝尧不传"天下"于其子丹朱，而

185.《孟子·梁惠王上》："不违农时，谷不可胜食也；数罟不入洿池，鱼鳖不可胜食也；斧斤以时入山林，材木不可胜食也。"汉·赵岐注曰："使民得三时务农，不违夺其要时，则五谷饶穰不可胜食。数罟，密网也。密细之网，所以捕小鱼鳖也，故禁之不得用。鱼不满尺，不得食。时，谓草木零落之时。使材木茂畅，故有余。"孟子是希望西周井田制的，其所言与赵岐所注，盖来自《周礼》的规定（《孟子注疏》卷一上）。又详见中华书局《诸子集成》本《孟子正义》。

传舜，舜和禹能克服丹朱的个人中心主义，为天下百姓的安定而历尽艰辛地工作——治水。其本质不但是为了实现农业生产最大的稳定，也表现了个体为了稳定社会秩序，就要为社会群体担负责任，直到把整个生命投入其中。正如司马迁所说，帝尧的"出朱使就丹"，是为了"利天下"。这种为社会群体承担责任的思想，不断地为儒家所强化，终于发展成为一种道德，一种行为规范，所谓"天下兴亡，匹夫有责"，并以此来衡量所有社会成员生命的价值。而所谓"孔曰成仁，孟曰取义"，也就成为中华民族的自信、自立的思想基础。鲁迅亦称这种人乃是中国人的脊梁。历史也早已证明，中华民族之所以历尽各种各样的灾难，而终于没有灭亡，且能坚强不屈地立于世界民族之林，就因为这种民族精神已经形成传统，代代相传。但其产生的初始，人们就不该忘记伟大的帝尧。

由此，我们该想到历史上许多民族消亡的悲惨结局之原因。我赞成这样的观念：一个民族的文化系统不亡，则该民族绝不会消亡。当然，应该提醒大国霸权主义、大国沙文主义和侵略成性的日本帝国主义，要警惕历史经验，不应该也不可能用一种生活模式即文化模式去统一世界上多种多样的文化模式，不应该忘记希特勒和东条英机的罪恶和他们的结局。但是，由于经济的发展，人口的膨胀，他们往往夜郎自大，野心勃勃的日本右翼分子仍然抱住军国主义者的亡灵不放，似乎又忘记了他们祖先的教训，在巴掌大的岛屿上，也自称"大日本"，它的老师当是同样的岛国"大英帝国"。"自大"是可以的，但是不能"忘祖"，我真的很奇怪，那些经常参拜"靖国神社"的人们，何以不想想他们祖先东条之流横行一时而最终惨败的侵略史，而只是记住了东条之流的侵略野心？可见东条之流的亡灵对二战的败亡多么不甘心，多么想东山再起！那场企图统治世界、奴役世界，"建立大东亚共荣圈"的罪恶之梦还没有真正醒来。所谓"大和民族"之"和"的精义何在？

当然，稳定不是保守，帝尧之所以能够成就一代辉煌，他是在突进中，在求得发展中才最终稳定下来的。所以，"发展才是硬道理"。而发展绝非对外扩张和暴力侵略。

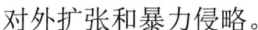

于此，我想起了宋人张载的话："为天地立心，为生民立命，为往圣继绝学，为万世开太平。"这可能表现了一个儒者的理想和博大的胸怀，作为一个学者，可以"为往圣继绝学"，也可以找到"为万世开太平"之路，但是"为天地立心，为生民立命"之语，其中的逻辑有着巨大的矛盾，是一句空前的空话。天地如有心，非人所能立也；天地若无心，你所立者，不外乎是人心，而且只是儒家之心，还不是人类共同的平等之心，立心何为？生民有命，亦其自立也，欲凌驾于生民之上，赐予生民之命，这是什么话？连最伟大的帝尧尚不可，而况后世之儒者！然而宋人习惯了说大话，到朱熹更是了不起，但也正是这位"孔家店的伙计"（南怀瑾语），把先秦的儒家思想做成思想的钳子，从此"中原之国"日渐衰败。清王朝本来是历史上最能够"和合万邦"的一代，然而也正是朱熹那一套治国方略，也就使得这一代王朝"江河日下"地败落下来了。

历史地看，张载这个理想从来就没有实现过，我们不应该真正地反省吗？帝尧往矣，汉唐往矣，宋以后的社会经济以从未有的速度发展起来，但也正是从北宋开始，中原地区的所谓"中国"的屈辱史也就开始了——中原地区政权不断地拿钱买和平，如果北宋王朝用那些每年向西夏、辽国进贡的庞大费用（民脂民膏），建立强大的国家军队，用来减轻百姓的负担，怎么会发生宋江、方腊等声势浩大的农民起义？就是在金国占领北方之后，那些"忠义人"建立的"忠义军"，还在没有政府支持的情况下，舍生忘死地与金人拼命。两宋政府只是为了上层统治利益（南宋高宗更只是为了个人皇帝的宝座），毫不在乎百姓大众的生死存亡，两宋之亡，用鲁迅的话说，是"活该"！当然，不光是两宋，所有封建专制制度的灭亡都可以一言以蔽之曰"活该"！这是他们应得的下场，历史不会为之有丝毫的惋惜，人民也只会为之拍手称快。

本文的结论是：古所谓"尧母庆都生尧于丹陵"，其地即今高平县（古

曾为高都县)与长子县交界处的丹朱岭,亦即丹水的发源地,古亦称丹林;尧发祥于长子县的陶乡,是为陶;他首先在长子、高平一带发展起来;然后西向翼城一带发展,翼城有唐水,是为唐,并在那一带更加强盛起来,于是建都于平水之阳曰平阳,国号曰唐。再向北发展到晋阳一带,定都平阳。这就是帝尧在山西先后的大致踪迹。至于全国其它地区的同一地名所传之帝尧或丹朱的事迹,应该是帝尧曾经巡行之地,或为帝尧或丹朱的后代所经营的地方,为祭祀祖先而有尧庙或丹朱的遗迹,以至以尧、唐、陶、丹命名的地名不可胜数。

  以上是关于尧母、帝尧和丹朱在古代载籍中所见资料的梳理,不过,更应该与长子县的民间传说结合起来——在长子,有一些关于帝尧的传说还没有真正发掘出来,有些民俗也可以看出与帝尧的关系。当然,还要有地下发掘的证明,比如长子出土了许多新石器时期,即相当于帝尧时期的陶器、石斧、石镰等器物。那个著名的陶鬲和石斧,就发现在传说丹朱所筑的"熨斗台"——不是发掘的结果,而是修建烈士陵园时,土台的夯土脱落,暴露出来的,说明熨斗台下面可能保存着大批陶器和石器。把这些联系起来,做一番综合考察,那会有更多的发现,会更加确实地证明帝尧、丹朱与长子的密切关系。

  近年来,有的学者提出研究上古史的"四重论证法",是值得从事这一工作的人们重视的,应该成为打开上古史秘密的钥匙。我所做的工作,不过是开个头,更主要的工作还在后面,即深入长子县民间,从事民俗、古代传说的调查,从事长子碑刻的收集整理工作,在可能的情况下,还可以申请有关部门有针对性地做必要的考古发掘,比如在陶唐村和交里村及其周围很明显的有暴露的陶片的地带,在北高庙不破坏已有文物的前提下,做一些允许的发掘工作,也可对其夯土的年代做出鉴定。

  最后,有一点特别的声明(本书在多个地方多次重复地说过):本文不是说帝尧和丹朱的初期活动只能在长子县,只是说,帝尧和丹朱的初期活动在长子的可能性是最大的。由于帝尧的伟大贡献,他的足迹也的确遍布

山西和全国，因此，山西乃至全国各地关于帝尧和丹朱的传说、古籍记载、方志和碑刻一定还有很多，帝尧的出生地、丹朱的封地，应该有许多"版本"，但据以上有关古籍记载的考辨，我以为，帝尧生于长子、丹朱初封于长子的这一"版本"，应该是最接近历史真实的。各地的文史工作者都应该尽自己的努力，为中华民族文化的发掘和整理做一点自己的贡献。

我希望有更多的关于尧舜禹的传说被发掘出来，有更多的文献记载被整理出来，那么，关于帝尧时期的文化认知也就会更多、更具体、更扎实，我们也会有更丰富的材料来论证帝尧和帝尧文化对中华民族的伟大贡献。

附记：2006年，即本文写完后，偶翻2004年9月14日《山西青年报》第五版，载一短文报道，《襄汾发现4100年前观象台》："去年，考古专家和天文学家在襄汾县陶寺乡东坡沟尧都城内发现了世界上最早的观象台。观象台为圆形台，今年5月已挖出古观象台东半圆。发掘工作暂告一段落。9月4日古观象台第二次开挖又全面展开。中国科学院考古研究所陶寺文化考古工作队队长说，经中国科学院考古研究所的4位考古专家和部分天文学家初步推断，这座观象台形成于公元前2100年（原始社会末期），比目前世界上公认的英国的巨石阵观测台（公元前1680年）要早近500年，是迄今世界上发现的最早的观象台。"（记者李典平摄影报道）其中的"陶寺乡尧都城"，这一地名十分令人注目。这里既有观象台，则肯定是国都之所在，也就是帝尧当年建都之地。从帝尧建立都城的时间上推算，也比较合理。《山西通志》卷六载，平阳府襄陵县南界有陶寺村，则陶寺乡旧属襄陵县。那么，这个陶寺村的尧都城离临汾县治也就是七八十里的样子。帝尧组成强大的部落联盟，最初准确的建都地当在这里。这又一次证明，当初帝尧"建都"的地点不可能是一个，他的迁移是逐步的，到达平阳，是他最后的"定都"之地。同时也可以为《尚书·尧典》中关于帝尧历法的记载，是完全可能的——可以说，《尚书》虽属后人追记，但其可信度程度是比较高的。可见，古籍所载的传说，其真实性往往是出人意料的，应该受到重视。

这个观象台所透露的文化信息的核心，就是人类作为主体在遥远的四千多年前就已经运用实地有效的方式或手段追求与天地和谐一致了——当初肯定是被动的"顺天"，然后又慢慢地发挥主动精神，即主动的"顺天"，以期达到最大的"天人合一"。

主要参考文献

中华书局校点本:

《史记·五帝本纪》《货殖列传》,北京,中华书局1982年11月第2版

《汉书·地理志》,北京,中华书局1962年6月第1版

《后汉书·郡国志》,北京,中华书局1965年5月第1版

《魏书·地形志》,北京,中华书局1974年8月第1版

《旧唐书》,北京,中华书局1975年5月第1版

《新唐书》,北京,中华书局1975年2月第1版

中华书局影印《十三经注疏》本:

《尚书正义》

《毛诗正义》

《周礼注疏》

《礼记正义》

《春秋左传正义》中华书局影印本:

《全上古文》(严可均辑)

《全汉文》(严可均辑)

《诸子集成》:

清·刘宝楠《论语正义》

清·焦循《孟子正义》

清·孙诒让《墨子间诂》

汉·高诱注《吕氏春秋》

汉·高诱注《淮南子》

汉·王充《论衡》

四库全书本：

《山海经》（参考袁轲校本，上海，上海古籍出版社，1980年7月，第一版）

唐·李吉甫《元和郡县志》

《旧唐书·地理志》

北魏·郦道元《水经注》（参考历代订讹、校本）

唐·杜佑《通典》

唐·欧阳询《艺文类聚》

清·觉罗石麟等撰《山西通志》（雍正版）

清·岳浚等撰《山东通志》（同上）

清·查郎阿等撰《陕西通志》（同上）

清·郝玉麟等撰《广东通志》（同上）

明·李贤等撰《明一统志》

清·和珅等《大清一统志》

清·李卫等撰《畿辅通志》

宋·王应麟《通鉴地理考释》

宋·王应麟《诗地理考》

宋·章定《名贤氏族言行类稿》

宋·李昉等撰《太平御览》

宋·乐史《太平寰宇记》

宋·欧阳忞《舆地广记》

宋·袁燮《絜斋家塾书钞》

宋·陈经《尚书详解》

宋·魏了翁《春秋左传要义》

宋·胡士行《尚书详解》

宋·丁度等《集韵》

元·梁益《诗传旁通》

元·刘履《风雅翼》

元·吴澄《书纂言》

明·王世贞《楸州四部稿》

明·陈耀文《天中记》

明·朱载堉《乐律全书》

明·陈士元《论语类考》

明·顾起元《说略》

明·顾炎武《唐韵正》

明·顾起元《说略》

清·顾镇《虞东学诗》

清·阎若璩《尚书古文疏证》

清·高士奇《春秋地名考略》

清·纳兰性德《陈氏〈礼记〉说补证》

清·王夫之《尚书稗疏》

清·高士奇《春秋地名考略》

清·朱鹤龄《尚书埤传》

清·朱鹤龄《禹贡长笺》

清·孙知駼辑《尚书大传》

清·秦蕙田《五礼通考》

清·蒋廷锡《尚书地理今释》

清·邓名世《古今姓氏书辨证》

清·胡渭《禹贡锥指》

清·马骕《绎史》

清·徐文靖《竹书统笺》

清·徐文靖《管城硕记》

清·徐文靖《禹贡会笺》

清·段玉裁《说文解字注》
《二十五别史》济南，齐鲁书社，2000年5月校点本
《国语》（鲍思陶点校）
晋·皇甫谧《帝王世纪》（陆吉点校）
《世本》（周渭卿点校）
王国维《今本竹书纪年疏证》
崔贵豪等撰《长子县志》，北京，海潮出版社，1998年9月第1版
两种古版《长子县志》

后　记

　　本书第一稿发表于2006年一次尧文化研讨会上。不知是谁挂到网上去了，又有人以此为据在《人民日报》上发表短文，说帝尧出生于长子县，长子县是尧王故里。于是引起一场不算小的风波。在这种浮躁的年代，人们一般不仔细、不耐烦看论文详细的论证过程，只看结论，加上旅游热的兴起，那篇论证还不太成熟的文章的结论，可能引起有关地区和习惯了传统说法者的忌讳，这是当初没有想到的。于是倒也激起了笔者进一步思考的兴趣，这就是把这篇文章做到现在这个样子的原动力。其间也有一些令笔者深入思考的问题，比如其中对一些问题做的文化阐释，窃以为是超越简单的古籍资料收集和整理范畴的创造性工作，因而也促进了工作热情。首先知道我做这件事的张学智先生，是他把我的工作介绍给长子县的有关人士，长子人才知道有人在做关于帝尧与长子县关系的研讨工作，并邀请我到长子县作第一次学术报告。随后，这项工作也才引起长子县各方面的重视。在其后的整个工作过程中，先前的长子县主要领导如县委、县政府、政协领导都曾给予热情的关照。政协主席常爱文先生、组织部的张学智先生还亲自组织、主持我的学术报告会。从始至终予以关注和支持的申修福先生、李润文先生、王贵明先生等多位长子县知名人士，曾经陪同笔者做过田野考察，尤其是王贵明先生，多次不辞辛苦地陪笔者往返于太原和长子县之间，并且无数次地借助回家探亲之便，不断地对有关古迹进行反复实地考察，获得了很多宝贵的资料，发掘出许多不被人注意的传说，令笔者肃然起敬。他那经久不衰的热情和不辞辛苦、不计报酬的劳动，也令笔者感动不已。尤其是他对一个问题持久地思考其内涵、一个问题与其他

问题的联系,更像个"学究"(真正的学者质量),对笔者的启发和帮助非一二言可尽——老实说,这一部小书乃是集体创作的成果——没有他们的帮助和不懈的勉励,这篇探索性的论文也就不可能初步完成。此次修改乃至能够出版,端赖于长子县历史文化研究院诸位同道坚定而毫无保留的鼓励和支持,他们对长子县文化建设的远见卓识,令笔者感怀良深。可谓"中心藏之,何日忘之"矣。对于诸位领导和朋友们的帮助,在此一并表示深深的谢意。

2013 年 7 月 9 日于介然斋

再版说明

今年7月的某一日,高志雄先生忽然对我说:"咱们那本书(指《帝尧生于长子考》)发现在某网上书店出售,单价达到85元了!不知道是怎么'流出去的'。"他说的"流出去",是说这书出版后并没有在图书市场上发售,出版社留了一些样本外,全部运回长子了,只作为赠送品,没有卖过一本。我说这是好事,说明还是有人在看,那就好。另一方面,现存在库房中的书也不多了。这就有了再版的想法。需要再版,首先是社会需求,其次是书的内容需要修改,而且某种程度上说,是有重要的修改,这才要再版。现将再版主要修改的内容作一个大致的说明。

主要材料的引用和阐释作了比较符合逻辑的处理,尤其是阐释工作,不能有丝毫的主观臆测性。本次修改,把那些原来采自民间的传说中,明显属于后世加入的内容全部删除,修正了那些主观猜想的部分,也增加了一些重要的、更符合历史发展逻辑的阐释。因为六年过去了,许多传说的阐释工作又有了新的更合理的说明,加上我自己的理解也有了一些新的发现。

关于后羿与帝尧的关系,在长子县东常村有个怪异的说法,就是从东常村与交里村的关系看,好像帝尧是后羿的儿子。显然是后世民间传说的添枝加叶,明显地违背了历史发展逻辑——即帝尧但知其母,不知其父,那是母权制的末期,也可以说是母权制向父权制过度的人类史的大转折时期,帝尧不知有其父,是正常的,说帝尧有一个明确的父亲,那是不正常的。那么,后世为什么一定要给帝尧找一个父亲?显然是父权制的思想在作怪。包括民间也会受到儒家思想的影响,民间传说也会有所改变。这是我们判

断一个传说是否符合历史真实的理论根据。从材料上看，我们增加了关于后羿射日的一个独一无二的传说：长子县同时有两个羿射日的传说，一个是众所周知的通常的传说，即天上十个太阳同时出来，后羿射掉了九个太阳；另一个传说只在东常村一代流传，那就是天上有十二个太阳同时出来，后羿射掉了十一个太阳。这是一个重要的发现，显然是母权制时代的产物。但也因此传说，使我们关于帝尧的历史分期问题作出更合理的解释。其实是对帝尧所处历史时期更好说明了——因为帝尧和"后羿"或"羿"肯定是同时期的人物。另外一项修改就是对书中一些技巧上的问题本次作了较细致的修正。比如修改了一些错别字、错误的标点、划分段落的问题等等。

最后需要特别说明的是，本次再版的另一个重要原因，就是作者署名加了王贵明先生的名字。因为这本书在进入关键性的材料调查时期，王贵明先生一直在做那些很重要的实地考察工作，包括山水地理、村名来历、发掘民间传闻以及许多材料的核实等等。我一直说，如果没有王贵明先生多年的付出，就没有本书面世的可能，决不能抹杀王贵明先生的劳动成果。

另外，高志雄先生对本书做过多次审阅、编排和校对工作——尤其是本书引用大量古籍资料，校对起来是非常麻烦的事情，但他不厌其烦，反复地核对，使得本书日臻完善。他们对本书的贡献可以说是不可或缺的。最后，还是要感谢那些多年来关心帝尧文化的人们对我的支持，此不一一列举。还是那句话，本书是集体劳动的成果。我不过是一个发现问题和执笔写作的人——感谢大家，我的朋友们！

李蹊 2023 年 11 月于介然斋